國家圖書館出版品預行編目資料

明代詩話考述（下）／連文萍 著 -- 初版 -- 新北市：花木蘭文
化出版社，2015〔民104〕
目 12+234 面；19×26 公分
（古典文獻研究輯刊 二十編：第21冊）
ISBN 978-986-404-102-2（精裝）
1. 詩話 2. 詩評 3. 明代
011.08   103027411

ISBN-978-986-404-102-2

9 789864 041022

古典文獻研究輯刊
二十編 第二一冊   ISBN：978-986-404-102-2

明代詩話考述（下）

作　　者　連文萍
主　　編　潘美月　杜潔祥
總 編 輯　杜潔祥
副總編輯　楊嘉樂
編　　輯　許郁翎
企劃出版　北京大學文化資源研究中心
出　　版　花木蘭文化出版社
社　　長　高小娟
聯絡地址　235 新北市中和區中安街七二號十三樓
　　　　　電話：02-2923-1455／傳眞：02-2923-1452
網　　址　http://www.huamulan.tw 信箱 hml810518@gmail.com
印　　刷　普羅文化出版廣告事業
初　　版　2015 年 3 月
定　　價　二十編 24 冊（精裝）台幣 42,000 元

明代詩話考述（下）

連文萍　著

上 冊

序

第一編　緒　論 ································· 1

第一章　研究明代詩話的重要性 ·············· 3

第一節　明代詩話與明代詩學 ················ 3

第二節　明人對「詩話」的看法 ·············· 5

第三節　明代詩話的研究概況 ··············· 16

第二章　研究明代詩話的資料 ··············· 21

第一節　主要運用的資料 ··················· 21

第二節　方志資料的相關討論 ··············· 22

第三節　明代詩話存佚的相關討論 ··········· 24

第三章　明代詩話發展的背景與時間分期 ····· 27

第一節　明代詩話發展的背景 ··············· 27

第二節　明代詩話的時間分期 ··············· 31

第四章　明代詩話的作者與讀者 ············· 33

第一節　明代詩話的作者 ··················· 33

第二節　明代詩話的讀者 ··················· 43

第二編　現存之明代詩話考述 ··············· 47

第一章　明代初期的「現存」詩話

　　　　──洪武至成化年間 ··············· 49

歸田詩話（瞿佑著）····················· 49

南溪筆錄群賢詩話（南溪纂輯）··········· 52

詩法（黃裳著）························· 56

西江詩法（朱權纂輯）··················· 56

詩學梯航（周敘纂輯）··················· 59

南北朝詩話（闕名）····················· 62

名賢詩法（闕名）······················· 62

詩法源流（懷悅纂輯）··················· 63

詩家一指（懷悅纂輯）··················· 65

松石軒詩評（朱奠培著）················· 67

竹林詩評（朱奠培著）··················· 69

吟窗小會（沈周著）····················· 70

菊坡叢話（單宇纂輯）··················· 71

詩學權輿（黃溥纂輯）⋯⋯⋯⋯⋯⋯⋯ 72

詩法源流（王用章纂輯）⋯⋯⋯⋯⋯⋯ 74

詩法（楊成輯刊）⋯⋯⋯⋯⋯⋯⋯⋯⋯ 76

詩話（楊成纂輯）⋯⋯⋯⋯⋯⋯⋯⋯⋯ 78

蘭莊詩話（閔文振著）⋯⋯⋯⋯⋯⋯⋯ 79

瓊臺先生詩話（蔣冕著）⋯⋯⋯⋯⋯⋯ 80

七人聯句詩紀（楊循吉著）⋯⋯⋯⋯⋯ 83

第二章　明代中期的「現存」詩話

　　　　──弘治至隆慶年間 ⋯⋯⋯⋯⋯ 85

玉枕山詩話（張弼著）⋯⋯⋯⋯⋯⋯⋯ 85

六同詩話（張弼著）⋯⋯⋯⋯⋯⋯⋯⋯ 85

續夢詩話（張弼著）⋯⋯⋯⋯⋯⋯⋯⋯ 86

宋詩話五種（馮忠編刊）⋯⋯⋯⋯⋯⋯ 86

詩學啓蒙（華宗康著）⋯⋯⋯⋯⋯⋯⋯ 86

夢蕉詩話（游潛著）⋯⋯⋯⋯⋯⋯⋯⋯ 86

渚山堂詩話（陳霆著）⋯⋯⋯⋯⋯⋯⋯ 90

詩談（徐泰著）⋯⋯⋯⋯⋯⋯⋯⋯⋯⋯ 92

詩學體要類編（宋孟清纂輯）⋯⋯⋯⋯ 94

晦庵先生詩話（沈瀹纂輯）⋯⋯⋯⋯⋯ 95

懷麓堂詩話（李東陽著）⋯⋯⋯⋯⋯⋯ 95

談藝錄（徐禎卿著）⋯⋯⋯⋯⋯⋯⋯⋯ 103

南濠詩話（都穆著）⋯⋯⋯⋯⋯⋯⋯⋯ 110

汝南詩話（強晟著）⋯⋯⋯⋯⋯⋯⋯⋯ 112

藝苑玄機（邵經邦著）⋯⋯⋯⋯⋯⋯⋯ 113

西甽詩話（簡紹芳著）⋯⋯⋯⋯⋯⋯⋯ 115

頤山詩話（安磐著）⋯⋯⋯⋯⋯⋯⋯⋯ 116

六朝詩彙‧詩評（張謙纂輯）⋯⋯⋯⋯ 118

石陽山人蠡海（陳德文著）⋯⋯⋯⋯⋯ 119

唐詩品（徐獻忠著）⋯⋯⋯⋯⋯⋯⋯⋯ 121

千里面譚（楊慎著）⋯⋯⋯⋯⋯⋯⋯⋯ 124

存餘堂詩話（朱承爵著）⋯⋯⋯⋯⋯⋯ 126

夷白齋詩話（顧元慶著）⋯⋯⋯⋯⋯⋯ 128

李詩辨疑（朱諫著）⋯⋯⋯⋯⋯⋯⋯⋯ 129

蓉塘詩話（姜南著）⋯⋯⋯⋯⋯⋯⋯⋯ 131

儼山詩話（陸深著）…………………………… 133

名家詩法（黃省曾纂輯）……………………… 135

詩法（黃子肅著）……………………………… 136

冰川詩式（梁橋纂輯）………………………… 137

逸老堂詩話（俞弁著）………………………… 143

陽關三疊圖譜（田藝蘅著）…………………… 145

四溟詩話（謝榛著）…………………………… 146

獨鑒錄（黃甲著）……………………………… 156

王右丞詩畫評（顧起經纂輯）………………… 158

過庭詩話（劉世偉著）………………………… 159

藝苑巵言（王世貞著）………………………… 159

明詩評（王世貞著）…………………………… 165

拘虛詩談（陳沂著）…………………………… 166

詩心珠會（朱宣壦纂輯）……………………… 169

作詩體要（楊良弼著）………………………… 170

詩禪瑣評（宋登春著）………………………… 171

全相萬家詩法（汪彪纂輯）…………………… 172

璿璣圖詩讀法（康萬民著）…………………… 173

織錦迴文詩譜（康萬民著）…………………… 174

玉笥詩談（朱孟震著）………………………… 175

唐詩摘句（莊元臣纂輯）……………………… 175

解頤新語（皇甫汸著）………………………… 176

中　冊

第三章　明代晚期的「現存」詩話

　　──萬曆年間…………………………… 179

國雅品（顧起綸著）…………………………… 179

詩法指南（王櫶纂輯）………………………… 181

詩法要標（吳默、王櫶纂輯）………………… 183

排律辨體（孫鑛評）…………………………… 184

詩的（王文祿著）……………………………… 186

名家詩法彙編（朱紱等纂輯）………………… 190

名賢詩評（俞允文纂輯）……………………… 196

說詩（譚浚著）…………………………198

欣賞詩法（茅一相纂輯）………………199

選詩評議（馮惟訥纂輯）………………202

杜詩攟（唐元竑著）……………………204

揮塵詩話（王兆雲纂輯）………………205

藝圃擷餘（王世懋著）…………………206

詩藪（胡應麟著）………………………210

藝林學山（胡應麟著）…………………214

詩筌（王述古著）………………………217

雪濤小書（江盈科著）…………………217

雪濤詩評（江盈科著）…………………218

閨秀詩評（江盈科著）…………………220

詩評（蔣一葵纂輯）……………………223

藝藪談宗（周子文纂輯）………………225

騷壇祕語（周履靖纂輯）………………227

詩源撮要（張懋賢纂輯）………………231

竹里館詩說（汪時元著）………………231

冷邸小言（鄧雲霄著）…………………232

詩言五至（屠本畯著）…………………237

騷壇千金訣（李贄纂輯）………………238

豫章詩話（郭子章著）…………………240

藝海泂酌（馮時可著）…………………244

讀詩拙言（陳第著）……………………247

詩評密諦（王良臣纂輯）………………248

詩話類編（王昌會纂輯）………………248

西園詩麈（張蔚然著）…………………250

說詩補遺（馮復京著）…………………253

詩文要式（胡文煥著）…………………254

詩家集法（胡文煥著）…………………254

詩法統宗（胡文煥纂輯）………………255

詩林正宗（余象斗纂輯）………………258

詩學叢言（冒愈昌著）…………………259

詩宗類品（孝文纂輯）……………………260

詩說紀事（胡之驥著）……………………260

詩法大成（謝天瑞纂輯）…………………260

容齋詩話（陳基虞著）……………………261

古今詩話纂（李本緯纂輯）………………261

綠天耕舍燕鈔（雪濤子纂輯）……………261

名賢詩旨（闕名）…………………………261

詩文浪談（林希恩著）……………………262

藕居士詩話（陳懋仁著）…………………263

小草齋詩話（謝肇淛著）…………………266

第四章　明代晚期的「現存」詩話
　　　　——泰昌至崇禎年間………………273

詩品會函（陳仁錫纂輯）…………………273

藝圃傖談（郝敬著）………………………273

讀詩（郝敬著）……………………………278

批選唐詩（郝敬著）………………………279

明詩平論（朱隗著）………………………281

詞府靈蛇（鍾惺著）………………………285

藝海瀝液（趙籲俊纂輯）…………………287

詩源辨體（許學夷著）……………………287

石室詩談（趙士喆著）……………………292

詩紀匡謬（馮舒著）………………………293

詩鏡總論（陸時雍著）……………………294

藝苑閒評（支允堅著）……………………299

唐音癸籤（胡震亨纂評）…………………303

詩譚（葉廷秀著）…………………………307

頑潭詩話（陳瑚著）………………………309

明詩話（蘇之琨著）………………………310

古今詩話（嵇留山樵纂輯、陳繼儒審訂）310

讀杜私言（盧世㴐著）……………………314

娛書堂詩話（闕名）………………………316

詩本事（程羽文著）………………………317

杜詩評律（洪舫著）⋯⋯⋯⋯⋯⋯⋯ 318

附：無法分期的「現存」詩話 ⋯⋯⋯⋯⋯ 319

詩說解頤（蘇濂著）⋯⋯⋯⋯⋯⋯⋯ 319

詩家譚藪（闕名）⋯⋯⋯⋯⋯⋯⋯⋯ 319

南谷詩話（雷燮著）⋯⋯⋯⋯⋯⋯⋯ 319

詩話隨鈔（楊春光纂輯）⋯⋯⋯⋯⋯ 319

謝氏詩源（闕名）⋯⋯⋯⋯⋯⋯⋯⋯ 320

玉堂詩話（闕名）⋯⋯⋯⋯⋯⋯⋯⋯ 320

第三編　後人纂輯之明代詩話考述 ⋯⋯⋯ 321

第一章　明代初期的「後人纂輯」詩話
　　　　 ──洪武至成化年間 ⋯⋯⋯⋯ 323

唐詩品（高棅著）⋯⋯⋯⋯⋯⋯⋯⋯ 323

詩人敘論（高棅著）⋯⋯⋯⋯⋯⋯⋯ 324

詩法（解縉著）⋯⋯⋯⋯⋯⋯⋯⋯⋯ 325

性理大全論詩（胡廣纂輯）⋯⋯⋯⋯ 326

辨詩（吳訥纂輯）⋯⋯⋯⋯⋯⋯⋯⋯ 327

蟫精雋詩話（徐伯齡著）⋯⋯⋯⋯⋯ 328

第二章　明代中期的「後人纂輯」詩話
　　　　 ──弘治至隆慶年間 ⋯⋯⋯⋯ 331

餘冬詩話（何孟春著）⋯⋯⋯⋯⋯⋯ 331

大復山人詩集精華錄・詩話（何景明著）334

詩教外傳（陳獻章著，湛若水輯解）⋯ 334

升庵詩話（楊慎著）⋯⋯⋯⋯⋯⋯⋯ 335

詩話補遺（楊慎著）⋯⋯⋯⋯⋯⋯⋯ 341

譚苑醍醐（楊慎著）⋯⋯⋯⋯⋯⋯⋯ 343

閒書杜律（楊慎著）⋯⋯⋯⋯⋯⋯⋯ 345

詩文原始（李攀龍著）⋯⋯⋯⋯⋯⋯ 346

日札詩談（田藝蘅著）⋯⋯⋯⋯⋯⋯ 346

香宇詩談（田藝蘅著）⋯⋯⋯⋯⋯⋯ 348

全唐詩說（王世貞著）⋯⋯⋯⋯⋯⋯ 348

國朝詩評（王世貞著）⋯⋯⋯⋯⋯⋯ 351

卮言倪（王世貞著，陳與郊纂輯）⋯⋯ 352

　　　　文章九命（王世貞著）⋯⋯⋯⋯⋯⋯⋯⋯⋯⋯352

　　　　詩法（王世貞著）⋯⋯⋯⋯⋯⋯⋯⋯⋯⋯⋯353

　　　　詩體明辯（徐師曾纂輯）⋯⋯⋯⋯⋯⋯⋯⋯353

　　　　元朗詩話（何良俊著）⋯⋯⋯⋯⋯⋯⋯⋯⋯356

第三章　明代晚期的「後人纂輯」詩話
　　　　──萬曆至崇禎年間⋯⋯⋯⋯⋯⋯⋯⋯⋯⋯361

　　　　少室山房詩評（胡應麟著）⋯⋯⋯⋯⋯⋯⋯361

　　　　焦氏詩評（焦竑著）⋯⋯⋯⋯⋯⋯⋯⋯⋯⋯364

　　　　畫禪室詩評（董其昌著）⋯⋯⋯⋯⋯⋯⋯⋯366

　　　　恬致堂詩話（李日華著）⋯⋯⋯⋯⋯⋯⋯⋯369

　　　　敬君詩話（葉秉敬著）⋯⋯⋯⋯⋯⋯⋯⋯⋯373

　　　　蜀中詩話（曹學佺著）⋯⋯⋯⋯⋯⋯⋯⋯⋯374

　　　　詩府靈蛇（鍾惺、譚元春著）⋯⋯⋯⋯⋯⋯376

　　　　詩體緣起（陳懋仁著）⋯⋯⋯⋯⋯⋯⋯⋯⋯377

　　　　彈雅（趙宧光著）⋯⋯⋯⋯⋯⋯⋯⋯⋯⋯⋯378

　　　　唐詩談叢（胡震亨著）⋯⋯⋯⋯⋯⋯⋯⋯⋯379

　　　　徐氏詩談（徐𤊲著）⋯⋯⋯⋯⋯⋯⋯⋯⋯⋯379

　　　　佘山詩話（陳繼儒著）⋯⋯⋯⋯⋯⋯⋯⋯⋯381

　　　　通雅詩話（方以智著）⋯⋯⋯⋯⋯⋯⋯⋯⋯383

　　　　棗林藝簣（談遷著）⋯⋯⋯⋯⋯⋯⋯⋯⋯⋯387

附：無法分期的「後人纂輯」詩話⋯⋯⋯⋯⋯⋯⋯⋯389

　　　　徐炬詩話（徐炬著）⋯⋯⋯⋯⋯⋯⋯⋯⋯⋯389

下　冊

第四編　已佚之明代詩話考述⋯⋯⋯⋯⋯⋯⋯⋯⋯⋯391

第一章　明代初期的「已佚」詩話
　　　　──洪武至成化年間⋯⋯⋯⋯⋯⋯⋯⋯⋯⋯393

　　　　詩話舊聞（秦約著）⋯⋯⋯⋯⋯⋯⋯⋯⋯⋯393

　　　　唐詩評（王經著）⋯⋯⋯⋯⋯⋯⋯⋯⋯⋯⋯393

　　　　詩文軌範（徐駿著）⋯⋯⋯⋯⋯⋯⋯⋯⋯⋯394

　　　　梅菊詩評（陸子高著）⋯⋯⋯⋯⋯⋯⋯⋯⋯394

　　　　南村詩話（陶宗儀著）⋯⋯⋯⋯⋯⋯⋯⋯⋯395

頤庵集・詩話（胡儼著）……………… 395

嵩陽詩律（劉績著）…………………… 395

詩譜（朱權著）………………………… 396

詩格（朱權著）………………………… 397

木天禁語（宋儒著）…………………… 397

詩人木屑（宋儒著）…………………… 397

詩學正蒙（王偉著）…………………… 397

詩法鉤玄（蔣主忠著）………………… 398

宋名人詩話（陳音纂輯）……………… 398

桐山詩話（陳焯著）…………………… 398

井天詩話（強晟著）…………………… 399

甕牖詩談（蔡餘慶著）………………… 399

定軒詩話（姚福著）…………………… 399

吟史詩說（姚福著）…………………… 400

茶餘詩話（魏俌著）…………………… 400

詩評（張鈛著）………………………… 401

擬古樂府後語（周鼎著）……………… 401

諸家詩評（周禮纂輯）………………… 402

第二章　明代中期的「已佚」詩話
　　　　——弘治至隆慶年間 ………… 405

熊子濬詩話（熊一源著）……………… 405

仁峰文集・詩話（汪循著）…………… 405

竹莊詩話（孫勝著）…………………… 405

編茗詩話（黃卿著）…………………… 406

嗜泉詩說（李璋著）…………………… 407

安厓詩話（黃臣著）…………………… 407

秋臺詩話（葉盛著）…………………… 407

續全唐詩話（凌雲著）………………… 408

律詩指南（邵經邦著）………………… 408

儷語指迷（邵經邦著）………………… 409

詩紀類林（張之象纂輯）……………… 409

詩學指南（張之象纂輯）……………… 409

詩法輯略（王偕著）⋯⋯⋯⋯⋯⋯⋯⋯⋯⋯⋯⋯ 410

南皋詩話（張�鈇著）⋯⋯⋯⋯⋯⋯⋯⋯⋯⋯⋯ 410

唐詩行世紀（沈麟著）⋯⋯⋯⋯⋯⋯⋯⋯⋯⋯⋯ 411

陶杜詩說（尤璿著）⋯⋯⋯⋯⋯⋯⋯⋯⋯⋯⋯⋯ 412

芝園集・諸家評（張時徹著）⋯⋯⋯⋯⋯⋯⋯⋯ 412

佚老亭詩話（晏若川著）⋯⋯⋯⋯⋯⋯⋯⋯⋯⋯ 412

古今詩話（陳茂義纂輯）⋯⋯⋯⋯⋯⋯⋯⋯⋯⋯ 412

詠史詩序評（莊一俊著）⋯⋯⋯⋯⋯⋯⋯⋯⋯⋯ 413

白石詩說（蔡汝楠著）⋯⋯⋯⋯⋯⋯⋯⋯⋯⋯⋯ 413

譚藝（程珌著）⋯⋯⋯⋯⋯⋯⋯⋯⋯⋯⋯⋯⋯⋯ 414

吏隱軒詩話（李蔭著）⋯⋯⋯⋯⋯⋯⋯⋯⋯⋯⋯ 414

明詩紀事（黃德水著）⋯⋯⋯⋯⋯⋯⋯⋯⋯⋯⋯ 414

全唐詩話（張鷗翼著）⋯⋯⋯⋯⋯⋯⋯⋯⋯⋯⋯ 416

詩評（朱諫著）⋯⋯⋯⋯⋯⋯⋯⋯⋯⋯⋯⋯⋯⋯ 416

近譬軒詩話（謝東山著）⋯⋯⋯⋯⋯⋯⋯⋯⋯⋯ 417

七言律細（朱日藩著）⋯⋯⋯⋯⋯⋯⋯⋯⋯⋯⋯ 417

古詩評（黃省曾著）⋯⋯⋯⋯⋯⋯⋯⋯⋯⋯⋯⋯ 418

古今詩話（王圻纂輯）⋯⋯⋯⋯⋯⋯⋯⋯⋯⋯⋯ 419

旨茗齋詩話（王應辰著）⋯⋯⋯⋯⋯⋯⋯⋯⋯⋯ 420

郭氏詩評（郭文詢著）⋯⋯⋯⋯⋯⋯⋯⋯⋯⋯⋯ 420

可亭詩話（陳時道著）⋯⋯⋯⋯⋯⋯⋯⋯⋯⋯⋯ 420

詩評（傅應兆著）⋯⋯⋯⋯⋯⋯⋯⋯⋯⋯⋯⋯⋯ 421

詩法拾英（孫昭纂輯）⋯⋯⋯⋯⋯⋯⋯⋯⋯⋯⋯ 421

海鶴亭詩話（闕名）⋯⋯⋯⋯⋯⋯⋯⋯⋯⋯⋯⋯ 422

詩學題詠（闕名）⋯⋯⋯⋯⋯⋯⋯⋯⋯⋯⋯⋯⋯ 422

詩林辯體（闕名）⋯⋯⋯⋯⋯⋯⋯⋯⋯⋯⋯⋯⋯ 422

誦詩續談（闕名）⋯⋯⋯⋯⋯⋯⋯⋯⋯⋯⋯⋯⋯ 422

李杜或問（黃淳著）⋯⋯⋯⋯⋯⋯⋯⋯⋯⋯⋯⋯ 422

唐詩折衷（袁一虬著）⋯⋯⋯⋯⋯⋯⋯⋯⋯⋯⋯ 423

談藝錄（馮時可著）⋯⋯⋯⋯⋯⋯⋯⋯⋯⋯⋯⋯ 423

西灣詩話（丁孕乾著）⋯⋯⋯⋯⋯⋯⋯⋯⋯⋯⋯ 423

第三章　明代晚期的「已佚」詩話
——萬曆年間……425
趙仁甫詩談（趙世顯著）……425
談詩類要（盧龍雲著）……425
震岳詩話（朱翊鈏著）……426
詩外別傳（袁黃著）……426
白石山房詩話（章憲文著）……428
茗椀譚（屠本畯著）……428
詩家全體（李之用纂輯）……429
雪竹詩論（高毓秀著）……429
李杜詩評（王象春著）……429
續詩話（郭孔太著）……430
詩談（繆邦玨著）……430
集古詩話（丁烓著）……431
明詩紀事（毛晉纂輯）……431
宮閨詩評（方維儀著）……432
蛻巖詩話（王埜著）……438
續談藝錄（朱安氿著）……439
群公詩話（孫贇纂輯）……439
吟堂博笑集（高鉉纂輯）……440
方山人詩評（闕名）……440
談藝手簡（闕名）……440
瑣碎錄詩話（闕名）……441
蜩笑集（闕名）……441
神仙詩話（闕名）……441
西郊詩話（闕名）……441
名賢詩指（程元初纂輯）……442
杜氏詩譜（闕名）……442
豆亭詩學管見（俞遠著）……442
曹安邱長語詩談（闕名）……442
感世編（葛焜著）……442

第四章　明代晚期的「已佚」詩話
　　　──泰昌至崇禎年間 ……………………………………443
　　藝活甲編（茅元儀著）…………………………………443
　　葦菴詩話抄（孫國敉著）………………………………445
　　辛齋詩話（陸嘉淑著）…………………………………445
　　須雲閣宋詩評（陸嘉淑著）……………………………446
　　豔雪齋詩評（闕名）……………………………………446
　　詩說解頤（朱家瓚著）…………………………………446
　　唐宋詩辨（王圖鴻著）…………………………………446
　　風雅叢談（王應山著）…………………………………447
　　藝苑溯源（張煒著）……………………………………447
　　詩學聲容（陳紹功著）…………………………………447
　　羅溪閣詩評（董養河著）………………………………447
　　夕陽寮詩論（阮旻錫著）………………………………448
　　杜詩三評（阮旻錫著）…………………………………449
　　卍齋詩話（吳統持著）…………………………………449
　　詩史（江兆興著）………………………………………449
　　杜詩肆考（沈求著）……………………………………449
　　滄湄詩話（林霍著）……………………………………450
　　木雞詩話（張嬴著）……………………………………450
　　漁樵詩說（夏大輝著）…………………………………450
　　瀨園詩話（嚴首昇著）…………………………………451
　　藝活乙編（金鏡著）……………………………………451

附：無法分期的「已佚」詩話 ………………………………453
　　杜詩話（劉廷鑾著）……………………………………453
　　詩膾（陳雲式纂輯）……………………………………453
　　五言括論（石一鼇著）…………………………………453
　　雲谷詩話（張廷用著）…………………………………453
　　深省堂詩話（李天植著）………………………………454
　　詩家心法（李爵著）……………………………………454
　　古今詩話（季汝虞著）…………………………………454
　　百家詩評（季汝虞著）…………………………………454

古今詩話（金志堅著）⋯⋯⋯⋯⋯ 454
詩評集句（鄢茂材著）⋯⋯⋯⋯⋯ 455
詩評墨抄（鄢茂材著）⋯⋯⋯⋯⋯ 455
聞見詩律鉤玄（孫陽著）⋯⋯⋯⋯⋯ 455
完白齋詩話（查光懷著）⋯⋯⋯⋯⋯ 455
清居詩話（項嘉謨著）⋯⋯⋯⋯⋯ 456
迂叟詩話（周敬著）⋯⋯⋯⋯⋯ 456
詩學正旨（楊徵元著）⋯⋯⋯⋯⋯ 456
詩法初津（葉弘勳著）⋯⋯⋯⋯⋯ 456
詩話（浮白齋主人著）⋯⋯⋯⋯⋯ 456
蘇氏璇璣詩讀法（程先民著）⋯⋯⋯⋯⋯ 457
枕山樓詩話（陳元輔著）⋯⋯⋯⋯⋯ 457

第五編　結　論⋯⋯⋯⋯⋯ 459
第一章　明代詩話的特色⋯⋯⋯⋯⋯ 461
　第一節　明代初期詩話的特色⋯⋯⋯⋯⋯ 462
　第二節　明代中期詩話的特色⋯⋯⋯⋯⋯ 464
　第三節　明代晚期詩話的特色⋯⋯⋯⋯⋯ 466
第二章　明代詩話的詩說體系與價值⋯⋯⋯⋯⋯ 471
　第一節　明代詩話的詩說體系⋯⋯⋯⋯⋯ 471
　第二節　明代詩話的價值⋯⋯⋯⋯⋯ 481

附　編⋯⋯⋯⋯⋯ 485
　明代詩話書目及版本總覽（附書名索引）⋯⋯⋯⋯⋯ 487
　明代詩話撰刊及作者生平相關年表⋯⋯⋯⋯⋯ 559
　明代詩話作者索引⋯⋯⋯⋯⋯ 599
主要參考書目⋯⋯⋯⋯⋯ 611
後　記⋯⋯⋯⋯⋯ 623

第四編　己佚之明代詩話考述

第一章　明代初期的「已佚」詩話
——洪武至成化年間

詩話舊聞

不著卷數，秦約著，佚。

秦約，字文仲，江蘇崇明人，後遷崑山。《國朝獻徵錄》所收〈溧陽縣學教諭秦公約傳〉謂其於元至正間官崇德州教授，洪武初應召，試〈慎獨箴〉，拜禮部侍郎，不久以母老告歸，後官至溧陽縣教諭。著有《樵海集》、《師友話言》、《詩話舊聞》、《崇明志》等。《國朝列卿紀》則記載其舉文學，洪武四年（1371）任禮部侍郎。事蹟又見《續吳先賢讚》、光緒《蘇州府志》等。

是書《千頃堂書目》著錄於卷三二〈文史類〉，不著卷數。光緒九年（1883）刊《蘇州府志》卷一三七〈藝文二〉則錄其《師友話語》，其下小字註云：「見約自誌。前志云《詩話舊約》，一作《師友話舊》，疑即此書」，故是書或有「師友話語」、「師友話舊」之異名，惟今已不見，無法考知內容，然由書名觀之，應為記錄師友論詩語之作。

唐詩評

不著卷數，王經（1325～1371）著，疑佚。

王經，字孟遠，江西金谿人，元至正二十三年（1363）中舉人，洪武三年（1370）徵為刑部司門員外郎，洪武四年（1371）赴隴西知縣任，卒於途中，年四十七。著有《金谿縣志》、《唐詩評》及詩文雜著若干卷。事蹟見《國

朝獻徵錄》卷四七宋濂所撰〈王君墓志銘〉，光緒《撫州府志》卷五〇〈人物・宦業〉亦有傳。

　　是書除見宋濂所撰墓銘外，《千頃堂書目》卷三二〈文史類〉亦有著錄。前引《撫州府志》卷七九〈藝文・集部〉及光緒《江西通志》卷一一二〈藝文略・集部〉皆見著錄，則是書至光緒間猶可得見？或係方志轉引前志的資料而已？已難於考辨。今未見其他著錄，或已亡佚。

詩文軌範

　　二卷，徐駿著，疑佚。

　　徐駿，字號不詳，江蘇常熟人。李紹文《皇明世說》卷一〈德行〉謂其少時蓄鴿，父撻之，遂篤志于學，後父亡，遇鴿飛鳴，必思親訓，涕泣不已，人稱「泣鴿先生」。《四庫全書總目》卷一九七〈詩文評類存目〉著錄所著《詩文軌範》二卷，然謂「元徐駿撰，常熟人」，則其乃元、明間人也。

　　是書光緒九年（1883）《蘇州府志》卷一三八〈藝文三〉著錄云：「前志別出一徐駿於元，以《詩文軌範》為元徐駿所撰，考《言志》實即一人，今據正」。又，光緒三十年《重修常昭合志》卷四四〈藝文志〉亦著錄是書。是書內容不詳，《四庫全書總目》謂：「其書雜取古人論文之語，率皆習見，所載詔誥表奏諸式，尤未免近俗」，所評係針對是書之論文部分，可知其論詩部分或亦雜取古人之語而成。是書今未見典藏記錄，或已亡佚。

梅菊詩評

　　不著卷數，陸子高（1354～1431）著，佚。

　　陸子高，原名冠孝，以字行，江蘇長洲人。光緒《重修常昭合志》卷二四〈人物三〉謂其贅邑之孫氏，遂占籍，生而穎悟，師事宋濂，洪武初詔求遺書，陸子高以家藏表進，後登洪武二十七年（1394）進士，然以對策忤權要，誣奏其冒籍，欲置重典，幸同榜進士拜疏願同寵辱而得免，進士名則被免除。永樂靖難，其堅臥不起，一生歸隱林泉，臨終戒子孫以貢士名其墓。著有《天文會象》、《虹霓書事》、《小學習成》、《梅菊詩評》。

　　是書除見於《重修常昭合志》卷四四〈藝文志〉，不見諸家著錄，是否實有其書？是否確實刊行？不無疑問。

南村詩話

十卷，陶宗儀著，佚。

陶宗儀，字九成，浙江黃巖人。師事張翥、李孝光等，家貧，抵松江教授弟子，洪武初，屢徵不赴。晚歲，有司聘為教官，洪武二十九年（1396），率諸生赴禮部試，讀《大誥》，賜鈔歸。後於松江之南村築草堂居之，人稱南村先生。著有《書史會要》、《輟耕錄》、《草莽詩乘》、《南村詩集》、《古刻叢鈔》等，編有《說郛》一百卷、《遊志續編》等。事蹟見《明史》、《名山藏》等，民國二十五年鉛印《台州府志》卷一一七〈人物〉亦有傳。

是書見光緒三年（1877）刊《黃巖縣志》卷二七〈藝文·書錄·子部·說家類〉著錄，另前引《台州府志》卷八四〈藝文略〉二一，亦著錄云：「《南村詩話》十卷，明陶宗儀撰，宗儀有《國風尊經》已著錄，是編載司馬泰《廣說郛》第六十五卷，今存。」又，民國四年排印，清項元勳所著《台州經籍志》卷六〇〈詩文評類〉則謂是書一卷，載司馬泰「廣郛」第六十五卷。按，《廣說郛》今已不見，則是書應已亡佚。

頤庵集·詩話

數則，胡儼（1361～1443）著，疑佚。

胡儼，字若思，江西南昌人，舉洪武二十年（1387）鄉試，明年中會試副榜，授華亭教諭，改長垣，後乞便地以養親，乃改官餘干知縣。建文中，陞桐城知縣。永樂初授檢討，入直文淵閣，歷侍讀、左春坊諭德、國子祭酒、太子賓客等。洪熙元年（1425）乞歸。著有《頤庵集》三十卷。事蹟見《國朝獻徵錄》黃佐撰〈胡公儼傳〉及《國朝列卿紀》、《名臣言行錄》、《明史》、《罪惟錄》、《續藏書》等。

此詩話數則，見於陳田《明詩紀事·乙籤》卷四稱引，陳田按語云：「……《頤庵集》末附詩話數則，述虞伯生寫韻軒、滕王閣等詩，多《在朝稿》、《歸田稿》所未載者。」此詩話今未見，《四庫全書》集部別集類收有《頤庵文選》二卷，亦未將詩話選入，頗疑已經佚失。

嵩陽詩律

一卷，劉績著，疑佚。

　　劉績，字孟熙，浙江山陰人。據錢謙益《列朝詩集小傳》乙集「劉西江績」條謂，其教授鄉里，不干仕進，家貧，轉徙無常地，所至署賣文榜于門，有所得輒買酒樂賓客，轉手而盡，情性如此，人稱西江先生，著有《嵩陽稿》、《詩律》、《霏雪錄》。按，《列朝詩集小傳》所錄傳主，係以時代爲次，劉績之傳列入「乙集」，與前述瞿佑、懷悅等同列，應亦爲明初之人。又，顧起綸《國雅品》列之於「士品二」，約爲永樂時人，並稱其乃會稽名家，才思雄健，長歌頗放誕，而屬興豪華，非鄙促語云云。

　　是書見《千頃堂書目》卷三二「文史」類著錄，其下小字註云：「山陰人」，惟不著卷數。乾隆元年（1736）修《浙江通志》卷二五二〈經籍十二〉則著錄云：「嵩陽詩律一卷，山陰劉績著」，而乾隆五十七年修《紹興府志》卷七八〈經籍志二〉亦著錄是書一卷，惟作者誤作「劉纘」。故是書爲一卷之本。今則未見典藏記錄，或已佚失。

　　是書雖不見，其論詩語尚可在所著《霏雪錄》中見及。《霏雪錄》在當日流傳甚廣，如都穆《南濠詩話》、楊愼《升庵詩話》、俞弁《逸老堂詩話》等俱曾稱引，惟語多反駁。如《南濠詩話》引《霏雪錄》謂「夜涼疑有雨，院靜似無僧」二句似唐人語，而未言爲潘閬所作。《升庵詩話》卷 6「桂子」條引《霏雪錄》載杭州靈隱寺月中墜桂子事，以爲似涉怪異；卷九「荳蔻」條，著錄劉績引《本草》：「荳蔻未開者，謂之含胎花，言少而娠也」，解杜牧「荳蔻梢頭二月初」詩，楊愼以爲「牧之詩本詠娼女，言其美而且少，未經事人，如荳蔻花之未開，此爲風情言，非爲求嗣言也」。《逸老堂詩話》卷下則引東坡〈謝丁公默惠蟹〉詩，云：「劉孟熙謂雌蟹臍圓而珍，蓋不知其味也」。

詩譜

　　一卷，朱權著，存佚不詳。

　　朱權著有《西江詩法》，已見前。是書見《百川書志》、《晁氏寶文堂書目》上卷〈詩詞類〉、《千頃堂書目》卷三二〈文史類〉、《明史藝文志》著錄。是書又題作《臞仙詩譜》，如《百川書志》記載：「《臞仙詩譜》一卷，《詩格》一卷，國朝臞仙製，十三格，古今一百二十八條」。《古今書刻》則著錄江西弋陽王府刻有《臞仙詩譜》一卷，知此書確曾刊刻。謝榛《四溟詩話》卷二有錄其詩話一則，謂：「《臞仙詩譜》以太白「長安一片月」爲張季鷹之作，不知何據？然清響殊非晉人氣格」。馮惟訥《選詩約註》也著錄一則《詩譜》

評論《文選》的詩話，〔註1〕然未註明作者，不知是否引自朱權《詩譜》？此書今未見，存佚不詳。

詩格

一卷，朱權著，存佚不詳。

朱權著有《西江詩法》、《詩譜》，已見前。

是書《百川書志》、《千頃堂書目》卷三二〈文史類〉、《明史藝文志》著錄。今未見。

木天禁語

不著卷數，宋儒著，佚。

宋儒，浙江奉化人，生卒年、字號均不詳，據康熙二十二年（1683）刊《奉化縣志》卷七〈選舉〉，謂其為「鄉貢，宣德十年乙卯科」，下並有小注云：「以軍，中陝西鄉試」，注語漫漶不清，難以詳見其生平。該志卷一二〈藝文〉，著錄其著作有《律條疏議》、《書經講義》、《大學講義》及《詩人木屑》、《木天禁語》五種，乾隆元年（1736）刊《浙江通志》卷二五二〈經籍〉一二，亦沿襲此說。

按元范德機著有《木天禁語》一書，明代各詩法彙編及清何文煥編《歷代詩話》均將之收錄，現仍通行。然宋儒此書則不見諸家書目著錄，今亦未見典藏記錄，不知是否刊行，其與范書有無關聯，亦難以考知。

詩人木屑

不著卷數，宋儒著，佚。

宋儒著有《木天禁語》，已見前。是書除見前引康熙《奉化縣志》及乾隆《浙江通志》，其餘書目均未著錄，不知曾否刊行。南宋魏慶之著有《詩人玉屑》，此書以「木屑」為名，不知是否有所關聯？

詩學正蒙

不著卷數，王偉（？～1469）著，佚。

〔註1〕此則著錄見本論文「選詩約註」條。

　　王偉，字士英，湖南攸縣人，正統元年（1436）進士，歷官戶部主事、兵部右侍郎等職，成化五年（1469）卒。事蹟附見《明史・于謙傳》、《國朝獻徵傳》卷四○無名氏撰傳。

　　是書見光緒十一年（1885）重刊《湖南通志》卷二五八〈藝文一四・集部六・評論類〉著錄。據《四庫全書總目》卷一七五〈別集類存目二〉「桐山詩集」條云：「偉所著有《詩學正蒙》，久已散佚」，知此書亡佚已久，其內容不可考，然觀其書名，或即提示學詩門徑之入門書。

詩法鉤玄

　　不著卷數，蔣主忠著，疑佚。

　　蔣主忠，字存恕，江蘇儀眞人。《列朝詩集小傳》乙集「蔣淮南忠」條謂其名「蔣忠」，「主忠」爲其字，並云其：「徙句容，太醫院判，諡恭靖。用文之子也。與其兄主孝，皆有詩名」。蔣主忠與劉溥等並稱「景泰十才子」。是書見《明清江蘇文人年表》著錄，並引《大觀錄》卷十八謂其於景泰八年（1457）爲同里張氏跋所藏柯九思《竹譜》，著有《愼齋集》、《金陵紀勝》、《詩法鉤玄》。是書不見其他著錄，今亦未見典藏記錄，疑已亡佚。

宋名人詩話

　　十卷，陳音（1436～1494）纂輯，疑佚。

　　陳音，字師召，號愧齋，福建莆田人，天順八年（1464）進士，入選庶吉士，歷任編修、侍講、南京太常少卿、南京太常寺卿等職，與李東陽、王鏊、程敏政等友善，事蹟見《國朝獻徵錄》倪岳〈愧齋陳先生神道碑〉、《國朝列卿紀》、《皇明書》、《明史》等。

　　是書《楝亭書目》著錄於「詩類補遺」，下云：「明莆田陳音序、集，十卷，二冊」，著錄尚稱詳備，則至清初猶可得見此書。惟不見明、清其他著錄，良可怪矣，不知曹寅所見是否爲鈔本？

桐山詩話

　　不著卷數，陳煒著，疑佚。

　　陳煒，字文厚，福建福州人。據乾隆《福州府志》卷六○〈人物・文苑〉記載，知其領成化鄉薦，才氣縱逸，上公車不偶，即斷去家累，築室桐山以

居。同治《福建通志》卷六七〈經籍〉則著錄其又號邂庵，初築室銅山（按「銅」爲訛字），後改築棲雲，因自號棲雲叟，爲成化七年（1471）舉人，著有《桐山集》、《棲雲集》等。

是書即見前引《福州府志》卷七二〈藝文〉，及《福建通志》卷六七〈明經籍〉，並未見於其他書目，不知曾否刊行，頗疑已佚失。

井天詩話

三卷（或作二卷），強晟著，疑佚。

強晟著有《汝南詩話》已見前。是書今未見，亦未見典藏記錄，頗疑已佚失。《萬卷堂書目》著錄是書爲二卷，《千頃堂書目》卷三二〈文史類〉則作三卷，不知孰是。

甕牖詩談

不著卷數，蔡餘慶著，佚。

蔡餘慶，字從善，號瘦石，浙江黃巖人，成化二十三年（1487）進士，授中書舍人，爲李東陽所重，欲引直內閣，輒辭謝，歷南京刑部郎中、汀州知府、福建鹽運使、山東參政，未幾因忤中貴辭官，逍遙林下逾三十年。其性孝友純樸，至老好學不倦，或枕上有所得，亟起燃火書之，著有《瘦石亭稿》、《燭光錄》、《甕牖詩談》、《石窗叢記》、《石翁家藏稿》，事蹟見民國二十五年鉛印《台州府志》卷一〇八〈人物傳〉九。

是書亦見該志卷八四〈藝文略〉二一，下有小字註云：「是編見《續台考》本傳，今佚」；民國四年排印，清項元勳修《台州經籍志》卷四〇〈詩文評類〉亦云：「甕牖詩談，明黃巖蔡餘慶撰，今佚」，則是書在清代已佚失。又，葉盛《菉竹堂書目》卷三「子雜」類著錄《甕牖閒評》一冊，不著撰人，不知與此書有無關聯？附載於此。

定軒詩話

不著卷數，姚福著，存佚不詳。

姚福，字世昌，一字宋素，籍貫江蘇上元，成化年間人。〔註2〕陳田《明

〔註2〕張慧劍《明清江蘇文人年表》引姚福〈青溪暇筆自序〉，謂其於成化九年（1473）

—399—

詩紀事・己籤》卷一八，謂其世襲錦衣衛千戶，著有《風樹亭稿》十二卷，其下按語云：「世昌所著《青溪暇筆》二十卷，《四庫》著錄三卷，非足本也」。該書並引朱緒曾《金陵詩徵》言：「《風樹亭稿》，惟桐鄉金氏文瑞樓詩目有其名，余至武林訪其書，十載不獲，後於四明盧氏抱經樓，始見鈔本十二卷，即金氏物也。盧氏書不許出樓，因手鈔以歸。又於武林書肆，得世昌所著《定軒詩話》……」，則姚福所著有《風樹亭稿》、《青溪暇筆》、《定軒詩話》諸書，惟陳田對《定軒詩話》再無敘述，不知其書內容，亦不知該書是鈔本還是刊本？

《定軒詩話》在明萬曆間即經《澹生堂書目》著錄於卷一四「詩文評・詩話」類，並註明爲「餘苑本」，又該書目著錄爲「餘苑本」者，尚有「詩式」類的《藝苑雌黃》、《曹安邱長語詩談》，及「詩評」類的俞遠《豆亭詩學管見》、葉盛《秋臺清話》，及「詩話」類的《都玄敬詩話》、《虛拘詩話》、《麓堂詩話》、《續豫章詩話》，則所謂「餘苑本」，可能是一部詩話叢書，惟此叢書未見，不明其編刊情形。又據前引《續豫章詩話》條下所註云：「澹生堂餘苑本」，頗疑該叢書爲祁承爗自行彙集鈔錄，則諸書在當時必有流傳，以作爲鈔錄所據。《定軒詩話》至清代猶可得見，今則存佚不詳。

吟史詩說

不著卷數，姚福著，佚。

姚福著有《定軒詩話》，已見前。《吟史詩說》見同治十三年（1874）刊《上江兩縣志》卷一二〈藝文〉中，當爲姚福論詩的另一著作。惟該志並未著錄《定軒詩話》，而前引《明詩紀事》亦未言及《吟史詩說》，頗疑是書並未刊行，今已亡佚。

茶餘詩話

不著卷數，魏俌著，疑佚。

魏俌，字達卿，浙江鄞縣人。〔註3〕雍正十一年（1733）刊乾隆十六年（1751）補刊《寧波府志》卷二六〈文苑〉及乾隆元年（1736）刊《浙江通

寫作《青溪暇筆》，則其生當成化年間。
〔註3〕魏俌或作慈谿縣人，鄞縣與慈谿縣唐時同爲鄮縣，屬浙江寧波府，後析爲二。

志》卷一八〇〈文苑〉三，均有其生平記載，知其於成化末年，以貢上春官廷試第一，授石城訓導，詩歌寫作則力追盛唐風格，與同鄉楊守陳（1425～1489）、楊守阯（1436～1512）相唱和。著有《經書僅悟》、《覼充子》、《聞見類纂小史》、《雲松詩略》等。

　　魏偁論詩之旨趣或與其寫作力追盛唐風格有關，是書見《寧波府志》卷三一〈藝文〉上，及《浙江通志》卷二五二〈經籍〉一二著錄，並不見其他著錄，頗疑其書已經亡佚。

詩評

　　二冊，張鉽著，疑佚。

　　張鉽，字敬亭，浙江鎮海人。光緒五年（1879）刊《鎮海縣志》卷二一〈人物〉謂其性嗜學，探討群籍，工詩，兼善畫，垂老中副榜，作〈泣玉賦〉，讀者哀之。由於其弟張鐸，中成化四年（1468）副榜，年二十而卒，則其應爲成化時人。是書僅見前引《縣志》卷三二〈藝文〉下著錄，不知曾否刊行。

擬古樂府後語

　　不著卷數，周鼐著，疑佚。

　　周鼐，字良載，號五峰，一號定軒，江西崇仁人。光緒二年（1876）刊《撫州府志》卷五九〈人物・文苑〉，謂其「兄翰登進士第，鼐博洽考索，獨負高志，無進取心，邑宰聞其名，數求見，卒不可得，所著有《昭穆辨》、《綱目補註》、《擬古樂府後語》等書。」查《明清歷科進士題名碑錄》，其兄周翰中成化二年（1466）進士，則其應爲成化時人。是書另見光緒七年（1881）刊《江西通志》卷一一二〈藝文略・集部〉，然書名作「古樂府後語」。是書今未見，亦不見其他著錄，頗疑已經佚失。

　　明代文人承繼元代楊維楨以來的擬作古樂府風氣，對於擬古樂府的創作，十分熱衷，〔註4〕關於古樂府的討論也極爲盛行。如徐禎卿《談藝錄》以

〔註4〕楊維楨之後，明代以創作擬古樂府知名的有李東陽，其作品歷經刊行，國家圖書館就藏有三種版本：何孟春音註、謝鐸等評點的《擬古樂府》2卷，明刊白口十行本；潘辰、謝鐸評點《擬古樂府》2卷，明隆慶四年（1570）淮陰章氏淮州草堂刊本；《西涯擬古樂府》3卷，朝鮮舊刊本。據吉川幸次郎著，鄭清茂譯，《元明詩概說》（臺北：幼獅文化公司，1986年）第5章第4節的說法，其擬古樂府甚至影響日本，成爲賴山陽「日本樂府」的雛型。李東陽之

樂府體裁的完備，足以抒寫各種情感，揭示其以情爲重心的詩學主張。〔註5〕楊愼《升庵詩話》卷十二有「樂曲名解」條，討論古樂府的體製曲調。王世貞《藝苑卮言》卷一探討擬古樂府的寫作要領，有「如〈郊祀〉〈房中〉，須極古雅，發以峭峻。〈鐃歌〉諸曲，勿便可解，勿遂不可解，須斟酌淺深質文之間。漢魏之辭，務尋古色。」等等見解。朱承爵《存餘堂詩話》則針對古樂府的命題，提出「古樂府命題，俱有主意，後之作者，直當因其事，用其題，始得；往往借名，不求其原，則失之矣」的主張。張蔚然《西園詩麈》有「擬古樂府」條，論古事古題的仿作，其或離或合之間，有神存焉，而以自得爲要。

此類的論述，直到清代，仍是詩歌討論的重要議題，許多詩話闢有專章討論，如馮班《鈍吟雜錄》中有〈古今樂府論〉、〈論樂府與錢頤仲〉。錢良擇《唐音審體》中有〈古題樂府論〉、〈新樂府論〉等。〔註6〕是故，周鼐此書今雖不見，然可能即如馮、錢諸人之作，是針對古樂府或擬古樂府的專論，甚至已單獨成書刊行。然其以「後語」名書，則不知是否前有擬古樂府詩選之編選？

諸家詩評

不著卷數，周履纂輯，疑佚。

周履，字惟敬，江蘇婁縣人，以家居九山間，因號一山。何三畏《雲間

後，其門人石珤、陸深、喬宇、胡纘宗等，率皆有作，惟未單獨刊行。爾後，王世貞、李攀龍之擬古樂府亦爲廣被稱述，堪稱作手。此外，如譚元春亦有《擬讀曲歌》二十八首等作品，可見寫作擬古樂府，非但是明代復古詩風的重要產物，也是文人熱衷、前仆後繼的寫作體裁。

〔註5〕《談藝錄》云：「詩家名號，區別種種。原其大義，固自同歸。歌聲雜而無方，行體疏而不滯，吟以呻其鬱，曲以導其微，引以抽其臆，詩以言其情，故名因象昭。合是而觀，則情之體備矣」，說明不論那一種樂府，都足以抒寫情感。其又以漢樂府說明人各有情，各形於詩：「及夫興懷觸感，民各有情。賢人逸士，呻吟於下里，棄妻思婦，歌詠於中閨。鼓吹奏乎軍曲，童謠發於閭巷，亦十五國風之次也」。

〔註6〕關於清代文人對古樂府的討論命題，包括古樂府的源流發展、古樂府能否擬作、重要擬古樂府作者或作品評價等等。源流發展討論，以前引馮班等人之作較豐富；古樂府能否擬作的爭議，以王士禎等人的《師友詩傳錄》中關於樂府的答問，較爲傳神。至如評價部分，陳田《明詩紀事》所臚列各家對李東陽、王世貞、李攀龍的擬古樂府詩所作的批評，即琅琅可觀（分別見該書丙籤卷1及己籤卷1），可參。

志略》卷二四有〈周少尹一山公傳〉，謂其少磊落不群，爽侃有志節，舉業不成，去就府掾，爲太守鄢陵劉璟（1450～1522）所器重，璟以剛直忤御史黃憲，遭誣陷，周禋獨鳴其冤，雖楚毒備至，絕無撓辭，黃憲怒而繫之於獄。幸冤得解，人皆義之。後補樂平縣簿，改興國縣，尋告歸，遊峰泖之間，與顧文僖（即顧清，1460～1528）等相唱和，築室溪上，絕不問家人生產，世以爲高。著有《淞故述》、《諸家詩評》、《範圍奇門》、《醫圃雜言》、《一山樵唱集》。

按，劉璟爲成化十四年（1478）進士，授刑部主事，歷松江知府，事蹟見《國朝獻徵錄》卷四四楊廷和撰〈劉公墓誌銘〉。顧清則與周禋爲同鄉，弘治六年（1493）進士，爲李東陽之門生，事蹟見《國朝獻徵錄》卷三六孫承恩撰〈顧公清墓誌銘〉，是故周禋應爲成化、弘治時人。

是書另見清乾隆五十三年（1788）刊《婁縣志》卷一二〈藝文・雜著類〉，及嘉慶二十二年（1817）刊《松江府志》卷七二〈藝文志〉著錄，惟今已不見，亦不見其他相關著錄，疑已亡佚。

第二章　明代中期的「已佚」詩話
──弘治至隆慶年間

熊子濬詩話

一卷，熊一源著，佚。

熊一源，字子濬，廣東南海人，據光緒五年（1879）《廣州府志》卷一一五〈列傳四〉著錄，其中弘治八年（1495）鄉薦，官郎中。是書見同治三年（1864）重刊《廣東通志》卷一九八〈藝文略十〉著錄云：「《熊子濬詩話》一卷，明熊一源撰，佚」，知是書已亡佚。《千頃堂書目》則著錄作「《熊子濟詩話》，熊一元」，略有出入。

仁峰文集·詩話

數則，汪循著，疑佚。

汪循，字進之，休甯人，弘治九年（1496）進士，官至順天府通判。《四庫全書總目》卷一七六〈別集類存目三〉「仁峰文集」條引《江南通志》稱其「遊莊昶之門，與王守仁數相論辨，蓋亦講學之流。……是集（《仁峰文集》）凡文十七卷、日錄二卷、詩五卷，末附詩話數則，外集一卷」，《總目》並稱該書「題嘉靖辛卯（十年，1531）書林劉氏刊行，其子戩跋謂，先刻其強半，蓋非全稿，刻本亦頗多脫佚，失於校正云」。是書今未見，疑佚。

竹莊詩話

不著卷數，孫勝著，佚。

孫勝，字敏中，浙江長壽泉口（今浙江奉化）人。據光緒三十四年（1908）刊《奉化縣志》卷二四〈人物傳〉二，徵引康熙志及孫事倫〈竹莊書屋碑記〉等，知其為弘治十八年（1505）進士，官直隸完縣縣令、刑部主事等職，以廉潔著稱，性嗜圖籍，登第猶手不釋卷，長於詩文，著有《竹莊集》、《竹莊學步稿》及《竹莊詩話》行世。

是書另見乾隆元年（1736）刊《浙江通志》卷二五二〈經籍十二〉著錄。而前引光緒《奉化縣志》卷三四〈藝文〉於此書之下，並以小字注明係「采訪」所得。按，《千頃堂書目》著錄《竹莊詩話》二十二卷，下署「未詳何人」。又，《四庫全書‧詩文評》收有《竹莊詩話》二十四卷，《四庫全書總目》卷一九五〈集部‧詩文評類一〉，云：「不著撰人名氏，錢曾《讀書敏求記》作竹莊居士，不知何時人。……考《宋史藝文志》有何谿汶《竹莊詩話》二十七卷，蓋即此書，惟今本二十四卷，其數少異，或傳寫佚其三卷，或後人有所合併，或《宋史》誤四為七，均未可知，然出自宋人則無疑也。……」《四庫全書》所收《竹莊詩話》，與《千頃堂書目》所錄者，卷帙略有出入，然應為同一書，郭紹虞《宋詩話考》「竹莊詩話」條有考述。惟未及於孫勝所著《竹莊詩話》者，《縣志》云「采訪」所得，蓋撰志者親聞或親見，則應有其書，但不知曾否刊行，其與宋代之《竹莊詩話》或即同名而已。

編茗詩話

八卷，黃卿（？～1540）著，佚。

黃卿，字時庸，山東益都人。據《皇明進士登科考》，其於正德三年（1508）中進士。過庭訓《本朝分省人物考》卷九七有傳，則謂其歷知武進、涉縣，遷守應州，皆以能稱，後歷官南京刑部郎中、浙江右參政、江西左布政使等。咸豐九年（1859）刊《青州府志》卷四四〈黃卿傳〉謂其「庚子入覲，道卒」，則其卒年為嘉靖十九年庚子（1540），著有《海岱會稿》、《編茗集》等。又，民國四年重印《山東通志》將其列入卷一六一〈人物志十一‧歷代循吏〉中。

是書見《千頃堂書目》卷三二〈文史類〉及《明史藝文志》著錄，然今不見。據《明詩紀事》丁籤卷十四「黃卿」條陳田按語云：「編茗詩特矜練，在《海岱會集》中，別自一格，所著《編茗詩話》，惜今不見」，則是書在清末即已佚失。

嗜泉詩說

五則，李璋著，疑佚。

李璋，字政虹，浙江海鹽人，生平不詳。《嗜泉詩說》見光緒五年（1879）刊《嘉興府志》卷八一〈經籍二・詩文評〉著錄，惟不著卷數。另，《四庫全書總目》卷一七六〈別集類存目三〉著錄《嗜泉詩存》二卷《附錄》一卷，並謂是書「前有正德四年（1509）璋自序稱，取舊刻痛加刊削，存十之一，並及近作爲二卷，雜著詩餘爲一卷，易其名曰『詩存』。此本爲其十世孫鳳藻所刊，上卷爲古體，下卷爲近體，附錄詩說五則，而獨無詩餘雜著，據其九世孫纘祖後序，蓋舊刊已佚，此重刻者爲殘本耳。」是故李璋應爲正德時人，而其所謂《詩說》五則，實爲《嗜泉詩存》之附錄，或亦殘本耶？今未見是書，亦不見諸書目著錄，疑已佚失。

安厓詩話

不著卷數，黃臣著，佚。

黃臣，字伯麟，號安厓，山東濟陽人。據民國四年重印《山東通志》卷一六三〈人物志・歷代文苑〉記載，其爲正德六年（1511）進士，歷官吏、戶、刑、工四科主事中，多所建白，言人所不敢言。其生平及爲官經歷，另見明雷禮《國朝列卿記》卷一○一及《披坦人鑑》卷一二。

是書見前引《山東通志》卷一四六〈藝文・詩文評〉著錄，而乾隆三十年（1765）刊《濟陽縣志》卷一三〈著述〉，則著錄其有《安厓文集》、《安厓詩話》、《筐山寄傲》、《登峨山詩》等書，然據該書卷八〈黃臣小傳〉所云：「其著述甚富，嘗見稱於康對山（即康海，1475～1540），惜多散佚，惟登峨山及過太眞塚詩行於世」語，則其著作在清乾隆時即已不存。

秋臺詩話

一卷，葉盛（1420～1474）著，疑佚。

葉盛，字與中，江蘇崑山人。據《國朝徵獻錄》卷二六〈葉公盛神道碑〉，其生於永樂十八年（1420），正統十年（1445）舉進士，授兵科給事中，進都給事中，擢山西右參政，督宣府，協贊軍務，後歷官右僉都御史、左僉都御史、禮部侍郎、吏部侍郎等，成化十年（1474）卒，年五十五，謚文莊。《皇

明獻實》、《今獻備遺》卷二〇、《國朝列卿紀》卷二九、《皇朝名臣言行錄》卷二、《皇明人物考》卷三、《續藏書》卷一六及《明史稿》等，皆有傳。《明詩紀事》〈乙籤〉卷一七則錄其所著有《水東稿》、《開封紀行》、《篆竹堂稿》、《涇東小稿》等。

是書見《澹生堂書目》卷一四〈詩文評‧詩評類〉著錄，書名則作「秋臺清話」。此外，亦見《千頃堂書目》卷三二〈文史類〉、《明史藝文志》及光緒六年（1880）《崑新兩縣續修合志》卷四九〈著述目上〉著錄。然是書今未見，亦不見其他相關著錄，疑已佚失。

續全唐詩話

十卷，凌雲著，疑佚。

凌雲，字應賢，福建閩侯縣人。同治十年（1871）重刊《福建通志》卷六七〈經籍〉謂其為正德丙子（十一年，1516）舉人，官常德通判，該志卷一五四〈選舉志〉，則謂其授荊州府荊門州學正、常德府通判。民國二十二年刊《閩侯縣志》作「凌雲」，蓋淩、凌可互通也。

是書除見於方志，《明史藝文志》、《紅雨樓書目》、《千頃堂書目》皆有著錄，且均作十卷，知明代曾有流傳。按，纂輯有關唐詩之品論文字成為詩話，自宋代《全唐詩話》以來，一直有文人續作，郭紹虞《宋詩話考》於「全唐詩話」條，提及清人孫濤於乾隆甲午（三十九年，1774）輯有《全唐詩話續編》；沈炳巽輯有《續唐詩話》一百卷，〔註1〕但並未提及凌雲所輯《續全唐詩話》。明代詩壇標榜復古、學唐，則凌雲此輯別具上承宋代、下啓清代的意義，也是明人續纂全唐詩話的重要業績，〔註2〕可惜今日已難於一見。

律詩指南

四卷（或作一卷），邵經邦著，疑佚。

邵經邦著有《藝苑玄機》，已見上編。是書《明史藝文志》著錄為四卷，民國十一年鉛印《杭州府志》卷九五〈藝文十〉亦著錄是書為四卷。《千頃堂

〔註1〕孫書現收入《清詩話》，沈書則為稿本，並未刊行，以上均見郭紹虞《宋詩話考》。

〔註2〕按，嘉靖二十年（1541）進士張鶚翼著有《全唐詩話》，與是書性質相似，亦是明人撰作此類詩話的重要業績，然不知二書撰作時間之先後。

書目》卷三二則著錄爲一卷，或爲刪節之本。是書今不見典藏記錄，疑已佚失。

儷語指迷

一卷，邵經邦著，疑佚。

邵經邦著有《藝苑玄機》、《律詩指南》，已見前。是書《千頃堂書目》卷三二〈文史類〉、民國十一年鉛印《杭州府志》卷九五〈藝文十〉著錄，今則未見，疑已亡佚。

詩紀類林

不著卷數，張之象（1507～1587）纂輯，佚。

張之象，字月鹿，一字玄超，晚號王屋山人，上海人。後以倭亂，移居松江華亭。據莫如忠〈浙江按察司知事張公之象墓誌銘〉，〔註3〕其生於正德二年（1507），卒於萬曆十五年（1587），年八十一。張之象幼以太學生遊於南京，與何良俊（1504～1573）、黃姬水（1509～1574）等人賦詩，才情蘊藉。嘉靖中嘗出任浙江按察司知事，於隆慶元年（1567）投劾歸，閉門著書。著有《剪綵》、《翔鴻》、《聽鶯》諸集。輯有《詩學指南》、《韻苑連珠》、《韻學統宗》、《唐雅》、《回文類聚》、《詩紀類林》、《唐詩類苑》等。刊刻之圖書亦夥，若所輯《韻經》、《唐雅》等，又曾校刊《史通》、《文心雕龍》。事蹟見前引墓誌銘、《列朝詩集小傳》丁集卷上、《明史》卷二八七〈何良俊傳〉附，及同治十一年（1872）刊《上海縣志》卷一八〈張萱傳〉附。

是書見前引《上海縣志》卷二七〈藝文‧詩文評〉著錄。光緒九年（1883）刊《松江府續志》卷三七〈藝文‧集部補遺〉，亦列之於「詩文評類」，則此書應爲收羅詩歌掌故或相關紀事，再加以分類歸屬，性質介於詩話與類書之間，卷帙可能龐大，〔註4〕然未見諸家書目著錄，是否刊行，頗有疑問。

詩學指南

不著卷數，張之象纂輯，佚。

〔註3〕見《國朝獻徵錄》，卷84。
〔註4〕如萬曆十三年（1585）所輯《唐詩類苑》即有二百卷，見張慧劍《明清江蘇文人年表》引《測海樓舊本書目》卷4。

　　張之象有《詩紀類林》，已見前。是書與《詩紀類林》並見諸家方志藝文志之詩文評類，應為詩話著述，然亦未見其他書目記載，不知曾否刊行？

詩法輯略

　　不著卷數，王偕著，疑佚。

　　王偕字守乾，山東曹縣人。據民國四年重印《山東通志》，卷一四二〈藝文志・集部・別集類〉「投筆稿」條下小註，知其為監生，官南京錦衣衛指揮，著有《投筆稿》。又查其出生官宦世家，祖父王珣，舉成化五年（1469）進士，官至右副都御史，巡撫寧夏，著有《奏稿》十卷、《南野詩稿》二卷。父王崇獻，舉弘治丙辰九年（1496）進士，官至都察院左僉都御史，有《韻語拾遺》。〔註5〕

　　是書，見前引《通志》卷一四六〈藝文・集部・詩文評類〉著錄，今不見典藏記錄，疑已佚失。

南皋詩話

　　不著卷數，張鈇（？～1523）著，佚。

　　張鈇，字子威，浙江慈谿人。其生平多見家鄉方志著錄，謂其博綜百家，以再試場屋不第，遂棄舉子業，攻詩及古文，論天下事，亹亹終日，聞人之善，雖遠必赴，高風逸氣，睥睨物表云云，〔註6〕可以想見其性情襟抱。《列朝詩集小傳》丙集著錄「張布衣鈇」，謂：「鈇字子威，慈溪人，與沈啓南（沈周）為詩友，嘗為石田序分類詩」。

　　然《四庫全書總目》卷一二七〈子部・雜家類存目〉四「郊外農談」條下云：「鈇字子威，慈谿人，嘉靖丙戌（五年，1526）進士」。經查俞憲《皇明進士登科考》，嘉靖五年並無張鈇中進士，反而是嘉靖己丑（八年，1529）第三甲有張鈇之名，且為山東冠縣人。考光緒二十五年（1899）刊《慈谿縣志》卷四七〈藝文〉二著錄張鈇所著《郊外農談》，其下小字引《四庫全書總

〔註5〕《國朝獻徵錄》卷61、《山東通志》卷163〈人物志・歷代文苑〉有王珣傳。《國朝獻徵錄》卷61亦有王崇獻傳。

〔註6〕關於張鈇生平，雍正《慈谿縣志》、雍正《寧波府志》卷28〈隱逸〉、乾隆《浙江通志》卷180〈文苑〉三及光緒《慈谿縣志》卷27〈列傳〉四，均有著錄。各傳前後相承，內容相差不多，其中，《乾隆志》引自明天啓《慈谿縣志》，《光緒志》引自嘉靖《寧波府志》。

目》語，並云：「《徵文錄》曰，舊志以鈇入隱逸傳，稱其再試不利，遂棄去。
又據家傳，卒於嘉靖癸未（二年，1523），《總目》以鈇爲嘉靖丙戌進士，誤」，
〔註7〕是則浙江慈谿隱逸張鈇與山東冠縣進士張鈇，應爲二人。

　　是書乾隆元年（1736）刊《浙江通志》卷二五二〈經籍〉一二著錄。雍
正十一年（1733）修乾隆六年（1741）補刊《寧波府志》卷三一〈藝文〉上
及光緒二十五年（1899）刊《慈谿縣志》卷四七〈藝文〉二，則著錄張鈇《南
皋詩話》、《碧溪詩集》、《郊外農談》、《詠史百絕稿》。此外，《千頃堂書目》
卷三二〈文史類〉亦有著錄，惟作者作「張鈇」，蓋形近而誤。是知《南皋
詩話》確有其書，惟據雍正八年（1730）刊《慈谿縣志》〈張鈇小傳〉云：「所
著《碧溪詩集》、《南皋詩話》、《郊外農談》、《詠史百絕》等稿，今後裔式微，
版無存者」語，則是書在雍正初年已不傳。

　　前引《四庫全書總目》論及所著《郊外農談》謂：「此書有『文章不在
高古』、『作詩亦要平易』二條，蓋爲當時王、李之學而發，其他議論多以朱
子爲宗，亦無姚江末派之弊……」，可以約略想見其論詩旨趣。

唐詩行世紀

　　五卷，沈麟著，疑佚。

　　沈麟，生平籍貫俱不詳。是書歷見各家書目著錄，其中《萬卷堂書目》、
《明史藝文志》作《唐詩世紀》，《晁氏寶文堂書目》中卷〈子雜類〉則作《唐
詩行世紀》，《千頃堂書目》卷三二〈集部・文史類〉亦著錄云：「沈麟《唐
詩行世紀》，五卷，一作沈鱗」，書名多一「行」字，略有出入，作者亦有異
名。

　　考胡應麟《詩藪》外編三「唐上」，闡述著述貴博而尤貴精，有云：「嘉
靖初，有輯《唐詩行世紀》者，至一千四百餘家，余驟揭其目欣然，比閱，
則六朝五季幾三分之一，甚至析名與字而二之，爲之絕倒而罷」，則是書於嘉
靖初年即有流傳，惟今已不見，故其性質爲選集或爲品評無法確知，姑存其
目。

〔註7〕　光緒《慈谿縣志》卷47〈藝文〉二著錄張鈇所編《東陽文獻錄》，其下小字引
　　　　張鈇自序全文，文中張鈇自稱「予東海鄙人，適來東海訪舊游……」，則是書
　　　　作者應爲山東冠縣之張鈇，而非浙江慈谿之張鈇，著錄亦有失誤。由此亦可
　　　　知慈谿張鈇與山東張鈇不惟姓名混淆，著作亦有相混。

陶杜詩說

不著卷數，尤璿（1524～1574）著，疑佚。

尤璿，字汝齋，江蘇無錫人，生於嘉靖三年（1524），卒於萬曆二年（1574），年五十一，生平不詳。是書見張慧劍《明清江蘇文人年表》徵引《錫山秦氏文鈔》卷二，應爲品論陶淵明、杜甫詩之作。是書未見其他著錄，疑已佚失。

芝園集・諸家評

一卷，張時徹（1500～1577）著，疑佚。

張時徹，字維靜，一字九一，號東沙，浙江鄞縣人。弘治十三年（1500）生，嘉靖二年（1523）中進士，累官至南京兵部尚書，後以倭亂，勒歸，萬曆五年（1577）卒，年七十八。著有《芝園集》、《芝園定集》、《善行錄》、《明文範》等，《明史》卷二○一有傳。

《諸家評》見《中國科學院圖書館中文古籍善本書目》〈集部・別集類〉著錄，分別附錄於《芝園集》及《芝園定集》之中，《芝園集》三十六卷、《別集》十一卷，有嘉靖二十三年（1544）鄒守愚刻增修本，然該館僅存《芝園集》三十六卷。《芝園定集》五十一卷則有明刊本，而該館亦僅存二十五卷，均未見附錄《諸家評》，僅餘此書目而已。臺灣的國家圖書館亦藏有嘉靖二十三年原刊本《芝園集》，惟僅存二十二卷，沒有《諸家評》，則是書或已佚失。由於是書係附於《芝園集》及《芝園定集》之中，推測或爲時人對張時徹詩文之品評，加以集結成卷，附於其集之後。

佚老亭詩話

不著卷數，晏若川著，疑佚。

晏若川，字東之，號石橋，江西新喻人，據同治十年（1871）刊《臨江府志》卷一三〈選舉・鄉舉〉中的記載，知其中嘉靖七年（1528）鄉試，其餘生平始末未詳。是書見光緒七年（1881）刊《江西通志》卷一一二〈藝文略・集部〉著錄，內容不詳，亦不見於其他著錄，疑已佚失。

古今詩話

不著卷數，陳茂義纂輯，疑佚。

陳茂義，字喻之，號海洲，浙江慈谿人。據光緒二十五年（1899）刊《慈谿縣志》卷二八〈列傳五〉記載，陳茂義於嘉靖八年（1529）中進士，歷官南京都水司主事、北京兵部車駕員外郎、廣西布政司右參議、廣西布政司左參政等職，該書並徵引顏鯨所撰墓志，謂其少穎異，五歲讀書，過目成誦，十歲工文章，典雅竣潔，天機自然云云。

陳茂義著作頗豐，《慈谿縣志》卷四七〈藝文二〉即著錄其《詩序折衷》、《善惡紀錄》、《人物志》、《名士志》、《平倭紀略》、《燕石稿》、《木石山人詩草》等書。此外，他編有《古今文選》、《古今詩選》、《古今詩話》，三書均選編古今名文名篇而來，似有一貫性，應是有系統的用來啓示後學。

然此類選集的風行與否，牽涉編選標準是否精到、體例是否詳備、所選內容是否切合讀者需求，甚至校刊是否精良等等因素，本不易爲，而編集前人之作以爲己作，若不加以自己的看法或評述，則易千書一面，不能凸顯，其傳與不傳，不是「運氣」二字可以概括，何況陳茂義諸書均不見其他著錄，是否刊刻，已不無疑問。

詠史詩序評

不著卷數，莊一俊著，疑佚。

莊一俊，字君裴，福建晉江人，據俞憲《皇明進士登科考》知其爲嘉靖八年（1529）進士，又據同治十年（1871）重刊《福建通志》卷二〇三〈明列傳〉，歷任戶部主事、驗封員外郎、浙江參議等職，長於詩，與唐順之等人相頡頏，著有《石山堂詩稿》十八卷、《石山堂文集》等。《詠史詩序評》即見該志卷七二〈經籍〉著錄，然不見其他著錄，不知曾否流傳？由是書書名觀之，頗疑另有詠史詩之選。

白石詩說

一卷，蔡汝楠（1516～1565）著，疑佚。

蔡汝楠，字子木，號白石，浙江德清人。據《國朝獻徵錄》卷五三茅坤〈蔡公汝楠行狀〉，其生於正德十一年（1516），八歲隨父夷軒公遊湛若水門下，十八歲舉嘉靖十一年（1532）進士，授行人，遷刑部員外，歷官四川副使、江西參政、山東按察使等職。早年喜文章，與王愼中、唐順之、高叔嗣、黃省曾、皇甫汸兄弟等遊，中年則好講學。嘉靖四十四年（1565）卒，年五

十。著有《自知集》、《樞笻集》、《白石文集》等。事蹟另見《西園聞見錄》卷六、《明儒學案》卷四十〈甘泉學案四〉、《明史》卷二八七、《明史稿列傳》一六三等。《白石詩說》為其論詩之作,《千頃堂書目》卷三二〈文史〉著錄,惟不著卷數;民國九年刊《吳興叢書》本清鄭元慶修《湖錄經籍志》卷六則著錄「蔡汝楠《詩說》一卷」,然此書今已不見,或已佚失。

《列朝詩集小傳》丁集上「蔡侍郎汝楠」條引同安洪朝選(1516～1582)之語,謂汝楠「初學六朝,即似六朝;既而學劉長卿,最後又學陶、韋」,說明其學詩宗向,與復古時風是牴牾的,而錢謙益隨後即云:「厥後王、李之業盛行,蔡氏、甫氏(指蔡汝楠與皇甫汸兄弟)不啻退次三舍,百年之際,焰消而論定,向之抑沒者,乃復稍稍表見。文章有定價,豈不信哉」,是故,雖然創作宗向不一定等同於論詩主張,但在《白石詩說》或已佚失的情形下,仍具有參考補益的價值。

譚藝

不著卷數,程珤著,疑佚。

程珤,字子彬,號靜泉,山東德州人,嘉靖十一年(1532)進士,歷官江西布政使,事蹟見民國四年重印《山東通志》卷一四二〈藝文·集部·別集類〉「右丞集」條。是書見該志卷一四六〈藝文·集部·詩文評〉著錄:「《山左明詩鈔》一條引張九一序云:『《譚藝》一編,辨體裁,尚風骨,參意象,揚扢風雅,成一家言。』」可見是書之撰作緣由,惟此書不見其他著錄,或已佚失。

吏隱軒詩話

二卷,李蔭著,疑佚。

李蔭,字襲美,《明詩紀事·己籤》謂其乃嘉靖十三年(1534)舉人,授陽穀縣知縣,後改宛平縣,遷刑部主事,著有《比部集》。張萱《西園聞見錄》卷一一,則謂其乃河南內鄉人,性疏朗玄暢,內直外夷,望之軒軒如朝霞,舉而中硬不可犯」。

是書為朱孟震《玉笥詩談》上卷所著錄。朱孟震謂:「李襲美所著,有《李陽穀詩》、《吏隱軒詩話》」,亦見於《紅雨樓書目》〈詩話類〉、《千頃堂書目》卷三二〈文史類〉著錄。可知是書曾有流傳,惟今日未見,疑已亡佚。

是書雖未見，然李蔭的論詩，仍可由他爲王珍《一毫集》所著的〈一毫集叙〉中見出，〔註8〕其云：

> 李子曰，詩緣性情者也，非徒務此雕繢爲也，匪性匪情，雖日從事於染翰操觚，將何以稱詩哉？故自《三百篇》以迄漢魏、李唐，何莫而非以性情爲詩者邪？

可見李蔭詩觀本自儒家，推源《三百篇》，論詩一以性情爲務。該文進一步設問：「夫《三百篇》、漢魏、李唐既皆以性情爲詩，則千載而下固宜人人而李唐、漢魏、《三百篇》矣，迺復較之而有天淵之懸絕者何？」他答謂：

> 毋亦曰，性情則人人具也，而才則人人殊焉，故止於理義者，性情也，而造於格、造於調者，才爲之也。詩不本於性情則戾，不造於格調則不能高，是以性情要矣，格調急焉。

可知他以「才」來補益性情之說，也將格調與性情並舉，然性情重在詩作內容的抒發與權衡，以「止於理義」爲標準。至於格調何所指？李蔭接下來又說：「然所謂格調云者，匪直漢魏、李唐有之，雖《三百篇》亦何常不有格調以寓乎其間耶？故曰『言之無文，行之不遠』，蓋自古記之矣」。是知他所謂的格調並不止是詩歌的體式聲調，也兼及書寫的風格，而《三百篇》雖沒有聲律對偶，然自有其溫柔敦厚、婉約情致的格調。因此，李蔭對王珍《一毫集》多有推許：「不詭誕以驚奇，不雕刻以炫其巧，述情則藹乎可掬，寫景則儼然如畫，不甘不苦，不古不今，而才亦未常不行其中允哉，成一家之言矣」，就是其心中能夠巧妙涵融性情與格調的典型。〈一毫集叙〉也不忘針砭當世的詩風云：

> 明之詩，在弘、正之間，性情雖近，而格則未昂；嘉、隆以來，格則近古，而性情頗多刺謬，二者固缺一不可，然天下容有無格調而可以爲詩，未聞無性情而可以爲詩者也，是以性情急矣，格調緩矣。

經由說明當世詩風的變化，重申性情、格調缺一不可的主張。然如果力有未逮、必須予以選擇，則「性情急矣，格調緩矣」，仍以性情爲優先考量。李蔭對於性情的重視，以及他的格調、性情緩急之說，可視爲明代格調詩說的補益與修正，故其《吏隱軒詩話》今雖未見，其詩說仍值得注意。

〔註8〕　王珍爲布衣，號北江先生，能詩。《一毫集》爲明萬曆二十一年（1593）刊本，此書現藏日本淺草文庫，有國家圖書館影印海外佚存漢籍之影本。

明詩紀事

不著卷數，黃德水（1539～1582）著，疑佚。

黃德水，初名河水，字清父，江蘇吳縣人，諸生，黃魯曾之子，嘉靖十八年（1539）生，萬曆九年（1581）卒，年四十三。〔註9〕其著作甚夥，輯有《唐詩紀》三十卷、《初唐詩紀》六〇卷、《盛唐詩紀》一一〇卷等，著有《燕市集》、《碧雞集》、《國華集》、《蘭芬集》、《明詩紀事》等，光緒九年（1883）刊《蘇州府志》卷一三六〈藝文一〉記載甚詳。

是書見錄於康熙三十二年（1693）刊《蘇州府志》卷四五〈藝文〉、光緒九年（1883）刊《蘇州府志》卷一三六〈藝文一〉，及民國二十二年鉛印《吳縣志》卷五六上〈藝文考〉。此外，《千頃堂書目》卷三二〈文史類〉亦著錄該書，可見該書頗有流傳，惟今不見典藏記錄，疑已亡佚。

全唐詩話

不著卷數，張鼐翼著，疑佚。

張鼐翼，字習之，號須野，上海人。據明何三畏《雲間志略》卷一三〈張中丞須野公傳〉所載，其嘉靖二十年（1541）中進士，嘗使滇南，守山海關，官文選郎中、太常寺少卿等職，清廉自守，有為有識，家居則室無長物，旁無侍姬，惟束書數卷，以誦讀吟諷為事，晚年種竹藝蔬，與故舊觴詠，自號晚林居士。著有《須野集》、《易說辨訛》、《撫貴錄》若干卷，卒年七十二。朱孟震《玉笥詩談》卷下謂「其為詩清新雅麗，類其為人」。事蹟並見同治十一年（1872）刊《上海縣志》卷一八。

是書未見《雲間志略》著錄，而見於前引同治《上海縣志》卷二七〈藝文‧詩文評類〉，及光緒九年（1883）刊《松江府續志》卷三七〈藝文志〉，其他公私書目則未見著錄，不知刊行否？是書與前述凌雲所著《續全唐詩話》，為相同性質，但未能分辨彼此著成時間之先後。

詩評

不著卷數，朱諫著，佚。

朱諫著有《李詩辨疑》，已見前。是書見清乾隆元年（1736）刊《浙江通

〔註9〕見張慧劍編《明清江蘇文人年表》引黃德水《碧雞集》附錄所載，頁207、323。

志》卷二五二〈經籍十二・詩文評類〉引《兩浙名賢錄》著錄，又見清孫詒讓所著《溫州經籍志》著錄，《國朝獻徵錄》卷八七王健〈吉安府知府朱先生諫行狀〉亦謂其著有《詩評》。是書今未見，《溫州經籍志》頁三六謂此書已佚。

近罾軒詩話

二卷（或作四卷），謝東山著，疑佚。

謝東山，字少安，自號高泉子，四川射洪人。嘉靖二十年（1541）進士，授兵部主事，歷郎中，累官右僉都御史，巡撫山東等，著有《近罾軒集》、《近罾軒詩抄》、《近罾軒詩話》等。事蹟見清嘉慶二十一年（1816）重修《四川通志》卷一四九〈人物〉。

是書《萬卷堂書目》著錄為二卷，《千頃堂書目》卷三二〈文史類〉及《明史藝文志》則著錄作四卷，《明史藝文志》所著錄書名題作「謝東山詩話」。此書今未見，疑已亡佚。

七言律細

二卷，朱曰藩（1501～1561）著，存佚不詳。

朱曰藩，字子价，號射陂，江蘇寶應人。據《明清江蘇文人年表》引道光《寶應縣志》，謂其生於弘治十四年（1501），卒於嘉靖四十年（1561），年六十一。《列朝詩集小傳》丁集上則謂其舉嘉靖二十三年（1544）進士，知烏程縣，歷南京刑部、兵部二部，轉禮部主客郎中，後出知九江府，有惠政，卒于官。該書並謂：

> 當李、何崛起之日，南方文士與相應和者，昌穀、華玉、升之（按即朱應登）三人，而升之尤為獻吉所推許。子价承襲家學，深知拆洗活剝之弊，於時流波靡之外，另出手眼。其為詩，取材文選、樂府，出入六朝、初唐，風華映帶，輕俊自賞，寧失之佻達淺易，而不以割剝為能事。其於升之，可謂諍子矣。

此段論述說明朱曰藩的創作宗向、詩學品味不同於其父朱應登，〔註10〕其

〔註10〕 朱應登，字升之，號凌溪，江蘇寶應人，生於成化十三年（1477），弘治十二年（1499）舉進士，卒於嘉靖五年（1526）。其詩宗盛唐，與李夢陽、何景明

「取材文選、樂府，出入六朝、初唐」，與楊愼較爲接近，而楊愼也曾評定
其詩，得七十四首，比于唐人篋中之集，並爲序極言蹈襲之弊，而深許子
价之詩爲「異于世之學杜者」，此事亦具載於《列朝詩集小傳》之中。《明
詩紀事》己籤卷八「朱曰藩」條下陳田按語亦謂：「子价父升之羽翼李、何，
子价則步趨楊升庵」，其並引曰藩〈人日草堂詩引〉，記述楊愼以自己畫像
寄之，朱曰藩揭於寓齋，日夜虔奉，嘉靖三十八年（1559），何良俊、黃姬
水、盛時泰等會於曰藩齋中，皆不肯背對楊愼肖像而坐，各於東西席侍坐，
並相與嘆曰：「幸甚，今日得睹升庵先生！」乃相與賦詩，成〈人日草堂詩〉，
以寄雲南之楊愼。〔註 11〕可見彼等對楊愼之傾慕。朱曰藩著有《山帶閣集》，
事蹟亦見《明史》卷三八八。

　　是書見蔡鎮楚《石竹山房詩話論稿》〈明代詩話考略〉著錄，作者作「朱
曰藩」，有誤字。此書存佚不詳，然以不見其他書目著錄，不知是否確實刊行，
亦不詳其書內容。何良俊《四友齋叢說》卷二六〈詩三〉謂：「余友朱射陂曰
藩最工詩，但平生所慕向者，劉南坦、〔註 12〕楊升庵二人，故喜用僻事，時
作險怪語」，又云：「朱射陂七言律之學溫、李者，可稱入律」，則其七言律之
創作取向，較有不同，險怪、濃麗兼有，不知其如何評論《七言律細》？而
其所傾慕的楊愼，主張七言律濫觴於六朝，又編選六朝五言律詩成《五言律
祖》一書，指出五言律亦是始於六朝，其說對朱曰藩《七言律細》或有影響，
附註於此。

古詩評

　　一卷，黃省曾著，疑佚。

　　黃省曾纂輯《名家詩法》已見前。是書見何良俊《四友齋叢說》卷二四

　　　　　　等並稱十才子，詩歌格調高古，事蹟見《明史》卷 286、《名山藏》卷 81 等。
〔註11〕　朱曰藩〈人日草堂詩引〉詳見本論文楊愼《升庵詩話》條附註。
〔註12〕　劉南坦即劉麟，字元瑞，號南坦，江西安仁人，生於成化十年（1474），弘治
　　　　　九年（1496）舉進士，官至工部尚書，嘉靖四十年（1561）卒。其與顧璘、
　　　　　徐禎卿並稱「江東三才子」，嘗欲建樓以居，貧不能構，乃懸籃輿於梁，臥其
　　　　　中，名曰神樓，其性情如此。《明詩紀事》丁籤卷 7「劉麟」條陳田按語謂其
　　　　　人品高潔，所著興趣天然，頗似擊壤一派，所懸「神樓」，文徵明爲繪〈神樓
　　　　　圖〉以贈，朱曰藩、楊愼並記之以詩。其事蹟另見《國朝徵獻錄》卷 50、《皇明
　　　　　名臣墓銘》震集卷 36〈坦上翁傳〉、《明史》卷 194 等。

〈詩一〉徵引謂：「黃五岳作《古詩評》六十三首，亦非近代人語，當求之唐以上耳」，又謂：「五岳賞陸士衡『照之有餘暉，攬之不盈手』，余謂此二句有神助，五岳亦有神解」。何良俊所謂「黃五岳」，即黃省曾。黃省曾字勉之，號五岳，《明儒學案》卷六二即有〈孝廉黃五岳先生省曾〉之傳。是書未見他書著錄，疑已亡佚。

古今詩話

不著卷數，王圻纂輯，佚。

王圻，字元翰，號洪洲，上海人，嘉靖四十四年（1565）進士，歷官清江、萬安知縣，擢御史，以忤時相，出為福建按察僉事，謫邛州判官。後又歷進賢、曹縣知縣等官，卒以陝西布政參議乞歸。築室松江之畔，以著書為事，並種梅千樹，目為梅花源，卒年八十五。其生平喜刻書，包括魏了翁《古今考》及方回《續古今考》等，而其自編之《續文獻通考》、《稗史匯編》、《三才圖會》等書，卷帙龐大，亦由其主刊刻之事，以廣流傳，影響可謂深遠，事蹟見《明史》卷二八六〈王圻傳〉。〔註13〕（註1）。

是書見同治十一年（1872）刊《上海縣志》卷二七〈詩文評類〉、光緒九年（1883）刊《松江府續志》卷三七〈藝文志〉及民國二十三年刊《青浦縣續志》卷二一〈藝文·書目〉。三種方志著錄，率皆條目而已，無法確知其內容。陳田《明詩紀事·己籤》卷一五，於王圻論述頗詳，並加按語，謂其究心著述，然詩非其所長，其下羅列著作，包括《續文獻通考》、《謚法通考》、《稗史匯編》、《兩浙鹽志》、《海防志》、《水利考》等，獨不見《古今詩話》，或許陳田未見此書。

王圻有孫王昌會，纂編《詩話類編》三十二卷，有明萬曆四十四年（1616）刊本，此書並由廣文書局影入《古今詩話續編》發行。《澹生堂書目》卷十四〈詩話類〉著錄：「《詩話彙編》七本，王圻」，此《詩話彙編》應即《詩話類編》，而作者則署名「王圻」，與今可見萬曆四十四年（1616）本《詩話類編》下署「雲間嘉侯父王昌會纂輯」不同。筆者以為，《詩話類編》或為王昌會以其祖父王圻所輯的《古今詩話》為底本，再加補益或整編而成，故王圻《古

〔註13〕其刊刻之書，張慧劍編《明清江蘇文人年表》有大致的繫年，分別見頁330、
　　　　387、394、402、408。

今詩話》今雖不存，但其部分風貌，或可於《詩話類編》中得見。〔註14〕

旨茗齋詩話

不著卷數，王應辰著，佚。

王應辰，字拱甫，永嘉人，據乾隆《浙江通志》卷一八二〈文苑〉五引《溫州府志》謂其少慧負奇氣，父好積書，其遍取諸書，日誦之，不問生產，詩文卓然名家，著有《正情集》、《旨茗齋詩話》。

《四庫全書總目》卷七六〈地理類存目〉五著錄王應辰《仙巖志》，云：「應辰自署曰舉人，不著里貫，考太學提名碑有隆慶辛未（五年，1571）進士王應辰，信陽人，去作此書時僅十六年，未知即其人否也」。考信陽為今河南信陽，與永嘉頗有距離，而仙巖山則在浙江瑞安縣，為道書第二十六福地，且《總目》復謂「嘉靖壬戌（四十一年，1562）兵部郎中永嘉王叔果屬應辰為此編」，則《仙巖志》作者與《旨茗齋詩話》相同，均為永嘉王應辰，嘉靖時人，與信陽之王應辰應無關係。

是書見《千頃堂書目》卷三二〈文史類〉著錄，又見民國十年排印，清孫詒讓所著《溫州經籍志》卷三三著錄，該志注明是書已佚。

郭氏詩評

不著卷數，郭文詢著，疑佚。

郭文詢，字景問，福建福安人。同治十年（1871）刊《福建通志》卷八一〈經籍〉，有小字註謂：「文詢字景問，嘉靖間貢生，龍川訓導」。光緒十年（1884）刊《福安縣志》卷二四〈文苑〉則有簡傳，謂其為廣東龍川訓導，家貧嗜學，不苟言笑，著有《憫志稿》、《觀光集》、《北遊草》及《詩評》數十卷。該志卷三三〈藝文一・集部〉著錄是書，書名作《郭氏詩評》。另，《福建通志》卷八一〈經籍〉亦作《郭氏詩評》。惟是書今未見，不詳其刊行否，疑已亡佚。

可亭詩話

不著卷數，陳時道著，佚。

〔註14〕關於王昌會生平及《詩話類編》的相關討論，詳見本論文中冊《詩話類編》
　　　　條。

陳時道，字行甫，號鳳洲，山西太谷人。據民國二十年鉛印山西《太谷縣志》卷五〈遺聞〉記載，陳時道爲嘉靖時人，以選貢詮慶都縣丞，〔註15〕頗能稱職，陞靜甯州判，多爲地方除害，活人不少，後以母老乞歸而不復出。著有《詩文稿》、《河西雜錄》、《桑陰農話》、《前村野錄》、《可亭詩話》等。《太谷縣志初稿》亦爲其所著，該書卷八〈集部‧著述〉，有「可亭詩話」條目。此書未見其他著錄，今亦未有典藏記錄，疑已亡佚。

詩評

一卷，傅應兆著，疑佚。

傅應兆，字延聘，號南谿，山東臨朐人。嘉靖中貢士，任陝西平涼府訓導，後落職，家居三十年，卒祀平涼名宦祠。著有《說經》、《說書》、《史評》、《文評》、《詩評》、《子評》、《政略》、《禮略》、《食略》、《兵略》、《語錄》及《南溪集》，共十二卷。事蹟見光緒十年（1884）刊《臨朐縣志》卷一四〈人物‧先正上‧傅應兆傳〉。觀其著述，涵蓋多方，推測《詩評》應爲廣泛評論詩歌之文字，非專門評論《詩經》也。《詩評》亦見該志卷九〈藝文〉著錄，今已未見，疑已亡佚。

詩法拾英

一卷，孫昭纂輯，疑佚。

孫昭，號斗城山人，浙江溫州人，生平不詳。是書見《晁氏寶文堂書目》上卷〈詩詞類〉著錄，然不著卷數。又，民國十年刊清孫詒讓修《溫州經籍志》卷三三引《讀書敏求記》卷四云：「《詩法拾英》一卷，斗城山人孫昭纂次」，又引《天一閣書目》卷四之四謂：「《詩法拾英》一卷，刊本，孫昭纂幷序」，則是書確曾刊行。由於《晁氏寶文堂書目》之著錄，是書必經晁瑮之經眼，而據《明人傳記資料索引》，晁瑮爲嘉靖二十年（1541）進士，卒於嘉靖三十九年（1560），故是書應成於嘉靖中或嘉靖之前，惟今未見。

〔註15〕據《太谷縣志》記載，陳時道弟陳人道，字立甫，號鳳岡，舉嘉靖十三年（1534）舉人，但春官不第，因此隱居不仕。陳時道則秋薦不售，以選貢詮慶都縣丞，故知陳時道爲嘉靖時人。

海鶴亭詩話

不著卷數，作者不詳，疑佚。

是書見《晁氏寶文堂書目》上卷〈詩詞類〉著錄，僅存書名。因該《書目》作者晁瑮爲嘉靖時人（見《詩法拾英》條），是故此書或成於嘉靖中或嘉靖之前，惟今未見。

詩學題詠

不著卷數，作者不詳，疑佚。

是書見《晁氏寶文堂書目》上卷〈詩詞類〉著錄，僅存書名。因該《書目》作者晁瑮爲嘉靖時人（見《詩法拾英》條），是故此書或成於嘉靖中或嘉靖之前，惟今未見。

詩林辯體

不著卷數，作者不詳，疑佚。

是書見《晁氏寶文堂書目》上卷〈詩詞類〉著錄，僅存書名。因該《書目》作者晁瑮爲嘉靖時人（見《詩法拾英》條），是故此書或成於嘉靖中或嘉靖之前，惟今未見。

誦詩續談

不著卷數，作者不詳，疑佚。

是書見《晁氏寶文堂書目》中卷〈子雜類〉著錄，僅存書名。因該《書目》作者晁瑮爲嘉靖時人（見《詩法拾英》條），是故此書或成於嘉靖中或嘉靖之前，惟今未見。

李杜或問

不著卷數，黃淳著，疑佚。

黃淳，字鳴谷，廣東新會人，黃球之孫。登隆慶元年（1567）鄉舉，及萬曆八年（1580）進士，授甯海令。工畫，筆下樹石山峰，皆出尋常蹊徑之外，後以索畫之事得罪當道，謝病歸，闢洞鳴山，築定帆亭，隱居三十餘年，自稱六柳先生，享壽八十五，著有《鳴山集》、《崖山志》、《李杜或問》諸書。事蹟見光緒五年（1879）刊《廣州府志》卷一二六〈列傳〉一五〈黃球傳〉

附。

是書另見《廣州府志》卷九六〈藝文略七‧詩文評類〉著錄，應是品論李白、杜甫詩的詩話答問之作，今未見，不知曾否刊行。據前述〈黃球傳〉，黃淳之祖黃球嘗由新會徙居白沙之陂頭，以就學於陳獻章。其子子正，號梅所，能繼父志，陳獻章嘗尋梅陂頭，有詩與之。孫黃孚，弱冠補諸生，究心理學，亦學慕獻章，數館其鄉，多辯析白沙之詩，非註義可到，踵門學者，屢常滿。是知其家世代傾心陳白沙之學，對黃淳之論詩，或有一定之影響。

唐詩折衷

不著卷數，袁一虯著，疑佚。

袁一虯，字汝化，號雲江，蘇州人，隆慶元年（1567）舉人，隆慶二年（1568）進士，授荊門知州，陞東昌府同知，後補嚴州，入為刑部員外郎，歷廣西副使、浙江參政等。其為人坦直清介，又性乏文采，交游益寡，家居二十五年，手不釋卷，卒年八十二。事蹟見徐曾銘《續名賢小紀》〈大參雲江袁公〉、文秉《姑蘇名賢續記》〈浙江右參政雲江袁公〉，及光緒九年（1883）刊《蘇州府志》卷八〇〈人物七〉。

是書見光緒九年刊《蘇州府志》卷一三六〈藝文十二〉，及民國二十二年鉛印《吳縣志》卷五六上〈藝文考一〉著錄，此書今未見。

談藝錄

一卷，馮時可著，疑佚。

馮時可著有《藝海泂酌》，已見前。是書見《澹生堂書目》卷一四〈詩文評‧文式文評類〉著錄，今未見。該書目之「文式文評類」，與「詩式」、「詩評」、「詩話」等類同為〈詩文評〉，然彼此仍有區隔，這種分類觀念頗獨特，歸類標準則不易拿捏，如《談藝錄》、《藝苑巵言》、《藝圃擷餘》列入「文評文式」、《詩源撮要》列入「詩式」、《詩藪》列為「詩評」等等。是故《談藝錄》雖列入「文式文評」類，且今已不見此書，然其內容可能如徐禎卿之《談藝錄》一般，仍以詩歌論述為主。

西灣詩話

不著卷數，丁孕乾著，疑佚。

丁孕乾，字爰大，江西德化人。光緒七年（1881）刊《江西通志》卷一六五〈列傳〉，謂其「在諸生中，風流蘊藉似晉人，工詩，與熊兆佳、趙映第相唱和，清淨遙深，力追中唐，竟陵譚元春亟推之，以明經任南昌學博，著有詩稿《閨草》及《西灣詩話》」，可知其爲明代中葉人，論詩旨趣與譚元春等相近。是書另見該志卷一一二〈藝文略·集部六〉著錄，今則不見典藏記錄，疑已佚失。

第三章　明代晚期的「已佚」詩話
——萬曆年間

趙仁甫詩談

二卷，趙世顯著，疑佚。

趙世顯，字仁甫，福建侯官人，萬曆十一年（1583）進士，官池州推官、梁山縣知縣，遷通判，以母老不赴任。民國二十二年刊《閩侯縣志》卷七一〈文苑上〉謂其：「有淳行清譽，於六經子史，靡不淹貫，工詩，與徐𤊹等結社芝山第」。《明詩紀事》庚籤卷一四則謂其著有《山居》、《關下》、《入蜀》諸集。《四庫全書總目》卷一二八〈雜家存目五〉著錄其《趙氏連城》十八卷，是書分三種，一爲《客窗隨筆》六卷，前有孫昌裔序；一爲《藝圃叢談》六卷，前有謝肇淛序；一爲《松亭晤語》六卷，前有林材序，「連城」則總名也。

《趙仁甫詩談》見《紅雨樓書目》〈詩話類〉著錄，另《千頃堂書目》卷三二〈文史類〉則作「趙仁甫詩話」，書名雖略有不同，應爲一書。是書與所著《藝圃叢談》似有關聯，頗疑從《叢談》析出成一卷之本，而改題他名行世。惟今二書均未見，未能進一步考述。

談詩類要

不著卷數，盧龍雲著，疑佚。

盧龍雲，字少從，廣東南海沙頭堡人。清光緒五年（1879）刊《廣州府志》卷一一七〈列傳六〉謂其「生有異徵，幼穎悟，萬曆四年丙子（1576）

舉於鄉，十一年癸未（1583）成進士·授馬平縣知縣，後補邯鄲令，補長樂邑，晉戶部員外郎，出榷揚州，陞貴州參議。著有《四留堂稿》、《尚論全篇》、《易經補義》、《談詩類要》諸書行於世」。是書亦見該志卷九六〈藝文略七·詩文評類〉著錄，惟未見他書著錄，所謂「行於世」者，當亦流傳不廣，今則疑已佚失。

震岳詩話

不著卷數，朱翊鈺著，疑佚。

朱翊鈺，字匡鼎，自號隱眞子，荊王朱瞻堈之六世孫。據《明史》〈諸王世表〉四，其於萬曆十三年（1585）受封長子，萬曆二十八年（1600）襲封樊山王。《四庫全書總目》卷一七九〈別集類存目〉「廣讌堂集」條謂：「其（朱翊鈺）父載岑以文行稱，翊鈺世其家學，與弟翊麻、翊鋿皆好爲詩，兄弟嘗共處一樓，號花萼社，楚藩多強橫，樊山一派，其最文雅者也」。光緒十年（1884）刊《黃州府志》卷一一〈藩封〉謂其「字昇甫，穎異，博學工詩文，士大夫樂與之遊，著有《廣讌堂集》、《震岳詩話》。」

是書亦見《黃州府志》卷三五〈藝文·集部·詩文評類〉著錄，此外，民國十年刊《湖北通志》卷九○〈藝文十四·集部〉引《蘄州志》亦著錄是書，惟不見其他書目記錄，疑已佚失。

詩外別傳

二卷，袁黃（1533～1606）著，存佚不詳。

袁黃，字儀甫，改字了凡，浙江嘉善人。據《明清江蘇文人年表》引乾隆《吳江縣志》並參《葉天寮自撰年譜》，謂其生於嘉靖十二年（1533），卒於萬曆三十四年（1606），年七十四。光緒五年（1879）《嘉興府志》卷五四〈嘉善列傳〉，謂其中萬曆丙戌（十四年，1586）進士，授寶坻知縣，官至兵部職方司主事，被追究寶坻任時庇民逋稅事，革職歸，熹宗立，方追敘東征功，贈尙寶司少卿。明汪顯節編《繪林題識》有〈袁司馬黃〉條，謂其恬澹寡營，獨留情于詩、繪間，復集古人名筆鐫之石，期垂永久卓哉遠矣」。事蹟另見康熙二十年（1681）刊《嘉興府志》卷十七〈袁黃傳〉、《罪惟錄》卷十八，光緒九年（1883）刊《蘇州府志》卷一○五〈人物三二〉亦有傳。

是書見《澹生堂書目》卷十二〈逸詩類〉、《紅雨樓書目》〈詩話類〉、《楝

亭書目》、《販書偶記續編》著錄,《澹生堂書目》且著錄爲「《袁氏叢書》本」。
《棟亭書目》謂其書二卷,有黃洪憲序,《販書偶記續編》則著錄云:「《詩外別傳》一卷,附《編輯大意》一卷,明吳人袁黃撰,無刻書年月,約萬曆間韓敬求刊」。是書今未聞典藏處所,不知是否存於世?

　　馮時可《藝海泂酌》(明萬曆三十年刊本)之〈唐乘〉卷二頁五九曾著錄兩則是書之論詩語,其云:

> 袁儀甫《詩外別傳》曰:「李白云:『自從建安來,綺靡不足珍』,杜甫云:『恐與齊梁作後塵』,是李、杜二人猶知鄙曹劉、輕六朝,而今不然矣。詩之爲道,正得失、動天地、感鬼神、興觀群怨、事父事君,其大如此,而取法綺靡之詞,此猶棄大虛空,而認針眼之空以爲遼廓也」。

又曰:「李白有〈白苧辭〉一篇,全用鮑照語;『柳色金黃嫩,梨花白雪香』,陰鏗詩句也。故杜子美〈憶李白〉云:『俊逸鮑參軍』,又云:『李侯有佳句,往往似陰鏗』,明譏其竊。然『蛟龍得雲雨,雕鶚在秋天』一聯,見《晉書載記》,而杜甫亦用之。要知二公之詩,皆六朝緒餘耳」。可知,袁黃對於當世詩壇如楊慎、蘇州文苑等學習六朝詩歌的風氣,表示不以爲然。他著重反對的在於六朝的綺靡之詞,以爲「李、杜二人猶知鄙曹劉、輕六朝,而今不然矣」,然下一則詩話,卻又以爲李、杜尚不免剽襲六朝之語,所以「二公之詩,皆六朝緒餘耳」,兩則詩話之間似有矛盾。

　　馮時可著錄這兩則詩話,旨在申說袁黃的看法,其云:「予謂,古可擬而不可襲,擬則從規出圓,襲則如水瀉水。古樂府有『巴東三峽巫峽長,猿鳴三聲淚沾裳』,陳蕭銓詩『別有三聲淚,沾裳竟不窮』,子美述之爲『聽猿實下三聲淚』。曰巫峽長,曰淚沾裳,便有不窮之意,至蕭詩『沾裳竟不窮』,已自淺薄,若杜甫『實下三聲』則指實境、作死語矣。觀『別有』二字,與『實下』二字,眉目迥別,此所謂『轉衣爲裳』也。古樂府云:『三朝黃牛,三暮黃牛,三朝三暮,黃牛如故』,李白衍之云:『三朝見黃牛,三暮行太遲,三朝復三暮,不覺鬢成絲』。曰『三朝黃牛,三暮黃牛』,不言遲而遲在其中,曰『三暮行太遲』則陋矣;曰『三朝三暮,黃牛如故』,不言苦而苦在其中,曰『不覺鬢成絲』,則詞靡而意淺矣」。以爲李、杜確實有襲自六朝人語者,而未能「從規出圓」、別開生面,反而「如水瀉水」,成爲「詞靡而意淺」的拙作。從馮時可申說袁黃詩話的意旨,以及所評析的李、杜詩例來看,確實

將袁黃的意見具體化，也見即使李、杜大家仍不免有「點金成鐵」之作，但欲以此歸疚於學六朝之失，則不免過於誇大，說服力仍是不足。

馮時可在此則詩話中，又引袁黃《詩外別傳》的其他詩說，益見其論詩之旨。如：「世謂宋人多使事，而唐人不使事，非然也」，引王維〈送元中丞詩〉加以說明，又如：

> 今之學唐者，相戒勿用宋以後事，嗟嗟，使得古人之意，而能令人興起，則雖用今日之事，賦今日之詩，何嘗不古？不然，即事事出漢魏，句句仿曹劉，更見其淺薄耳。

則《詩外別傳》之撰作，應為袁黃針砭當世詩壇學唐流弊之作也。故馮時可云：「坤儀契禪旨，未嘗以詩為務，而所見卓然如此，與余意合，故筆之」。

白石山房詩話

不著卷數，章憲文（1547～1607）著，佚。

章憲文，字公觀，江蘇華亭（今上海松江）人。生於嘉靖二十六年（1547），萬曆十四年（1586）中進士，官虞部郎，於通州督造潞王行殿，萬曆十七年（1589），於淮陰督漕務，並輯此時詩作為《淮南稿》，萬曆三十五年（1607）卒於家，年六十一。事蹟見乾隆五十三年（1788）刊《婁縣志》卷二三〈人物〉、嘉慶二十二年（1817）《松江府志》卷五四〈古今人傳〉等。

據光緒五年（1879）刊《青浦縣志》卷一九〈文苑〉所載，憲文曾祖章翰，字坦齋，諸生，工於古文，尤善八分書，與同鄉顧清（1460～1528）友善。同鄉徐獻忠（1493～1569）則出其門下，其日後並撰有《唐詩品》一書。祖父章斐、父章雲鳳，亦俱工詩，蓋其家學淵源有自。憲文性至孝，於丁父憂，復丁母憂之下，絕意仕進，在東佘營建白石山房以終。著有《陶白齋稿》、《陶白齋雜記》等書。《白石山房詩話》因其書齋而得名，收錄論詩之語，前引乾隆《婁縣志》卷一二〈藝文·雜著〉亦著錄，惟作者誤作「章獻文」。另，光緒四年（1878）刊《華亭縣志》卷二〇〈藝文〉及崇禎四年（1631）刊《松江府志》卷五四〈著述〉，均見著錄，惜是書今已不見傳本。

茗椀譚

一卷，屠本畯著，疑佚。

屠本畯著有《詩言五至》，已見上編。是書見《紅雨樓書目》〈詩話類〉著錄，然作者作「履本畯」，誤字。此書今未見，《四庫全書總目》卷一一六〈譜錄類存目〉著錄其所著《茗笈》二卷，並謂「是編雜論茗事，上卷分溯源、得地、乘時、揉制、藏茗、品泉、候火、定湯八章，下卷分點瀹、辨器、申忌、防濫、戒淆、相宜、衡鑒、元賞八章，每章多引諸書論茶之語，而前引以贊，後系以評，……」由上述關於《茗笈》之著錄，頗疑《茗椀譚》即選錄與茗茶有關之詩，加以品評而成。

詩家全體

十四卷，李之用纂輯，存佚不詳。

李之用，生平不詳。是書見《澹生堂書目》卷一四〈詩文評・文式文評類〉著錄，故其成書於萬曆時或萬曆之前。據今人楊繩信《中國版刻綜錄》所錄，是書有萬曆二十六年（1598）邵武府學刊本，今則未見，不知是否存世。

雪竹詩論

不著卷數，高毓秀著，疑佚。

高毓秀，字若沖，號雪竹，山東海豐人。萬曆三十一年（1603）舉人，官沉邱縣知縣。著有《東齋日錄》、《雪竹詩論》。事蹟見民國四年重印《山東通志》卷一三九〈藝文志・子部・雜家〉之「東齋日錄」條下小字註。是書亦見於該志卷一四六〈藝文・集部・詩文評〉著錄，然不知其所論內容，亦不明是否曾經刊行。

李杜詩評

二卷，王象春（1583～1632）著，存佚不詳。

王象春，字季木，號文水，山東新城人。據《東林黨籍考》〈王象春列傳〉，其生於萬曆十一年（1583），萬曆三十八年（1610）中進士，崇禎五年（1632）卒。《明詩紀事》〈庚籤〉卷二十二則著錄其「除上林苑典簿，遷南大理評事，歷工部員外，改兵部，再改吏部，進郎中，著有《問山亭詩》、《濟南百詠》等」。事蹟另見《列朝詩集小傳》〈丁集下〉、《罪惟錄・列傳》卷十

二下、《啓禎野乘》〈王考功傳〉等。

是書見《千頃堂書目》卷三二〈文史類〉著錄，蓋評品李白、杜甫之詩也，然今未見。王象春之詩學理念，與文翔鳳〔註 1〕互爲闡發，《列朝詩集小傳》〈丁集下〉「王考功象春」條記載：「兩人學問皆以近代爲宗。天瑞贈詩曰：『元美吾兼愛，空同爾獨師』，其大略也」。《明詩綜》卷六〇「王象春」條則謂：「萬曆中年，詩派雜出，季木自闢門庭，不循時習，雖引關中文天瑞爲同調，然天瑞支離，未免邪徑害田矣」。王象春爲清代著名詩人王士禛之叔祖，對其詩學思想頗有影響，〔註 2〕《李杜詩評》於清代不知是否再有刊刻，姑且存疑。

續詩話

十二卷，郭孔太著，疑佚。

郭孔太，字玉笥，江西吉安人，郭子章之子。其由諸生入南監，精於字書，著有《韻學正誤》及《續詩話》。事蹟見清光緒元年（1875）刊《吉安府志》卷三三〈人物・文苑下〉。

是書見前引《吉安府志》及清光緒七年（1881）重刊《江西通志》卷一一二〈藝文略・集部〉著錄，今未見，疑佚。

詩談

不著卷數，繆邦珏著，未成稿，疑佚。

繆邦珏，字良玉，福建福安人。據同治十年（1871）刊《福建通志》卷八一〈經籍〉「詩談」條下小註，知繆邦珏爲萬曆間貢生。另，光緒十年（1884）刊《福安縣志》卷二三〈人物・孝義〉則有小傳，謂其博學多文，雅慕盛唐音律，著有未成稿《詩談》及手鈔本《叱吸雜集》。該志卷三三〈藝文一・集部〉亦著錄二書。〔註 3〕是知所著《詩談》並未寫定刊行，內容不詳，疑

〔註 1〕 文翔鳳，字天瑞，三水人，萬曆三十八年（1610）進士，歷官萊縣知縣、伊縣知縣、南京吏部主事，以副使提學山西，入爲光祿少卿，不赴，卒於家。其與象春爲同年，雅相推服，《列朝詩集小傳》〈丁集下〉「王考功象春」條謂：「季木於詩文，傲泥羣流，無所推遜，獨心折於文天瑞」。

〔註 2〕 關於王象春與王士禛之關係，及其給予王士禛之影響，詳見吳宏一教授《清代詩學初探》第五章第一節的討論。

〔註 3〕 乾隆二十七年（1762）修光緒六年（1880）重刊《福寧府志》卷二四〈福安

已佚失。

集古詩話

不著卷數，丁烓著，疑佚。

丁烓，福建福安人，生卒年、字號均不詳。據同治十年（1871）《福建通志》卷二一四〈明文苑傳〉記載，知丁烓早孤，事從父如生身之父，工於文章，常登臨名山，每俯仰憑弔，則慨然有作。該志又載：「傅汝舟爲較定其集」，考傅汝舟本名舟，字木虛，自號丁戊山人，又號磊老，福建侯官縣人，生卒年不詳，一生絕意仕進，輕別妻孥，求仙訪道，遍遊荊、湘、齊、魯、河洛之間，詩文、氣誼俱有名於當世。〔註4〕丁烓少年時嘗與高瀫同遊於鄉前輩鄭善夫門下，鄭善夫（1485～1523）字繼之，弘治十八年（1505）進士，歷官戶部主事、禮部祠祭等職，卒年三十九，傅汝舟、高瀫爲之庀棺殮。〔註5〕傅汝舟生當正德、嘉靖年間，則丁烓亦應處身明代中葉。

《通志》卷八一〈經籍〉著錄丁烓所撰《長溪土產錄》、《養晦集》及《集古詩話》三書，均無卷數，今亦不見傳本。《集古詩話》顧名思義或即彙集古人論詩之語，以爲學詩法門，但不見其他書目徵引，不知曾否刊行？

明詩紀事

不著卷數，毛晉（1599～1659）纂輯，佚。

毛晉，原名鳳苞，字子九，後改名晉，字子晉，號潛在，江蘇常熟人，諸生，萬曆二十七年（1599）生，順治十六年（1659）卒，年六十一。其積學多聞，藏書萬卷，家有汲古閣，傳刻古書，若所刻《津逮祕書》十五集，皆宋元舊帙，其餘編刊《六十種曲》、《詞苑英華》、《盛唐二大家》、《蘇門六君子集》等，率流布一時，著有《虞鄉雜記》、《隱湖小識》、《和古今人詩》、《毛詩名物考》等。錢謙益《有學集》卷三一有〈隱湖毛君墓誌銘〉。另，光緒三十年（1904）刊《常昭合志》卷三二〈人物‧藏書家〉亦有傳。

儒林〉亦謂其：「歲貢，性孝友，博洽多聞，晚以詩酒自豪，著有未成稿《詩談》」。

〔註4〕 傅汝舟生平詳見何喬遠《名山藏‧高道記》及錢謙益《列朝詩集小傳‧丙集》「丁戊山人傅汝舟」小傳等。

〔註5〕 鄭善夫生平見《列朝詩集小傳‧丙集》「鄭郎中善夫」小傳等。

是書見乾隆二年（1737）刊《江南通志》卷一六五〈人物志・文苑〉及前引《常昭合志》卷四四〈藝文志〉，均謂毛晉撰有《明詩紀事》一書，另光緒九年（1883）刊《蘇州府志》卷一三八〈藝文三〉亦有著錄，惟作者誤作「元晉」。

考榮陽悔道人所輯《汲古閣校刻書目補遺》著錄《明詩紀事》等書，並謂：「以上皆汲古閣主人自著未刊，邑中好事者間有藏本，因附著之」，知是書寫成未刊。又據陳田《明詩紀事・辛籤》卷二八「毛晉」條下按語謂：「子晉嘗輯《明詩紀事》，未見傳本。」則知此書在清末即已佚失。〔註6〕

紀事之作，乃記錄詩之有故事可說、可考者，其體例介乎詩話與詩總集之間，不但跳脫「以資閒談」的隨筆式書寫，甚而具有輯佚功能，〔註7〕有助於詩史的建立，可以知人而論世。因此自宋代計有功《唐詩紀事》以來，歷代迭有著述。毛晉汲古閣即曾刊刻計有功《唐詩紀事》，可見其對該書的認同，而毛晉之前亦有黃河水撰有《明詩紀事》，不知毛晉是否見及？

是書之撰作，或為毛晉纂輯當代詩歌之紀事，以作為對《唐詩紀事》以來這種詩學著述體製的承繼，特以毛晉藏書、聞見之宏富，交游亦多博雅之士，則是書當甚為可觀。但紀事之作在博更在於精，其書所以未刊，是毛晉不滿意己作？或是資料、論述未能臻於完備？亦或所論涉及褒貶時人，而未便刊行？不無疑問。

宮閨詩評（附：宮閨詩史）

一卷，方維儀（1585～1668）著，疑佚。

方維儀，字仲賢，安徽桐城人。據清吳德旋《初月樓續聞見錄》卷四謂其為大理卿大鎮之女，適同邑姚孫棨，年十八而寡。嘗與其妹方維則〔註8〕尚論古今女士之作，編為《宮閨詩史》，分「正」、「邪」二集。該書又謂，方維

〔註6〕 陳田生當清末，《明詩紀事・甲籤》刊刻於光緒二十五年（1899），最後之《丁籤》則刊於宣統三年（1911），故知毛晉是書在清末即已未見。

〔註7〕 近人陳衍纂輯《元詩紀事》、《遼詩紀事》、《金詩紀事》，其〈元詩紀事敍〉即謂：「紀事之體，當搜羅一代傳作散見于筆記小說各書者，不宜復收尋常無事之詩」，是故「紀事」之體兼具有輯佚的功能。

〔註8〕 朱彝尊《明詩綜》卷86「方維則」條謂其為大理卿大鉉之女，嫁生員吳紹忠，著有《茂松閣集》。同書《靜志居詩話》則謂方氏三節，一為孟式，同夫殉國；一為維儀，十七而寡，壽八十有四；一為維則，十六而寡，壽亦八十有四。白圭無玷，苦節可貞，足以昭諸管彤矣。

儀善畫人物，白描大士尤工，與浦江另一女畫家倪仁吉所畫山水，並稱妙品。方維儀著有《楚江吟》、《歸來嘆》、《清芬閣稿》等。

《宮閨詩史》另見錢謙益《列朝詩集小傳》閏集「姚貞婦方氏」條，及朱彝尊《明詩綜》卷八六「方維儀」條記載。《明詩綜》稱：

> 其詩一洗鉛華，歸於質直，以文史當纖飪，尚論古今女士之作，編為《宮閨詩史》，分正、邪二集，主於昭明彤管，刊落淫哇，覽者尚其志焉。集中句若「白日不相照，何況他人心。高樓秋雨時，事事異疇昔。」何其辭之近乎孟貞曜也。

可知其著作旨趣。是書亦見《千頃堂書目》卷三一著錄，然置之「總集類」，題名為「古今宮閨詩史」，不著卷數，其下有小字註：「清芳閣，桐城人，大理卿大鎮女，適姚蓀棻」。按，《千頃堂書目》所載，除夫婿名、書名略有出入，其以方維儀為清人，蓋維儀生於萬曆十三年，又享高壽，本介乎明、清之間。〔註9〕此外，該書目列之於「總集」類，大抵有評有選，論詩及事，加以涵蓋古今，故其書性質兼有總集及詩評之長，與詩話之「紀事」體例相近。

除較為人知的《宮閨詩史》外，方維儀另有《宮閨詩評》一卷之詩話著作。清王士禛《香祖筆記》記錄其兄王士祿收羅古今閨閣詩文，編有《然脂集》二百卷，其中《說部》收錄雜著之自為一書者，共達五十六卷，即包括方維儀《宮閨詩評》一卷。惜王士禛結語謂：「其全書（《然脂集》）今藏篋笥，無力刻行也」，〔註10〕故未能因此得見《宮閨詩評》。

近人胡文楷所著《歷代婦女著作考》，亦根據《然脂集》而著錄方維儀有《清芬閣集》八卷、《楚江吟》一卷、《閨範》、《宮閨詩史》、《宮閨文史》、《宮閨詩評》一卷、《尼說七惑》一卷、《歸來嘆》八種著作，然此八種著作，胡文楷亦均自署「未見」，則胡所處當日，方維儀著作不見流傳。〔註11〕而今日

〔註9〕　施叔儀《清代閨閣詩人徵略》卷1，著錄方維儀、方維則，亦以之為清人。

〔註10〕　見四庫全書本《香祖筆記》卷8，頁22。王士祿字子底，號西樵，山東新城人，王士禛之兄，清順治五十一年（1712）進士，所著《然脂集》二百三十卷，未經刊刻。

〔註11〕　《歷代婦女著作考》著錄方維儀資料，謂其名仲賢，「維儀」為其字。又，所引王士祿《宮閨氏籍藝文考略》，亦作「方仲賢，字維儀」。然《明史藝文志》著錄《清芬閣集》時，作者為「方維儀」，加以前引《初月樓續聞見錄》、《明詩綜》等均以「維儀」為名，「仲賢」為字，則胡文楷等所錄或有失誤。至於《然脂集》的存佚情形，據胡文楷書「然脂集」條云：「山東省立圖書館曾藏有傳鈔本，戰後散佚。現上海圖書館藏有手稿本九冊，存《風雅》四卷，又

各圖書館亦未收藏，或已亡佚。《詩史》、《詩評》二書雖不得見，然以許多詩話之成書多輯取自詩總集或選集的評詩語來看，〔註12〕《宮閨詩評》應即《宮閨詩史》之評論部分，並非另行寫作，惟是書之纂輯究竟成於方維儀之手，或為後人纂輯，則無法考知。

選錄女詩人之詩，加以評品，並集結成詩話單行者，前述明代江盈科《閨秀詩評》首開先河，並引領清代諸多後繼者相繼編刊類似詩話著作。然方維儀《宮閨詩評》之作則標誌著由女性纂輯、評品女詩人詩作的先聲，其後清熊漣即著有《澹仙詩話》、王蘭修有《國朝詩品》、沈善寶有《名媛詩話》、施叔儀有《清代閨閣詩人徵略》等，頗為可觀。

值得注意的，由前引《明詩綜》語，知《宮閨詩史》分「正」、「邪」二集，同時以「昭明彤管，刊落淫哇，覽者尚其志焉」為纂輯目的。成書在前的《列朝詩集小傳》亦謂方維儀：「刪《古今宮閨詩史》，主刊落淫哇，區明風烈，君子尚其志焉」，錢、朱二人所處時代與維儀相當，〔註13〕所錄亦近似，應是親見其書，或轉引其書之語。而所謂「正」者，自然可能意指足以「昭明彤管」的詩，然「邪」卻未必是所謂「淫哇」之詩，因為「淫哇」之詩必遭「刊落」，沒有入選的機會，以是之故，推測「正」、「邪」之別應與女詩人之身份地位有關。

「正」應指宮掖、閨秀之屬，「邪」則為歌妓女冠女尼之類人物，宮掖、閨秀詩之入選自不待言，而歌妓女冠等詩之入選，乃由於古今許多女詩人是出身於此，尤其為數極多的歌妓更成為「才女」的代表典型。〔註14〕相較於

卷一至卷十五，卷二十一至三十三。（內缺卷十六至卷二十）前有《引用書目》一卷，《宮閨氏籍藝文考略》五卷，存卷一卷二（卷三至卷五缺，余藏有鈔本）。有江標題識二葉。今雖僅存殘本九冊，然明、清之間，閨秀別集，大都散失，而遺文佚篇，幸賴此以傳，至可貴也。」

〔註12〕如高棅《唐詩品彙》之品評被後人輯為《唐詩品》四卷，有萬曆刊本；吳訥《文章辨體·序說》之論詩部分，被輯為《詩辨》，有《古今圖書集成》本；鍾惺、譚元春評選《詩歸》，其中評詩之語亦別輯為《詩府靈蛇》六卷，有明刊本等，前例極多。

〔註13〕錢謙益《列朝詩集小傳》之「姚貞婦方氏」條是採「附見」的著錄方式，將方維儀生平附見於其姊「張文秉妻方氏」方孟式的傳記之後，其原因即「貞婦今尚無恙，故附見云」，可知錢謙益與方維儀不僅同時，且能知其生存狀況。

〔註14〕明弘治間，游潛《夢蕉詩話》即評述「傳謂無非無儀，婦人之德也。然有穎慧絕出，肆為文藝之工者，漢晉以來固亦多已」，而舉宋代蓬萊女冠徐靜之「詩效謝靈運，書效黃庭堅」，而得陳無已贈詩，許以「筆妙詩情絕世工」；楚州

「閨秀」，她們有更多書寫的需要，詩作也有較多被流傳以及被重視的機會，品評古今女詩人的詩，如果將之抽離，則詩史不成詩史，何況所謂歌妓之屬，亦不乏卓越人品者，因之如何存其人？如何存其詩？又如何評其詩？其間的檢擇、去取與裁奪，正是是書所以標榜「『刪』古今宮閨詩史」、「『刊落』淫哇」的原因，「刪」字也令人聯想孔子的「刪」詩。姑不論「刪」這個字彙的使用，是否是錢謙益個人的看法或判斷，方維儀意欲藉詩作尋找並建立女性的「風烈」典範，應是相當清楚的。

　　對照於方維儀出身閨秀且孀居守節的背景，其編纂《宮閨詩史》及評著《宮閨詩評》時，對於這些歌妓女冠等的詩作，仍不能不作特殊的考慮，很可能她不願將之與「閨秀」混雜一處，也同時設想更有效的將詩人、詩作分類歸屬，是故而有「正」、「邪」二集的設計。這樣的編纂方式，王思任（1576～？）的女兒王端淑（1621～1706）所編詩選《名媛詩緯》，〔註15〕亦有類似的手法，該書選錄一千位女詩人的詩作，並按照個人的身份、社會階級的高低加以分類，閨秀就是列爲「正」類，歌妓則入「豔」類，「豔」比「邪」雖來得平和，不過其中的價值判斷仍是不言可喻。

　　或有疑問，是書既以「宮閨」爲名，應只選入宮掖閨秀之詩，爲何可能出現其他身份的女性？我以爲「宮閨」是一個女性的泛稱，或舉其「正」者爲書名而已，這樣的例子極多，前述江盈科《閨秀詩評》，以「閨秀」名書，內中所評魚玄機、元稹之妹爲「女冠」，嚴蕊則是「天臺營妓」。此外，與方

官妓王英英之才，得梅堯臣贈詩；鄱陽妓楚珍得董史讚爲「書詩不凡，足當江南奇男子」；徐州妓馬盼盼也得到蘇軾的肯定等等加以申說。游潛並有感而謂：「然惟倡優女賤，竊擅文苑一藝之精，得爲數公賞識，今猶誦之，何世之戴冠曳裙，號稱丈夫人者，所遇固自有幸不幸，小道可觀，亦足以傳，乃不免碌碌與草木同朽腐歟，是可惜而痛哉」。其言雖不無輕視的意味，且認爲女子之才仍待名人巨公賞識，方能流傳。然這則詩話注意到倡優女子特別能擅文苑之精，也說明倡優女子因爲與男性社會的較多接觸，所以有機會得到名人巨公的賞識，而幸運的使作品爲人傳誦，他的論述不僅在記錄詩壇的現象、發抒感慨，更說明妓女是「才女」的代表典型。

〔註15〕王端淑本身亦爲名門閨秀，她字玉映，號映然子，又號青燕子，浙江山陰人，其以才情學問自負，詩文諸體無不涉筆，爲閨人中所罕有，事蹟《歷代婦女著作考》頁一九六備載，可參。所編《名媛詩緯》，爲清初相當重要的女性詩選集，現有康熙六年（1667）刊本，書藏國家圖書館。是書亦選錄方維儀的詩作二十首，並置之於「閨秀」之類。端淑之父王思任，字季重，萬曆二十三年（1595）進士，爲明代著名學者，明亡後隱居不仕，著有《王季重全集》、《奕律》、《遊喚》等。

維儀幾乎同時的王士祿，著有《宮閨氏籍藝文考略》，該書現分見於胡文楷《歷代婦女著作考》。其亦以「宮閨」名書，但其中所述包括廣陵妓王微、金陵妓朱斗兒、半塘妓沙宛在、青溪妓吳娟、秣陵妓郝文珠、建昌妓景翩翩、長干妓楊宛等等，數量不少。

　　另一個重要佐證是王士祿的《然脂集例》，該文亦見於《歷代婦女著作考》。文中，王士祿談到《然脂集》的分類體例，有「區敘」一節，其中針對方維儀《宮閨詩史》、《宮閨文史》區分正、邪二集，提出不同的看法云：

> 方夫人《宮閨詩史》、《文史》二書，並有正集、邪集之分，雖義存勸懲，實不必然。尼父編《詩》，〈柏舟〉與〈牆茨〉聯章，〈雞鳴〉與〈同車〉接簡，貞淫並列，美刺自昭，固無事區別也。故此書（指《然脂集》）編敘宮掖、戚畹、閨秀、女冠、尼、妓之外，不復更立邪、正之目。

其以「宮掖、戚畹、閨秀、女冠、尼、妓」，取代方維儀的「邪」、「正」之目，而「實不必然」一語，尤具深意。是故由女性所品論選編的女性詩史，其選編評品的策略和標準，與江盈科、王士祿以男性的眼光品錄女性詩作，意欲讓女性在詩史中發聲，相較之下，顯得保守與偏狹。

　　以此，不妨再比較明代另一本由吳興妓女梁小玉所撰《古今女史》。該書自序謂：「二十一史有全書，而女史闕焉。掛一漏百，拾大遺纖。飄零紙上之芳魂，冷落閨中之玉牒。是以旁摭群書，釐為八史」，其所謂「八史」，分別為「外史」、「國史」、「隱史」、「烈史」、「才史」、「韻史」、「豔史」、「誠史」，〔註16〕備及仙女、隱婦、才女、名姬、絕代美女、放浪女子等。值得

〔註16〕此八史之著錄內容大抵為，「外史」著錄女神、女仙，如麻姑之類；「國史」著錄有功於萬世生靈者，上起女媧之補天；「隱史」乃錄隱居山林之女性，如接輿之婦；「烈史」記錄女性之剛腸與孤貞；「才史」擢引班昭、蕙姬等，其著作足以勒丹青、結撰足以潤金石者，以明女子「有德不妨才」；「韻史」著錄名姬、仳女之鴻篇秀句，並以為「詩窮而後工」豈獨男子為然？「豔史」著錄西子、玉真等絕代佳人；「誠史」則錄婦人之失檢者。按，梁小玉字玉姬，號琅嬛女史，為吳興妓。據《列朝詩集小傳》〈閏集〉「琅嬛女子梁氏」條，謂其七歲依韻作〈落花詩〉，八歲摹大令帖，長而游獵群書，作〈兩都賦〉，半載而就。所著有《琅嬛集》，而其詩近於粗豪，不免俚俗。至其語風懷，陳祕戲，流丹吐齊，備極淫靡。可知梁小玉的文字大膽豪放，《歷代婦女著作考》引《玉鏡陽秋》，言「小玉著書，從來鉛黛中無埒富者也，僅從集中諸序，見其目也」，在未能悉見小玉詩文的情況下，該書仍肯定小玉「記諸文纏纏有氣，

注意的，「誠史」所錄者並非指社會地位低賤的女性，而是泛指歷代行為失檢的婦女，其云：「夫桑間濮上，並廁關雎；冶女淫風，可砥芳潔。婦人之駬軼失檢者豈少哉？人生於情，而節情乃導情；誰能無欲，而損欲勝多欲。摘為女戒，是慾火坑中清涼散也」，同樣以資勸戒，她的這種安排較之方維儀的「正」、「邪」對立區分，似乎較為寬容。特別是她強調情、欲乃人皆有之，重點在如何節制情感與減少欲望，頗具識見。其序文之最末有言：「嘻！世有知我者，其目余為女董狐！」則其志向之大，了無隱晦，不禁令人推想，是否她身為妓女的交游閱歷，使其識見、襟抱較為宏大？抑且妓女的身份較能突破社會制約，而能更自由的挑戰傳統，作更自主的思考？

梁小玉《古今女史》以人物傳記為敘寫角度，作品只是引證論述之資。然再看名妓柳如是在于歸錢謙益後，協助編輯評論《列朝詩集》之〈閏集〉，灌注了她的才學識見，其中在分類上，她將歌妓與閏秀是同置「香奩」類，讓她們享受相同待遇，甚至歌妓的作品選錄得較多，〔註17〕這可能基於她對歌妓的同情與了解、對歌妓才華的肯定。但以「妓女」梁小玉、柳如是，相較於「閏秀」方維儀與王端淑，採用了兩種不同的解讀標的來進行分類，也讓女性在詩史抑或歷史中得到不同的地位與評價。

回到王士祿的《然脂集例》，除了分類體例方面的討論，該文中「緣起」一節，針對其所得見的閨閣詩文總集或詩話、文話提出批評，其中，提及方維儀《宮閨詩史》時云：

> 方夫人仲賢《宮閨詩史》，持論頗駁《詩歸》（指鍾惺所編《名媛詩歸》），實以《詩歸》為底本。以云「區明風烈」則有之，辯正舛偽，功尤疏焉。

文中亦提及「區明風烈」之語，與前引錢謙益語相同，可以得證應為維儀《宮閨詩史》中的言論，是為其自述著作的主旨。然王士祿除了批評是書疏於「辯正舛偽」之外，其「實以《詩歸》為底本」的話，也是寄寓貶意，因為他認為：「《名媛詩歸》一書，雖略備古今，似出坊賈射利所為，收採猥雜，舛偽

而絕少女郎苕秀之色」。《古今女史》即見於《歷代婦女著作考》引王士祿《然脂集》著錄，僅存小玉自序一文，全書或已亡佚。

〔註17〕關於柳如是編輯《列朝詩集》的〈閏集〉部分，孫康宜在〈明清女詩人選集及其採輯策略〉（《中外文學》，23 卷 2 期，頁 27～61，1994 年 7 月）已有所論述，可參看。

不可悉指」，這個看法與《四庫全書總目》相同。〔註18〕

由於，方維儀的《宮閨詩史》與《詩評》未能得見，我們無法檢驗王士祿的說法，甚至無法進一步討論王士祿的評語有無參雜對女性識見的懷疑，但從極有限的資料中，特別是前述「正」、「邪」體例的分類討論，可以清楚的感受到，到明代為止，女性嘗試評品女性的詩作、在詩史中尋找定位時，自己所立下的制約，乃至於整個大環境給予的要求，是相當嚴酷的，方維儀的《宮閨詩史》與《宮閨詩評》在這樣的夾縫中產生，其所標幟的意義，實大過於書中的內容實質，這也是二書雖然可能亡佚，卻值得尋找任何一點蛛絲馬跡加以勾勒的重要原因。〔註19〕

蛻巖詩話

不著卷數，王埜著，疑佚。

王埜，號蛻巖，浙江山陰人。張岱纂輯《明越人三不朽圖贊》謂其「安貧樂道，肆力經史，絕意仕進，築室臥龍山南，教授自給，鄉評重之。晚歲喜學《易》，習養生，猶夷山水間，自號蛻巖道人，壘石為生壙於亭山之麓，曰小芙蓉城，張文恭為作墓銘」。按，文中「張文恭」為張元忭，其字子藎，號陽和，亦為浙江山陰人，與王埜係同鄉，生於嘉靖十七年（1538），隆慶五年（1571）中進士第一，官至翰林侍讀，萬曆十六年（1588）卒，諡文恭，事蹟見《狀元圖考》卷三、《明史》卷二八三，《國朝獻徵錄》卷十九王錫爵著〈張公墓誌銘〉。因之，王埜應為萬曆中或之前人。

此外，王兆雲《揮麈詩話》之「百別詩」條，謂：「王蛻巖未老，作〈百別詩〉，深識死生之理者」，並著錄其中〈別天〉、〈別山〉、〈別水〉、〈別山堂〉、〈別書〉、〈別劍〉諸詩。王兆雲為萬曆時人，則王埜應生當萬曆間或萬曆之

〔註18〕 《四庫全書總目》卷 193〈總集類存目三〉「名媛詩歸」條謂：「舊本題明鍾惺編，取古今宮閨篇什，裒輯成書，與所撰古、唐詩歸並行其間，真偽雜出，尤足炫惑後學。王士禎《居易錄》亦以為坊賈所託名，今觀書首有書坊識語稱，名媛詩未經刊行，特覓祕本，精刻詳訂云云。核其所言，其不出惺手明甚」。

〔註19〕 關於《宮閨詩評》筆者已撰論文〈詩史可有女性的位置？——以兩部明代詩話為論述中心〉，《漢學研究》，17 卷 1 期，頁 177～200，1999 年 6 月）。此文另被收錄《二十世紀中國學術文存‧古代女詩人研究》（陳平原、張宏生等編，長沙：湖北教育出版社，2002 年 8 月），題目改作〈詩史可有女性的位置？——方維儀與《宮閨詩評》的撰著〉，可參考。

前。

是書《千頃堂書目》卷三二〈文史〉類著錄爲「悅巖詩話」，「悅」與「蛻」字形近，應爲誤字。乾隆五十七年（1792）刊《紹興府志》卷七八〈經籍二〉則著錄作「蛻巖詩話」。是書今未見，疑已佚失。

續談藝錄

不著卷數，朱安㵻著，疑佚。

朱安㵻，字思甫。何喬遠《名山藏》卷四○〈分藩記〉於朱睦㮮傳後載：「與睦㮮同時，有將軍安㵻者，一歲喪母，事父至孝，父病革，夢神教之，刲臂爲湯，父食病已。後年垂七十追母不逮，廬墓三年，詔旌表其門。晚益精名理，延納詞人，人稱㵻爲『小山』。」《明史》卷一一六〈列傳四・諸王一〉亦附見於朱睦㮮傳後，所載同於〈分藩記〉，並謂人稱朱睦㮮爲「大山」，朱安㵻爲「小山」。朱睦㮮，字灌甫，號西亭，爲朱橚的六世孫，封鎮國中尉，生於正德十二年（1517），幼即穎異，《明史》謂郡人李夢陽奇之，及長，被服儒素，覃精經學，從河、洛間宿儒遊。其廣搜群書，得江都葛氏、章丘李氏書萬卷，起造萬卷堂藏之，並讀書其中，萬曆十四年（1586）卒，《國朝獻徵錄》卷一有張一桂所著〈西亭公神道碑〉。是知朱安㵻亦嘉靖、萬曆間人。是書見《千頃堂書目》卷三二〈文史類〉著錄，今未見，疑佚。

群公詩話

五卷，孫贇纂輯，疑佚。

孫贇，生平不詳。是書見《萬卷堂書目》著錄，僅存書目，不知內容爲何。然因《萬卷堂書目》之著錄，或可提供成書時代的推測，該書目的作者是朱睦㮮，其卒於萬曆十四年（1586），是書既經其寓目，則是書當成於萬曆十四年之前。

張健〈《詩家一指》的產生時代與作者〉〔註21〕載有佚名氏所輯《群公詩法》五卷，並謂此書後序稱得之於正德丙子（十一年，1516），其刊刻當在正德或嘉靖年間，且此書與楊成所編《詩法》爲同一刊刻系統。由於此書筆者未見，不知是否即孫贇《群公詩法》，僅附載於此。

〔註21〕該文見《北京大學學報》，1995 年第 5 期，頁 34～45。

吟堂博笑集

五卷，高鉉纂輯，存佚不詳。

高鉉，號葵亭居士，江蘇吳縣人，生平不詳。是書《千頃堂書目》、《百川書志》俱著錄於「文史類」，《千頃堂書目》謂：「集諸書所載閨閣詩，本其事而記之，分死節、勸戒、奇遇、題詠、寄情五類」，《百川書志》則云：「皇明葵亭居士吳中高鉉編集諸書所載隋、陳、唐、宋婦人女子之事，會萃一編，分死節、勸戒、奇遇、題詠、寄情五類，著書立格，度越常情，仍係本事，以資考據」，二書目所載，可見是書大抵以詩本事之記錄爲主。

此外，《晁氏寶文堂書目》將是書著錄於中卷「子雜」類，《趙定宇書目》則錄所藏《稗統續編》中有《吟堂博笑集》鈔本，足見是書頗有流傳。《四庫全書總目》卷一九三有「吟堂博笑集」條，然置之〈總集類存目三〉，並謂是書：「不著編輯者名氏，雜揉隋唐以來閨閣之作，以死節、勸戒、奇遇、題詠、寄情分爲五類，惟首二卷尚有裨風教，然採擇亦頗疏舛，其後三卷，則多鄙穢之詞，不出小說家言矣」，站在傳統詩觀的立場，對是書評價不高。

由《百川書志》、《趙定宇書目》的著錄，或可推知是書的成書時間，《百川書志》的著者高儒約爲萬曆時人，《趙定宇書目》的趙用賢卒於萬曆二十四年（1596），因之是書或可能成於萬曆中或之前。

清人王士祿見及該書，其《然脂集例》謂：「高葵亭《吟堂博笑集》，尤極俚俗」，〔註22〕由於該書今已未見，無法加以檢驗是否「鄙穢」、「俚俗」，不過編者高鉉關注到女性詩作以及生命經驗的價值，本身即深具意義。是書今未見典藏記錄，存佚不詳。

方山人詩評

一本，作者不詳，疑佚。

是書見《趙定宇書目》引黃葵陽家藏《稗統續編》著錄，「方山人」不知何指？然由於是書經趙用賢（1535～1596）著錄，則成書應在萬曆二十四年（1596）以前。

談藝手簡

不著卷數，作者不詳，疑佚。

〔註22〕見胡文楷《歷代婦女著作考》（臺北：鼎文書局，1973年），附錄頁61。

是書見《趙定宇書目》引黃葵陽家藏《稗統》第一九一冊著錄，今未見，不知其書內容，然因為趙用賢所著錄，其成書應在萬曆二十四年（1596）以前。

瑣碎錄詩話

不著卷數，作者不詳，疑佚。

是書見《趙定宇書目》引黃葵陽家藏《稗統續編》著錄，今未見，不知其內容，然因趙用賢所著錄，其成書應在萬曆二十四年（1596）以前。

蝈笑集

一卷，作者不詳，疑佚。

是書《國史經籍志》著錄於〈集部‧詩文評〉類，內容不詳，今亦不見。然《國史經籍志》為焦竑（1541～1620）所著，則是書應成於萬曆年間或之前。

神仙詩話

二卷，作者不詳，疑佚。

是書《澹生堂書目》卷一四著錄於「集部‧詩話」類，《千頃堂書目》卷三二「文史」類亦著錄，今未見，疑佚。是書因《澹生堂書目》著錄，而祁承㸁卒於崇禎元年（1628），則是書成於萬曆年間或之前。

西郊詩話

一卷，作者不詳，疑佚。

是書見《澹生堂書目》卷一二著錄於「總集‧餘集」類，《千頃堂書目》卷三二「文史」類亦著錄，今不見，疑佚。又，《晁氏寶文堂書目》中卷「子雜」類著錄《郊亭詩話》，不著作者及卷數，不知與是書有無關聯，附記於此。是書因《澹生堂書目》著錄，其成書應在萬曆中或之前，如果《郊亭詩話》與《西郊詩話》有關，則因《寶文堂書目》之著錄，成書則可能在嘉靖年間。

名賢詩指

十五卷，程元初纂輯，疑佚。

程元初，生平不詳，據《四庫全書總目》卷四四〈小學類存目〉二著錄其《律古詞曲賦協韻》一書，並云：「元初字全之，歙縣人」。

是書《澹生堂書目》卷一四「詩文評・詩評」類著錄云：「《名賢詩指》，十五卷，程元初」，《千頃堂書目》卷三二「文史」類及《明史藝文志》著錄皆同，惟今未見，疑佚。觀是書之書名，大抵採摭前人論詩之語，如俞允文編《名賢詩評》一般。是書因見《澹生堂書目》著錄，其成書可能在萬曆年間或之前。

杜氏詩譜

不著卷數，作者不詳，疑佚。

是書見《澹生堂書目》卷一四〈詩文評・詩評類〉著錄，今未見，然是書由祁承㸁著錄，則成書時代應在萬曆中或之前。

豆亭詩學管見

一卷，俞遠著，疑佚。

俞遠，生平不詳。是書見《澹生堂書目》卷一四〈詩文評・詩評類〉著錄，或成書於萬曆時或萬曆之前。

曹安邱長語詩談

一卷，作者不詳，疑佚。

是書作者不詳，《澹生堂書目》卷一四〈詩文評・詩式類〉之著錄中，作者姓曹，名字則只見兩個墨丁。此書今未見，或成書於萬曆時或萬曆之前。

感世編

三卷，葛琨著，疑佚。

葛琨，生平不詳。是書見《澹生堂書目》卷一四〈詩文評・詩評類〉著錄，今未見，或成書於萬曆時或萬曆之前。

第四章　明代晚期的「已佚」詩話
——泰昌至崇禎年間

藝活甲編

　　五卷，茅元儀（1595～1641）著，疑佚。

　　茅元儀，字止生，號石民，別署東海波臣、夢閣主人、半石址山公，浙江歸安人。其生卒年有不同的說法，丁原基〈茅元儀著作考略〉〔註1〕引《湖錄經籍志》「卒年四十五」、元儀與友人書自謂「十四歲喪父」及其父卒於萬曆三十五年（1607）三項著錄，推測其生於萬曆二十二年（1594），卒於崇禎十二年（1639）。張慧劍《明清江蘇文人年表》則引《因樹屋書影》卷二及《浮輪新集》于鑒之詩，謂茅元儀生於萬曆二十三年（1595），卒於崇禎十四年（1641），年四十七。

　　茅元儀出生書香世家，其祖茅坤、父茅國縉皆為進士，然其十四歲喪父，家道中落，乃致力實學，對軍事、政治、經濟問題多所研究。天啟元年（1621）著成《武備志》二百四十卷，聲譽鵲起。不久以「知兵」充任贊畫，佐大學士孫承宗督師遼東，抵禦後金南下，後以魏忠賢用事而去職。崇禎初，改授副總兵官，擊退後金，然與權臣不合，賷志以終。其文武兼備，方以智〈酬茅將軍〉謂其「年少西吳出，名成北闕聞，下帷稱學者，上馬成將軍」。〔註2〕錢謙益與之為知交，《列朝詩集小傳》丁集下〈茅待詔元儀〉謂其「自負經奇，

〔註1〕見《東吳文史學報》，第3期，頁116～117，1978年6月。
〔註2〕見方以智《流寓草》，卷7。

恃氣凌人，語多誇大。能知之者，惟高陽與余，而止生目中亦無餘子」、又云：
「止生爲詩文，才氣蜂湧，搖筆數千言，倚待立就」。著有《易會》、《壽堂私
論》、《嘉靖大政類編》、《平巢事蹟考》、《略書》、《暇老齋雜記》、《石民四十
集》等，數量極夥，然在清初被清廷以多悖礙字句的理由，屢次禁燬，以致
逐漸散佚湮沒。事蹟則見《明詩紀事》辛籤卷二六、同治十三年（1874）刊
《湖州府志》卷七五〈人物傳・文學二〉及卷五九〈藝文略〉等。

　　是書見《明史藝文志補編》、《四庫全書總目》卷一九七〈詩文評類存目〉
著錄。《欽定文獻通考經籍考》作「《藝話甲編》，五卷」，《千頃堂書目》卷三
二〈文史類〉作「《藝圃甲編》，五卷」，書名均有誤字。劉德重、張寅彭《詩
話概說》〈歷代詩話要目〉著錄此書有「四庫本」，其說有誤，蓋僅見〈詩文
評類存目〉而已。是書在清代遭禁毀，列入《禁燬書目》。

　　是書今未見，〔註3〕然所著《石民四十集》之卷十三收有〈藝活序〉，《石
民四十集》是其在四十餘歲時編刊早年著作的文集，〔註4〕則《藝活》應作於
茅元儀四十歲以前。而是書所以題作「藝活」者，蓋取舟以楫而活、鳥以羽
而活之意，以爲詩詞歌賦皆以評論而活，故曰「藝活」，所以《欽定文獻通考
經籍考》作「藝話」、《千頃堂書目》作「藝圃」，都是錯的。而是書題作「藝
活甲編」，應爲《藝活》中專論詩文的部分，所別出單行者。《四庫全書總目》
卷一九七〈詩文評類存目〉「藝活甲編」條所云：

　　　此編皆評詩論文之語。當嘉靖中，元儀祖坤（按：即茅坤）與王世
　　　貞爭名相軋，坤作《史記鈔》，世貞未見其書，先斷其必不解。又世
　　　貞題歸有光集，詆坤《八家文鈔》，右永叔而左昌黎。元儀修先世之
　　　憾，故此書大旨主於排斥世貞。然世貞摹擬之弊，雖可議者多，而
　　　元儀評論古人又往往大言無當，所見實粗，其任意雌黃，亦皆不爲
　　　定論也。

《總目》之評論，頗切中元儀之性情，但必曰：「元儀修先世之憾，故此書大
旨主於排斥世貞」，則可進一步商榷。筆者以爲，其與世貞詩文意見相左，應

〔註3〕蔡鎭楚《石竹山房詩話論稿》之〈明代詩話考略〉，謂是書今存，有副都御史
　　　黃登賢家藏本及周維德《全明詩話》本。其說有疑問，蓋黃登賢家藏本乃《四
　　　庫全書總目》所據底本，今不一定可見。周維德教授所編《全明詩話》，筆者
　　　有周教授所贈該書之〈明詩話提要〉及〈目錄〉（稿本），均未見收錄是書，
　　　故疑《藝活甲編》或已佚失。
〔註4〕見同治十三年（1874）刊《湖州府志》，卷59，〈藝文略〉著錄其《石民四十
　　　集》之自序。

與元儀的詩文創作往往隨興立就，一任才氣奔騰，無暇如文士咬文嚼字、以摹擬格調自矜有關，亦即錢謙益所言「止生為詩文，才氣蜂湧，搖筆數千言，倚待立就」，所以他的創作理念與王世貞有著根本的不同。如此觀之，則《總目》所評「修先世之憾」、「排斥世貞」，實未更加推溯根源，僅就門戶之見立論耳。

葦菴詩話抄

不著卷數，孫國敉著，疑佚。

孫國敉，原名國光，字伯觀，江蘇六合人。天啓五年（1625）恩選貢生，廷試第一，隨授延平府訓導，後授內閣中書，蒙召，題九陽圖及敕定琴名，以「光」字重廟號，賜改名「國敉」。

孫國敉精於賞鑒碑版書畫，其居於金陵小館，近廟市，董其昌時過其寓，繙閱竟日。著有《雞樹館集》、《燕都遊覽志》、《讀書通》、《藏書通》等。事蹟見《明代金陵人物志》、清康熙二十三年（1684）刊《六合縣志》卷六〈文苑〉及〈文物志‧歲貢〉等。是書則見清乾隆二年（1737）刊《江南通志》卷二九二〈藝文志‧子部‧雜說〉著錄，今已未見，疑佚。

辛齋詩話

不著卷數，陸嘉淑（1620～1689）著，疑佚。

陸嘉淑，字冰修，號辛齋，浙江海寧人。據《歷代人物碑傳年里綜表》，其生於泰昌元年（1620），卒於清康熙二十八年（1689），著有《辛齋遺稿》。朱彝尊《明詩綜》卷八十一下，錄其詩四首，《靜志居詩話》並謂：「冰修崇情遠跡，高酣長謠，文采風流，溢於賓座，晚雖藏身人海，而青蓮在泥，心終不染」。陳田《明詩紀事》辛籤卷二八引阮元《兩浙輶軒錄》謂：「查編修慎行（1650～1727），冰修婿也。少從學詩，得其指授」。按，查慎行，字悔余，號初白，其詩論由張載華輯為《初白庵詩評》三卷，論詩以宋為宗，尤推崇蘇軾。故阮元謂「少從學詩，得其指授」，查慎行的詩學，與陸嘉淑的指授多所關聯。是書見民國十一年鉛印清龔嘉雋修《杭州府志》卷九五〈藝文十〉著錄，然今未見，疑佚。

須雲閣宋詩評

二卷，陸嘉淑著，疑佚。

陸嘉淑著有《辛齋詩話》，已見前。是書亦見民國十一年鉛印清龔嘉儁修《杭州府志》卷九五〈藝文十〉著錄，今未見，疑佚。

豔雪齋詩評

二卷，作者不詳，疑佚。

是書見《欽定文獻通考經籍考》著錄謂：「《豔雪齋詩評》二卷，附詞曲評一卷，不著撰人名氏」。《四庫全書總目》則著錄於卷一九七〈詩文評類存目〉，並謂：「《詩評》有崇禎己巳自序，《詞曲評》有崇禎戊辰自序，皆自署『石公』，其私印則名曰『亭奭』，字曰『以昭』，其姓則不可考，不知何許人也」。崇禎己巳為崇禎二年（1629），則《豔雪齋詩評》或撰刊於此時。《總目》復謂：「是編雜採明人詩話詞話，手錄成帙，非所自撰。大致以王世貞為圭臬，不出當時習氣也」。是書今已未見，無法詳考其內容。

詩說解頤

不著卷數，朱家瓚著，疑佚。

朱家瓚，字元邑，浙江遂昌人。據薛岡〈燕遊草序〉〔註20〕謂：「先生栝蒼奇士，髫年餼庠，馳聲兩淛中，士望之如昂昂千里駒，其遠到不可量，而以奇於數，屢不售。會戊辰龍飛拔萃，貢京師，登順天庚午、丙子兩副榜」，終不售於時，高臥以老。按，序中所言「戊辰龍飛」，乃崇禎元年（1628）明思宗登極之年。「庚午」、「丙子」，則為崇禎三年（1630）及崇禎九年（1636），則其為崇禎年間人也。是書見清光緒二十二年（1896）刊《遂昌縣志》卷十〈藝文〉著錄，未見他書著錄稱引，不知曾否刊行。

唐宋詩辨

不著卷數，王圖鴻著，疑佚。

王圖鴻，字木青，山東新城人。民國四年重印《山東通志》卷一二九〈藝

〔註20〕《燕遊草》為朱家瓚的著作，薛岡之序見清光緒二十二年（1896）刊《遂昌縣志》卷10〈藝文〉引錄。

文‧經部‧春秋類〉「春秋四則」條下有小字記載，謂其「崇禎己卯（十二年，1639）副貢，縣志載諸書，稱其邃於春秋之學，邑之業春秋者，如張祿徵、元徵，皆出其門云」。該志卷一四六〈藝文‧集部‧詩文評類〉，則著錄其詩評專著《唐宋詩辨》及文評專著《八大家論斷》。道光二十年（1840）刊《濟南府志》卷六四〈經籍〉，則僅著錄「圖鴻，副貢生」字樣，但所著書除上述二者之外，另增《三傳義例》、《字韻》二書。

是書今不見，然從所處崇禎時代，復古風潮已有沉澱來看，是書或有廓清陳說，重新論定唐、宋詩價值的目的，應是其致力春秋之學外，立意爲詩文壇明是非、別正變的作品。

風雅叢談

六十八卷，王應山著，疑佚。

王應山，生平不詳。是書卷帙龐大，內容則無法考知。然《紅雨樓書目》見載於〈詩話類〉，《千頃堂書目》著錄於卷三二〈文史類〉，故是書應爲詩話著作。又，《紅雨樓書目》爲徐𤊹之藏書目，徐𤊹生於隆慶四年（1571），卒於崇禎十五年（1642），則是書或成於崇禎十五年之前。此書今未見典藏記錄，疑已亡佚。

藝苑溯源

一卷，張煒著，疑佚。

張煒，生平不詳。是書《紅雨樓書目》著錄於〈詩話類〉，內容不詳，今未見。《紅雨樓書目》爲徐𤊹之藏書目，則是書或成於崇禎十五年之前。

詩學聲容

二卷，陳紹功著，疑佚。

陳紹功，生平不詳。是書見《紅雨樓書目》〈詩話類〉著錄，今未見，內容不詳。《紅雨樓書目》爲徐𤊹之藏書目，則是書或成於崇禎十五年之前。

羅溪閣詩評

不著卷數，董養河著，疑佚。

董養河，字叔會，福建閩侯縣人。民國二十二年刊《閩侯縣志》卷六六〈列傳四上〉有傳，謂其少負殊質，博極群書，而刻苦彌甚，歲裹糧入鼓山，扃戶討論，崇禎十五年（1642）以歲貢被旨特賜進士，授工部司務，與黃道周（1585～1646）、倪元璐（1593～1644）、黃景昉（1596～1662）等爲金石交，相與憂憤時事，揣摩軍國，過從無虛日。黃道周後以鉤黨下獄，董養河受株連，然處之泰然，日與黃道周唱和，撰成《西曹秋思集》。崇禎十五年（1642），黃道周起用，董養河亦還職，進戶部主事，後遷員外郎兼兵部給事中，關命下而卒。

同治十年（1871）重刊《福建通志》卷六七〈明經籍〉著錄其所著《羅溪閣書解》、《詩經解》、《羅溪閣詩評》、《羅溪閣韻語》。前引《閩侯縣志》亦著錄《羅溪閣詩評》等書，惟今未見，不知是否刊行。

夕陽寮詩論

不著卷數，阮旻錫著，疑佚。

阮旻錫，字疇生，福建同安人。同治十年（1871）刊《福建通志》卷七三〈經籍〉，謂其世襲千戶，師事曾櫻，[註5] 傳性理之學，國破，入武夷爲僧，法號超全，自稱「輪山遺衲」，年八十餘而卒。另，民國十八年刊《同安縣志》卷三二〈人物錄・獨行〉有較詳細的記載，謂：「甲申國變，旻錫方弱冠，慨然謝舉子業」，則其生年約當天啓五年（1625），故該志在參酌孫靜庵《明遺民錄》等資料後，以小字加註：「《通志》列文苑，舊志列清之隱逸，未合」，將阮旻錫歸入〈明人獨行傳〉。

阮旻錫著述甚豐，前引《通志》卷七三〈經籍〉著錄《讀易闕疑》、《四書測》、《唐人雅音集》、《唐七言律式》、《韻選》、《杜詩三評》、《夢庵長短句》多種。《同安縣志》阮旻錫小傳中謂其有《夕陽寮詩集》、《夕陽寮詩論》行世，而同書卷二五〈藝文〉，則著錄其著作《四書測》、《談道錄》、《讀易闕疑》、《杜詩三律》、《夕陽寮詩論》等多種。《夕陽寮詩論》只見於《同安縣志》，不知是否後來查訪所得？

─────────────

〔註5〕 曾櫻，字仲含，江西峽江人，萬曆四十四年（1616）進士，歷官常州知府、南京工部侍郎等職，並爲唐王所器重，出任吏部尚書、文淵閣大學士，後自縊死。《明史》有傳。

杜詩三評

不著卷數，阮旻錫著，疑佚。

阮旻錫著有《夕陽寮詩論》，已見前。是書見前引《福建通志》、《同安縣志》著錄，惟《同安縣志》作「杜詩三律」，不知孰是？如作「杜詩三評」，則較接近詩話性質。此外，《通志》又著錄所作《唐七言律式》，應為詩格、詩式之類著作，附記於此。二書均不見其他著錄，今亦未有傳本，疑已亡佚。

卍齋詩話

不著卷數，吳統持著，疑佚。

吳統持，字巨子，浙江秀水人。據乾隆元年（1736）重修《浙江通志》卷一七九〈文苑〉二記載，統持弱冠即有文名，崇禎中與妻項佩淑偕隱鴛湖，焚香讀《易》，曾因饘粥不繼，賣卜四方，遍歷齊魯燕趙之墟，或稱胥山樵子。所著有《卍齋詩話》、《明月樓集》、《典林》。又據清查繼佐《東山國語》，吳統持於乙酉仲夏（明弘光元年，清順治二年，1645），傾家鼓諸義勇守城，月餘城陷，奔唐王於福州，受愛重，然與鄭芝龍忤，辭職歸田。

《通志》卷二五二〈經籍・詩話類〉，徵引清朱彝尊《日下舊聞》，著錄《卍齋詩話》。另光緒五年（1879）《嘉興府志》卷八一〈經籍・詩文評〉，亦著錄「吳統持，卍齋詩話」條目。今則未見，疑佚。

詩史

不著卷數，江兆興著，疑佚。

江兆興，字廷起，福建泰寧人，崇禎間諸生，明亡後，與弟兆京易名奉母遁隱，著有《四書隻眼》、《客窗答問》等。事蹟見同治十年（1871）刊《福建通志》卷二二三〈明隱逸〉。《詩史》亦即見該志卷七九〈經籍〉著錄。今則未見，疑佚。

杜詩肆考

十卷，沈求著，佚。

沈求，字與可，上海人。同治十一年（1872）刊《上海縣志》卷一九有其小傳，謂其為「諸生，秉性耿介，慎取與，不妄交游，隱居梅花源，以吟

詠爲樂，卒，私諡貞愍先生，祀鄉賢」。該志卷二七〈藝文・詩文評類〉，著錄其所著《杜詩肆考》十卷，其下並有小字謂：「沈求撰，前志列國朝，誤」，以爲沈求當歸爲明人。是書尙見嘉慶二十二年（1817）刊，宋如林等修之《松江府志》頁五四〈藝文〉，惟未註明卷數。

滄湄詩話

不著卷數，林霍著，佚。

林霍，字子濩，號滄湄。民國十八年鉛印《同安縣志》卷三二〈人物錄・獨行〉，謂其乃福建同安橄欖樹人，生於明末，家貧，讀書博洽，能文，好與名人結交，以氣節自許，著述甚多，尤究心於聲韻之學，稱遺民終其身。著有《續閩書》，記錄鼎革時海內名流不肯失節者，又有《雙聲譜》、《滄湄文集》、《滄湄詩話》等著作。是書又見該志卷二五〈藝文〉，其他書目則未見著錄，疑佚。

木雞詩話

不著卷數，張嬴著，疑佚。

張嬴，字惟貞，號半犁子，福建浦城人。同治十年（1871）刊《福建通志》卷二二三〈明隱逸〉，有其小傳。光緒二十六年（1900）刊《浦城縣志》卷二三〈文苑〉，記載較詳。〔註6〕其幼穎異，長習舉子業，不久即放棄，山居耕讀以自娛，嘗遊南京，覽六朝遺蹟，又性嗜酒，著《飲書》以擬《酒經》。其能預知死期，自作輓詩、墓志，整理詩文著作，端坐而逝。所著包括《九牛毛集》、《蜉蝣羽集》以及《木雞詩話》。《福建通志》、《浦城縣志》所錄大致相同。〔註7〕是書今未見，疑佚。

漁樵詩說

八卷，夏大輝著，疑佚。

〔註6〕 該志傳主「張嬴」作「張瀛」，字號等悉同。又，民國十八年鉛印《建甌縣志》，卷12，〈藝文〉，亦作「張嬴」。

〔註7〕 見《福建通志》，卷76，〈經籍〉；《浦城縣志》，卷32，〈著述〉。另，前引《建甌縣志》，卷12，〈藝文〉亦同。

夏大輝，字啓涵，浙江莒岡人。光緒四年（1878）刊《分疆錄》卷七〈人物〉，謂其中乙酉（福王弘光一年，1645）副貢，明亡隱居不仕，自號逸民，著書自娛，有詩集及《漁樵詩說》。是書又見該志卷一〇〈經籍〉著錄，不知曾否刊行。

瀨園詩話

三卷，嚴首昇著，疑佚。

嚴首昇，字平子，一名頤，號解人，湖南華容人。《復社姓氏傳略》卷八本傳，謂其爲崇禎某年貢生，乙酉（福王弘光一年，1645）走南都，見馬、阮柄政，遂歸，衲衣髡頂，與同里程本以詩倡和，有《瀨園前、後集》二十六卷。又，光緒十一年（1885）刊《湖南通志》卷一七〇〈人物〉十一，謂其刻意古文辭，下筆灑灑數千言，能於諸名家外自出新義，是書即見該志卷二五八〈藝文十四・集六・評論類〉著錄，但不知是否刊行。

藝活乙編

不著卷數，金鏡著，疑佚。

金鏡，字金心，號次公，又號水一方人，浙江吳興人。據《復社姓氏傳略》卷五引《長興志・經義考》記載，其「沈靜博學，有特識，凡所評騭，悉中肯要，纂訂載籍，羽翼六經，載酒問奇者無虛日，晚年應貢，泊然高尚，有淵明皋羽風，年七十三卒」，由於復社盛行於崇禎年間，則其應爲崇禎時人。至於其「纂訂載籍，羽翼六經」者，清同治十三年（1874）刊《湖州府志》卷五九〈藝文略四〉著錄其著作，有《易經四測》、《尚書評注》、《詩經傳演》、《戴記偶評》、《春秋集義》、《左傳偶評》、《學庸緒言》、《論語博義》、《孟子博義》，可謂皆經書之羽翼。其又嘗與姚龍之（生平不詳）評論古今人物優劣、文章政事得失，有《兩生析疑錄》。其詩文著作則有《水一方詩存》、《文存》。《藝活乙編》亦見於《湖州府志》引《湖錄》的著錄，惟今已不見，推測其內容或爲詩文評論之屬。

附：無法分期的「已佚」詩話

杜詩話

不著卷數，劉廷鑾著，佚。

劉廷鑾，生平不詳。是書見周采泉《杜集書錄》引朝鮮人所輯《皇明遺民傳稿》卷六〈劉廷鑾傳〉著錄，蔡鎮楚《石竹山房詩話論稿》亦收錄於〈明代詩話考略〉。此書未見，應已亡佚。

詩膾

八卷，陳雲式纂輯，存佚不詳。

陳雲式，字定之，浙江錢塘人，生平不詳。是書見《欽定文獻通考經籍考》及《四庫全書總目》卷一九七〈詩文評類存目〉著錄，今則未見，或已佚失。據《總目》謂：「是書凡分二十四類，皆雜採諸家詩話為之，而諱其出處，漫無持擇，亦無所考證」，可見是書之大概。

五言括論

十卷，石一鼇著，疑佚。

石一鼇，生平不詳。《千頃堂書目》謂其字巨卿，太倉人，著有《五言括論》十卷。是書今未見，疑佚。

雲谷詩話

不著卷數，張廷用著，疑佚。

　　張廷用，生平不詳。《千頃堂書目》卷三二「文史」類著錄：「張廷用《雲谷詩話》」，其下有小字註云：「澄城人」。是書今未見，疑佚。

深省堂詩話

　　不著卷數，李天植著，疑佚。

　　李天植，浙江嘉興人，生平、字號均不詳。查過庭訓《明分省人物考》卷四一有李天植者，其字性甫，別號沖涵，隆慶五年（1571）進士，爲廣德州人。按，廣德州爲今安徽廣德縣，應非嘉興之李天植。是書見光緒五年（1879）刊《嘉興府志》卷八一〈經籍二・詩文評〉著錄，不知曾否刊行。

詩家心法

　　不著卷數，李爵著，疑佚。

　　李爵，安徽祁門人，生平不詳。《詩家心法》見乾隆三年（1738）刊《江南通志》卷二九二〈藝文志・子部・雜說〉及光緒三年（1877）刊《安徽通志》卷三四六〈藝文志・集部・詩文評類〉著錄。今未見，疑佚。

古今詩話

　　不著卷數，季汝虞著，疑佚。

　　季汝虞，江西南豐人，生平不詳。是書見光緒七年（1881）刊《江西通志》卷一一二〈藝文略〉著錄。今未見，疑佚。

百家詩評

　　不著卷數，季汝虞著，疑佚。

　　季汝虞著有《古今詩話》，已見前。是書見於光緒七年（1881）刊《江西通志》卷一一二〈藝文略〉著錄。今未見，疑佚。

古今詩話

　　不著卷數，金志堅著，疑佚。

　　金志堅，字貞吾，江蘇高郵人。道光二十五年（1845）重刊《高郵州志》卷十上〈文苑〉有傳，謂其貌甚偉，長鬚，言行僅守禮儀，事母至孝，嘗七

次入秋闈而不遇，以教書爲業，嚴而有法，纂錄之著作包括《大學衍義》、《通鑑提綱》、《古今詩話》、《詞海說叢》、《姓氏纂》、《讀書隨筆》等數百卷。另，清嘉慶十五年（1810）刊《揚州府志》卷六二〈藝文・集部・雜類〉亦著錄云：「《古今詩話》，明金志堅撰」，惟未附小傳。《古今詩話》今未見，疑佚。

詩評集句

不著卷數，未刊稿，鄔茂材著，佚。

鄔茂材，字希周，又字名山，福建麟洋人。民國十一年鉛印《永泰縣志》卷九〈文苑傳〉，引舊志謂其由選貢官興國州州判，詩有盛唐遺風，著作則有《燕游草》、《海內紀游草》、《東甌草》、《詩評集句》、《詩評墨抄》藏於家。知《詩評集句》並未刊行，應已亡佚。此書另見同治十一年（1872）刊《福建通志》卷六九〈經籍〉著錄。

詩評墨抄

不著卷數，未刊稿，鄔茂材著，佚。

鄔茂材著有《詩評集句》，已見前。是書亦見前引《永泰縣志》及《福建通志》，藏於家，並未刊行，應已亡佚。

聞見詩律鉤玄

不著卷數，孫陽著，疑佚。

孫陽，字士輝，安徽休寧人。道光七年（1827）刊《徽州府志》卷一二之六〈人物志・附風雅〉謂其「穎敏能詩，所著有《蚓鳴稿》、《聞見詩律鉤元》、《皇明正音》、《新安文粹》」，《聞見詩律鉤元》之「元」字應爲「玄」字，蓋避諱也。是書亦見光緒三年（1877）重修《安徽通志》卷三四六〈藝文志・集部・詩文評類〉，惟書名作「聞見詩律鉤」，或亦因避諱而省字。是書內容不詳，亦不知是否刊行。

完白齋詩話

不著卷數，查光懷著，存佚不詳。

查光懷，徽州人，生平不詳。是書見《徽州書目彙編》著錄，筆者未見，

不知其存佚情形。

清居詩話

不著卷數，項嘉謨著，疑佚。

項嘉謨，浙江嘉興人，生平不詳。是書見光緒五年（1879）刊《嘉興府志》卷八一〈經籍〉二引《嘉禾徵獻錄》著錄，今未見，不知曾否刊刻行世？

迂叟詩話

不著卷數，周敬著，疑佚。

周敬，字尚禮，號迂叟，浙江海寧人，生平不詳。是書見民國十一年鉛印清龔嘉雋修《杭州府志》卷九五〈藝文十〉著錄，今未見，疑已佚失。按，宋詩話有《迂齋詩話》，又名《迂叟詩話》，著錄於《說郛》中，僅五則，不著撰人姓名，郭紹虞《宋詩話考》中卷有簡要的論述。此書與周敬《迂叟詩話》是否為一書，或只是同名而已，已難以考求，姑且附見於此。

詩學正旨

不著卷數，楊徵元著，疑佚。

楊徵元，江蘇嘉定人，生平不詳。是書見《萬曆嘉定縣志》卷二二、康熙十二年（1673）刊《嘉定縣志》卷二四及康熙三十二年（1693）刊《蘇州府志》卷四五〈藝文〉著錄。今未見，疑佚。

詩法初津

不著卷數，葉弘勳著，疑佚。

葉弘勳，江蘇蘇州人，生平不詳。是書見光緒九年（1883）刊《蘇州府志》卷一三六〈藝文〉一著錄，然今未見，不知曾否刊刻。葉弘勳另著有《莊子註》、《唐詩選平》、《僅汐軒稿》。

詩話

一卷，浮白齋主人著，疑佚。

浮白齋主人，不詳何人。是書見宋隆發〈詩話總目匯編〉著錄，並謂有明刊本，然不見其他書目著錄，不知到底為何書，姑且附載於此。

蘇氏璇璣詩讀法

不著卷數，程先民著，疑佚。

程先民，生平不詳。是書見《千頃堂書目》卷三二〈文史類〉著錄，並謂程先民爲「浮梁人」（今屬江西）。是書係爲解讀蘇蕙〈璇璣圖詩〉而作，然著錄極簡略，無法見出是書的大概內容，是書今亦未見，疑已佚失。關於蘇蕙詩的創作由來及其讀法，嘉靖中有康萬民著《璿璣圖詩讀法》、《織錦迴文詩譜》二書，已加以析論，前者並刊入《四庫全書》。

枕山樓詩話

卷數不詳，陳元輔著，存佚不詳。

陳元輔，生平不詳。是書見蔡鎮楚《石竹山房詩話論稿》之〈明代詩話考略〉著錄，其謂是書存佚不詳，亦未見諸家著錄，「唯日人津阪孝綽《夜航詩話》卷五、日尾約《詩格刊談》卷下多次稱引，題作明陳元輔《枕山樓詩話》」。

《石竹山房詩話論稿》之〈日本詩話考略〉所著錄《夜航詩話》云：「津阪孝綽撰，六卷，存。是書論辨詩之故典、韻法、句法、字法、詩話等。日本文政八年（1825）刊本，今有《日本詩話叢書》第二冊本」。〔註 1〕該書另著錄《詩格刊誤》，此書名與前引《詩格刊談》不同，「談」或爲誤字，其著錄謂：「日尾約（省齋）撰，二卷，存。上卷論古詩韻法、平仄、古韻；下卷論拗句、律韻。日本嘉永三年（1850）刊，今有《日本詩話叢書》第一冊影刊本」。由上述著錄可見，日本《夜航詩話》、《詩格刊誤》均爲詩法之書，且其刊行時間相當於清道光五年（1825）、道光三十年（1850），陳元輔《枕山樓詩話》爲二書所稱引論辨，但卻不見其他著錄，頗堪玩味。〔註 2〕

〔註 1〕 是書又有《夜航餘話》二卷之續刊，收錄詩話一百十五則，有日本天保七年（1836）與《夜航詩話》合刊之本、又有《東陽先生文集》本、《日本詩話叢書》第三冊本、東京岩坡書店 1991 年刊《新日本古典文學大系》揖斐高《夜航餘話》校注本，見《石竹山房詩話論稿》之〈日本詩話考略〉。

〔註 2〕 《石竹山房詩話論稿》之〈日本詩話考略〉又著錄日本奧田三角所著《枕山樓詩話》，其云：「《枕山樓詩話》，奧田三角（？～1783）撰，卷數未詳，存佚未詳。有刊本。日本船津富彥《中國詩話四研究》（按，此書名或應作「中國四詩話研究」）附編《日本四詩話》著錄，韓國趙鍾業《中韓日詩話比較研究》承述之，未見」。奧田三角之卒年相當於乾隆四十八年（1783），不知與陳元輔《枕山樓詩話》有無關係？

第五編　結　論

第一章　明代詩話的特色

　　本論文著錄與考述的明代詩話數量，分別是現存者一百四十三種、後人所纂輯者三十八種、已佚或疑佚者一百三十六種，合計三百一十七種。若以明代詩話的初、中、晚三個分期來統計，則可以下表來表示：

	初　　期	中　　期	晚　　期	無法分期	合　　計
現存	20	47	70	6	143
後人纂輯	6	17	14	1	38
已佚	23	43	50	20	136
總計	49	107	134	27	317

從上述的數字可以發現，明代詩話的撰編與刊刻的高峰，是在明代晚期，其次是明代中期。若以皇帝年號來看，則嘉靖與萬曆兩個時期是明代詩話產量最豐的時期，這不僅因為明世宗、明神宗的在位時間分別為四十五年、四十八年，容易累積詩話的數量，最主要也是嘉靖到萬曆間，詩壇的人文薈萃、思潮蜂起，刻書業的興盛也有推波助瀾的效果。

　　三百一十七種明代詩話之中，除有目無書或已經佚失等情形，無法考述及評價其內容之外，其餘均盡可能搜求原書及版本。特別是臺灣所典藏者，均分別考述其作者生平、書目著錄、版本傳刻與存佚情況、內容要點與詩學主張，並予以析評，〔註1〕儘量將每一部詩話都當作單篇論文處理。〔註2〕部

〔註1〕本論文以明代詩話的考述為主，分別考述「作者生平」、「書目著錄情形」、「版本傳刻與存佚情況」、「內容要點與詩學主張」等，論述的先後順序，只是著錄體例上的方便，並不代表重要性，例如先考述明代詩話的作者，並不在凸顯作者「主宰」著作的力量，而最後才評價著作，也不意味「評價」的「可

分難於一見的海外所藏孤本,則註明「未見」,以示負責,並作爲日後繼續搜求的根據。以下以明代詩話的三個分期,來總結探看明代詩話的特色。

第一節　明代初期詩話的特色

　　明代初期國家初定,對於知識分子嚴格鉗制,以八股文舉士,就是相當嚴密的思想牢籠。然而,詩歌到底是中國最傳統也最重要的書寫,明代的立國基本上是對中國傳統的興復,詩歌創作是興復,詩話的撰作自然也是,只是剛邁開的步伐保守而謹愼,所以明代初期詩話的撰作風氣並不興盛,內容也多屬閒散雜談。較特別的是,纂輯前代詩說的彙編有較多方面的開展,這反映明初開創匪易而以延襲前代爲主軸的詩話發展路線。

　　明初詩話的纂輯,有「詩法彙編」、「詩話彙編」兩種主要形式。「詩法彙編」係承襲著元代鑽研詩法的風氣,側重於唐代以來詩格、詩式與詩法之類著作的纂輯與傳刊,且以「不傳之祕」來加以標榜。如懷悅所輯《詩法源流》,前面保留元人楊載(仲弘)的序,即強調此詩法係傳自杜甫九世孫杜舉,歷來罕傳,得之不易,凸顯其珍貴性。懷悅彙集元代傳與礪《詩法正論》、盧摯《詩法家數》、楊載《詩法》等書,「化零爲整」的加以輯刊流傳,日後被王用章《詩法源流》、朱紱《名家詩法彙編》等陸續吸納刊行,也與明成化十六年(1480)楊成輯刊的《詩法》進一步彙流,形成詩法彙編的纂刊系統,源遠流長,蔚爲明代詩話的特色。

　　明初的「詩話彙編」,則係承繼宋代阮閱《詩話總龜》、胡仔《苕溪漁隱叢話》等的分類摘鈔的纂輯方式,纂輯的內容主要來自前代的詩話、語錄、筆記、詩集箋註,而非引錄單純的詩歌法式之書,所以篇幅較爲龐大,內容也較「詩法彙編」豐富。重要的代表作品包括南溪所輯《南溪筆錄群賢詩話》、周敍所輯《詩學梯航》、單宇所輯《菊坡叢話》等,各書纂輯的來源不同,分類亦有別,纂編手法則有日漸成熟的趨勢。如明初的《南溪筆錄群賢詩

有可無」。謹此說明。

〔註 2〕　本論文嘗試將各詩話作「單篇論文」式的探討,無可避免的因爲面對一條詩話的長河,其中有珍珠魚貝,也有泥沙濁水,而影響著對各詩話考述的詳略。內容精彩、深具特色的詩話,自然論述較多;有目無書或內容無法考知的詩話,論述則少。但其中具特別意義者,如明代晚期方維儀所著《宮閨詩評》,即使只有蛛絲馬跡可考,亦盡力研求。謹此註明。

話〉，輯錄《葛常之詩話》、《唐子西語錄》、《文昌雜錄》、「蕭禹道詩序」、杜甫詩「歲暮行詩注」、李白詩「士贄詩註」、「芷堂劉光庭自昭云」等，保存不少資料，但門類區分含混，且內容蕪雜，資料出處的著錄也見標新立異、前後不一的情形，實不易檢索利用。

寫於成化元年（1465）的《菊坡叢話》，則是巧妙結合「類書」、「詩話彙編」、「詩法彙編」的纂輯形式，區分「天文類」、「文史類」、「花木類」、「器用類」、「人物類」、「婚姻類」等二十六個類目，編入相關詩人詩事與詩作的記載。其中「文史類」輯錄《六一詩話》、《學齋佔畢》、《溫公詩話》、《誠齋詩話》等書的詩事隨筆與記錄，是詩話的彙編；「詩法類」則輯錄「誠齋翻案法」、「江左體」、「促句法」、「進退格」、「雙聲疊韻」等各式體製與詩法，纂輯的來源雖是《西清詩話》、《詩學禁臠》、《學林新編》、《漫叟詩話》、《苕溪漁隱叢話》等，卻儼然是小型的詩法彙編，顯見其纂輯方式的彈性與纂輯態度的開放。

成化間周敍整編其父所著《詩學梯航》，區分「敍詩」、「辨格」、「命題」、「述作」、「品藻」和「通論」六類，分別論述詩歌的源流與發展、古今詩格變化、品析歷代著名詩人的風格、詩歌創作的原則與方法等等，言有重心。但此書標榜為先君周子霖、王汝嘉所自著，卻屢見剽取前人論詩精華，如宋敖陶孫的《詩評》、姜夔的《白石道人詩說》等，並未註明出處，使得是書雖為「自著」，實不乏彙集前人之說者，真為疵病。因此，著錄的不明、分類的隨意、採錄詩條的草率，或是任意剽奪，都使得編纂詩話人人可為，實為「詩話彙編」（包括「詩法彙編」）的弊病。所以明代中、晚期雖有梁橋《冰川詩式》、俞允文《名賢詩評》、王昌會《詩話類編》等相繼的纂刊，卻也另外產生能夠完整保存詩話原貌的纂輯新體例──「詩話叢書」，而且成為明代具有創例意義的詩話編刊方式，影響下及清代與民國。〔註3〕

除了各式的彙編之外，明初在詩話撰著方面的成績並不顯著。較值得注意的是，明代初期已經確立了以尊唐為主的詩話內容，像王經寫作專門品評唐詩的《唐詩評》，而朱奠培的《松竹軒詩評》，全書一百四十五條，品評自

〔註3〕「詩話彙編」雖被「詩話叢書」多有取代，但民國之後仍有重要的纂輯。一九五九年，臺大中文系臺靜農教授集合助理與學生，編纂《百種詩話類編》，據何文煥《歷代詩話》、丁福保《續歷代詩話》及《清詩話》三書，外加趙翼《甌北詩話》、翁方綱《石洲詩話》，將各書內容打散重新彙編，分八類統攝，以利讀者查檢觀覽。此書費時十餘年，於一九七四年由藝文印書館出版。

漢、魏至金、元的詩家近二百人，其中品評唐代詩家就達百餘人，也充分顯示「尊唐」的觀點。前述周敘《詩學梯航》中的「品藻」類，品析上起魏武帝，下至唐代著名詩人的風格，就根本不及於宋代詩人，其理由是：「夫宋以來，豈無作者？時代既殊，聲韻不協，已無取式，何必繁文？」所以，瞿佑《歸田詩話》卷上「鼓吹續音」條謂：「世人但知宗唐，於宋則棄不取，眾口一辭，至有詩盛於唐壞於宋之說，私獨不謂然」的說法，堪稱明初詩壇的實錄，而其「舉世宗唐恐未公」的觀念也就顯得相當獨特。

第二節　明代中期詩話的特色

明代弘治、正德、嘉靖、隆慶四朝，是復古詩說主領詩壇風騷的時期。其中，成化、弘治之間主要是李東陽及所主導的茶陵派最盛時期，他們歌詩談文論藝的活動，在李東陽《懷麓堂詩話》有所記錄，此書同時也是茶陵派最具理論性、代表性的詩話，其內容對於嚴羽詩說及明初尊唐風氣有所繼承，對於詩歌法度聲調加以探求與強調，開啟明代格調論詩的風氣。

此時另有一股性理詩的寫作風潮，代表人物之一的陳獻章，也有詩話的流傳，那是由其弟子湛若水纂輯評釋的《詩教外傳》。然陳獻章雖宗擊壤，源出柴桑，但其論詩有云：「論詩當論性情，論性情先論風韻，無風韻則無詩矣」，強調詩歌的情真與情味，與明代晚期葉廷秀《詩譚》全以性理、道學說詩相較，是較為重視詩歌藝術性的。

弘治七年（1494）李夢陽中進士，弘治十五年（1502）何景明中進士，弘治十八年（1505）徐禎卿中進士，開啟復古詩說的第一次高潮。《明史・文苑傳序》謂：「弘、正之間，李東陽出入宋、元，溯流唐代，擅聲館閣。而李夢陽、何景明倡言復古，文自西京、詩自中唐而下，一切吐棄。操觚談藝之士翕然宗之，明之詩文於斯一變」，說明弘治、正德間詩文的震盪變化情形。徐禎卿的《談藝錄》是當時最重要的詩話，其內容主要係講論古詩，所以推尊「古詩三百，可以博其趣；遺篇十九，可以約其趣；樂府雄高，可以屬其氣；離騷深永，可以裨其思」。又謂「魏詩，門戶也；漢詩，堂奧也。入戶升堂，固其機也」。不過，該書最為人注目的是強調「情」對於詩歌的作用，主張「因情立格」，情有多方，格就有多體，樹立復古派在詩歌創作品論上較高層次的追求理想，成為明代詩論者眼中「可並《雕龍》」、「以易百世，其言不

易矣」〔註4〕的不刊之論。

　　弘治、嘉靖年間，也有其他的論詩走向，如楊慎在〈李前渠詩引〉一文中提出「人人有詩，代代有詩」的觀念，其《升庵詩話》卷四「江總怨詩」條即云：「六朝之詩，多是樂府，絕句之體未純，然高妙奇麗，良不可及」。同卷「宋人絕句」條云：「宋詩信不如唐，然其間豈無可匹體者，在選者的眼力耳」。游潛《夢蕉詩話》亦有云：「近又見胡纘宗氏作〈重刻杜詩後序〉，乃直謂『唐有詩，宋元無詩』，『無』之一字，是何視蘇黃公之小也，知量者將謂之何？」都穆《南濠詩話》也是「別具一識」的「雅意於宋」。皇甫汸的《解頤新語》，論詩頗有吳風，也上繼同鄉徐禎卿的風格，所以兼重漢魏、六朝與杜甫，其詩話更以六朝的藻麗文字來書寫，被何良俊贊許爲「不但文字藻麗，而詮品亦精確，可爲詩家指南」，是當時很獨特且在士大夫間相當流行的一部詩話。

　　明代中期也出現許多以品評爲內容的詩話，這是紹承鍾嶸《詩品》以來的著作風氣。宋代有敖陶孫《詩評》、張舜民《芸叟詩評》、蔡絛《百衲詩評》、喻良能《喻良能評詩》等的撰作。明代初期曾有朱奠培《松石軒詩評》的撰寫，到明代中期則有進一步的發展，出現許多不同的、新的撰作方式：有專評一代的詩評，如徐獻忠《唐詩品》、王世貞《全唐詩說》；有專評當代的詩評，如徐泰《詩談》、王世貞的《明詩評》及《國朝詩評》；有專就詩體加以品評的詩評，如莊一俊《詠史詩序評》、黃省曾《古詩評》等等，開展了「詩評」更寬廣的論述方式，也藉由「詩評」申張自己的詩學見解。

　　嘉靖二十三年（1544）李攀龍中進士，嘉靖二十六年（1547）王世貞中進士，後七子活動最興盛的時期就此開展。他們在詩話方面的建樹，以謝榛《四溟詩話》、王世貞《藝苑卮言》爲主。《四溟詩話》對於詩歌的創作法則提出許多新的歸納，也在格調的申說中加入性靈與神韻的因素，以爲詩有興、趣、意、理四格，而以「興」爲前提，強調「凡作詩，悲歡皆由乎興，非興則造語弗工」，於詩歌鑑賞則提出「詩有可解、不可解、不必解，若水月鏡花，勿泥其跡可也」的著名理論，說明詩歌有縹緲悠遠的審美情趣，不必強自說解。由於與儒家傳統說詩方法相違背，所以被時人蔣冕、俞弁批評：「詩而至

〔註4〕胡應麟《詩藪》〈內編・古體中・五言〉謂：「明則昌穀《談藝》可並《雕龍》，廷禮《正聲》無慚《文選》」。〈外編二・六朝〉云：「昌穀論三代詩，絕得肯綮，以俟百世，其言無易矣」。

－465－

於不可解是何說邪？且《三百篇》何嘗有不可解者哉」。在清代也引起正、反兩方面的影響，葉燮、吳雷發、何文煥等都加入討論的行列。

《藝苑卮言》主要體現王世貞早期的詩學主張，他在格調詩說中注入「才」、「思」的概念以爲基礎，強調「格」由「調」中而來，「調」又係從「思」中來，「思」則由「才」中來，以避免格調成爲機械性的模擬。所以他在盛讚李夢陽、李攀龍的同時，批評李夢陽「模仿多，則牽合而傷跡」、李攀龍的擬古樂府「似臨摹帖耳」，並非偶然。該書也提出「詩匠宜高」、「捃拾宜博」，巧妙結合嚴羽「入門須正，立志須高」、「醞釀胸中，久之自然悟入」及李夢陽「勸人勿讀唐以後文」諸說，成爲復古論者的典律。在詩歌鑒賞方面，則是發揮嚴羽「羚羊挂角，無跡可求」的詩說，識出西京、建安「神與境會，忽然而來，渾然而就，無歧級可尋，無色聲可指」的美感，這點與謝榛的說法是接近的，王世貞進而追求詩歌書寫上的自然，爲「詩匠宜高」、「捃拾宜博」等種種復古的努力，樹立一個追求渾成無跡的自然境界。

第三節　明代晚期詩話的特色

隆慶四年（1570）李攀龍過世，復古勢力開始發生變化。到萬曆十八年（1590）王世貞卒，復古派進一步衰退，然修正、統合的努力也持續進行。萬曆初年李贄、徐渭等標舉個人的適性任情，挑戰禮教，追求逸樂、狂放的審美情趣，凝聚於詩學觀念與創作之上。王世貞卒後五年，袁宏道寫作〈敘小修詩〉，就提出「獨抒性靈，不拘格套」，批評復古派文必準於秦漢、詩必準於盛唐，剽襲模擬，影響步趨的弊病，而江盈科也在萬曆二十六年（1598）開始陸續裒集寫作《雪濤小書》，至萬曆三十二年（1604）成書，這是公安派最具代表的詩話。萬曆三十二年（1604），譚元春過訪鍾惺，萬曆三十八年（1610）鍾惺中進士，又掀起竟陵派的風潮，二人所選評的《詩歸》洛陽紙貴。用意在懲袁氏、鍾氏之非的許學夷《詩源辨體》，在萬曆二十一年（1593）開始撰寫，這部書在萬曆四十一年（1613）之前已在吳中傳鈔，全書又花了二十年的時間增補，在崇禎五年（1632）方才訂稿。除此之外，陸時雍的《詩鏡總論》也在崇禎年間撰作完成。

所以，明代晚期是一個思想解放的時期，不但復古詩說持續的進行修正與總結，產生內容及卷帙都極爲豐富、撰作態度至爲嚴謹的詩話著作，而性

靈詩說亦有充分的發展，形成足以與復古詩說並峙的局面。同時，神韻詩說也逐漸受到重視與講論。在這樣詩學思想與理論薈萃激盪的情況下，晚明詩話的撰刊達到高峰，詩話的內容也多樣而精彩。

在這個時期，復古派的追隨者中致力詩話撰編者不乏其人，如蔣一葵著有《詩評》、周子文編有《藝藪談宗》、鄧雲霄著有《冷邸小言》等。利用詩話的撰編提出對復古派的修正意見者，也採取不同的角度立論，如王世懋的《藝圃擷餘》，雖仍強調「作古詩先須辨體」、「唐律由初而盛，由盛而中，由中而晚，時代格調，故自必不可同」，但也說「予謂今之作者但須真才實學，本性求情，且莫理論格調」。

著有《排律辨體》的經學家孫鑛，則指出王世貞、汪道昆等縱橫為古所造成「不真」、「不正大」的弊病，但他卻非公安派一路，因為他認為「自空同倡為漢魏盛唐之說，大曆以下悉捐棄，天下靡然從之，此最是正路，無可議者」，所以他是以標榜李夢陽來矯正王世貞等人的缺失。此外，孫鑛也以「評經」的活動來調和並解決詩學爭議，視經典為解決問題的萬靈丹，足以涵融復古與公安、道學與辭章、詩論與文論之間的論爭。可見晚明詩論是人人可參與、可發揮的豐富天地。

復古派中亦逐漸發展出具有集大成地位的詩話，其中以胡應麟的《詩藪》最具影響力，許學夷的《詩源辨體》雖然成書在後，且標榜「尋源流，考正變」，其規模體例的完整、撰著態度的嚴謹，較之《詩藪》均不遑多讓，然就影響力來看，實不及《詩藪》。《詩藪》兼論古、今體詩，也暢論評述周、漢、六朝、唐、宋、元以及當代自洪武迄嘉靖間的詩作，另外對於歷代詩人的詩集、總集、亡佚的篇章，以及歷來復古詩家的言論等等，都予以記錄或評論，可以說是綜合探看詩學的發展與現象。不過，「集大成」的另一個面向是保守與因襲，所以《詩藪》在理論的建樹上不強，其對王世貞等復古詩家的過高評價，也是該書的一個爭議點。

另一部具有影響力以及集大成性質的詩話是胡震亨的《唐音癸籤》，他以唐詩為角度，分類纂輯歷代評論唐詩的言論以及相關詩話著作，再加入自己研究唐詩的心得，成就一本論述集中、體例明確的詩話。此書與《詩藪》、《詩源辨體》都突破「詩話」的閒談隨筆、記事考證或漫無統際的成規，締造文學批評史上難得成就。

明代晚期詩話眾多，也出現多樣的詩學言論。如前引江盈科《雪濤詩評》，

提出「夫爲詩者，若係眞詩，雖不盡佳，亦必有趣；若出于假，非必不佳，即佳亦自無趣」及「乃知眞詩自古，不在模古」的言論，也曾給予關中婦人詩以「此等語取之目前，要自古雅暢快，有三百篇之風」的高評價，所以特別撰作《閨秀詩評》，表彰品評女性的詩作，以針砭當日剿襲泥古的詩壇風氣。

王文祿《詩的》由對崇杜、學杜時尙的思索，提出「杜詩意在前，詩在後，故能感動人。今人詩在前，意在後，不能感動人」的看法，以爲「詩貴眞，乃有神，方可傳久」。他並提出「假詩」之說，以爲：「詩言志，亶然哉。有是志則有是詩，勉強爲之皆假詩也」。

郝敬《藝圃傖談》針對公安、竟陵的詩說，提出：「近時評詩嫌『熟』，『熟』自是佳境，若以腐濫目『熟』，是不知『熟』也，以『生澀』爲佳，是不知詩也。溫柔正在熟，敦厚不在生澀，除卻此四字，千古無詩」。他將眞情實性的推求，益以義理的制約，強調「溫柔敦厚」的重要，更進而提出「眞詩」、「假詩」、「浮詩」、「鈍詩」的分別：「凡詩辭、情、境三者合，乃爲『眞詩』。辭、情合，境不合，爲『假詩』。辭與境合，情不合，爲『浮詩』。情、境合，辭不合，爲『鈍詩』」。

馮時可在《藝海泂酌》則針對詩歌的批評與賞鑑，對王世貞提出質疑。如〈晉乘〉卷一，針對王世貞評陸機：「陸不在多，而在模擬，寡自然之致」，以爲「然其集固在模擬，不免亦有獨運」。同卷又引王世貞評傅玄擬張衡〈四愁詩〉爲「大是笑資」等語，而謂：「雖然，玄佳處亦多，豈可以短而廢長」，主張詩歌的批評應該力求全面而客觀，不可偏執立論。

著有《小草齋詩話》的謝肇淛，面對萬曆中、晚期七子復古與公安、竟陵的遞嬗，其論詩經過較爲全面的吸納與思考。有對嚴羽「以禪說詩」與閩人前輩高棅《唐詩品彙》推尊盛唐的堅持，也對詩境「無色無著」加以提倡，又標舉「古今談詩如林，然皆破的，深得詩家三昧者，昔惟嚴滄浪，近有昌穀而已」，指出心之嚮慕。而其在實際的評論上，既批評七子故作俊語夸辭的毛病，又針砭公安淺率之失，廣泛檢討弊病所在，並不確立惟一的詩學眞理，他是晚明紛亂時代下勇於申張自我的文人類型。

陸時雍《詩鏡總論》也是撰著態度愼重、言之有物的詩話，書中對於詩歌獨特的藝術美有多方面的推求。明代晚期除了小家詩話的爭相綻放異彩，詩話的纂輯、彙編、叢書亦多。如方以智《通雅詩話》，評說當代詩歌創作上的缺失，指出不善學古、故作奇語、拙滯、平熟膚襲等疵病，代表著晚明文

人對當代詩壇所作的回顧與總結。

　　要特別強調的，本論文雖將明代詩話區分爲初期、中期、晚期，但並非每個時期各自獨立、絕然判分，其間的過渡與演變是漸進的。例如列爲明代中期的李東陽《懷麓堂詩話》，是講論詩歌格調的起始，然而李東陽的詩學言論與詩學活動，是以成化、弘治之間爲舞臺，所以他是介乎明代初期與中期的重要詩學人物，從此明代詩話也脫去明代初期的生澀及以規仿前代爲主要內容的階段，轉而更加多方推求格調詩法、兼重悟入，掀起復古的風潮。

　　又如，王世貞、李攀龍等後七子，在嘉靖中期及隆慶年間聲勢最高，所以後七子又稱「嘉隆七子」。而明代中期詩話最重要的特色，就是前、後七子所引領的兩次復古高峰，以及交織喧嘩的詩學批評與論述。但後七子的影響力並不隨著萬曆時代的來臨而中斷，反是漸次走向復古詩說的修正與總結，並開啓對於詩歌神韻美感的推求。另一方面，性靈詩說也在嘉、隆之際的徐渭、李贄蘊釀，到公安三袁才形成足以與復古詩說並峙的局面，其後則被鍾惺、譚元春加以修正。所以，明代晚期詩話的特色是復古、性靈、神韻詩說都得到充分的開展，這些崢嶸薈萃的成果，是建立在明人對於詩歌藝術的持續推求之上的。

第二章　明代詩話的詩說體系與價值

第一節　明代詩話的詩說體系

　　前一章是以時間為探看角度，論述明代初、中、晚期的詩話特色，屬於「縱」的剖析。但在總結明代詩話的價值時，有必要另以「橫」的聯結，剖析明代詩話在詩學論述上的努力與建樹。因此，本節將提綱挈領的勾勒明代詩話在內容上所呈現的主要詩說體系，並見其對清代詩話撰作的啟迪作用，以及對詩學的貢獻。

　　須說明的是，明代詩話並不是每一部都具有獨特或完整的理論建樹（當然其他時代的詩話著作也存在相同的情形），改編或因襲前人舊說者所在多有。何況詩話原本是個極自由的書寫方式，內容各有偏重，並不一定必須承載詩學理論的內容。所以，本節選擇理論較為鮮明的明代詩話進行析論，至於明代詩話在數量上的超越前代、在詩話體例上的開創，以及對清代與現今詩話論述的引領作用等等，則在下一節「明代詩話的價值」再予綜合探討。

　　明代詩話的詩說體系，主要以復古詩說、〔註 1〕性靈詩說為兩大主要系統，這兩大系統又引逗出對詩歌「神韻」的推求，進而為清人加以截取、推演或發揚，成為清代具代表性的詩說。

一、復古詩說的理論體系

　　復古詩說可謂明代詩話理論體系的主軸，故此類詩話數量最夥，內容變

〔註 1〕此處使用「復古詩說」的詞彙，而不使用「格調」二字，基本上是認定「復古」兼有理論與行動的意涵，又能兼該「格調」的意義，且較之明白易懂。

化最多端，且論述較爲精彩。推究其原因，應與復古詩說講求詩法、考究格調，必須借助詩話，建立復古的宗主、學古的門徑以及學詩的方法，以供創作者依循有關。

復古詩說中最爲基礎、可能也是層次較低的詩話，就是明初以來纂刊不絕如縷的詩法彙編。如朱權《西江詩法》、周敘《詩學梯航》、懷悅《詩法源流》、黃溥《詩學權輿》、楊成《詩法》、王用章《詩法源流》、黃省曾《名家詩法》、梁橋《冰川詩式》、王檟《詩法指南》、朱紱《名家詩法彙編》、茅一相《欣賞詩法》、李贄《騷壇千金訣》、謝天瑞《詩法大成》、汪彪《全相萬家詩法》等等。各書撰輯手法或有異同、內容或有分合，但大都承繼著前代鑽研詩法的風氣，吸納整編唐、宋、元人所著詩法、詩式、詩格的精華，建立以唐詩爲主體（特別是兼納眾體、技巧高超的杜詩）的詩學典範，與近體詩書寫的格套，提供摹擬寫作的範本。這些詩法彙編以「復古」的實際行動，肩負著詩學啓蒙的任務，也使得「詩話」擺脫隨筆閒談的性質，向詩法更加探求。

復古詩說向更高層次進展，是對「格調」進行較系統性的推闡。李東陽的《懷麓堂詩話》具有前導地位，他兼融嚴羽《滄浪詩話》與高棅《唐詩品彙》等前人詩說的精要，以及自己的創作經驗，首先要求嚴格區分古詩與律詩的不同體製，並探討分辨歷代詩歌風格及作家個人風格的方法，提倡「具眼」、「具耳」，亦即從體製、聲調雙管齊下的省視與鑑別。然而，李東陽的復古其實是溫和的、廣泛的學習前代，包括宋、元的詩家都得到他的稱揚與仿效，因而未能明確指出復古標的、樹立鮮明旗幟。要到李夢陽、何景明等「前七子」，王世貞、李攀龍等「後七子」，以向漢魏盛唐、向杜甫學習等嚴格的口號與身體立行，才以十足的霸氣，開創復古詩說的兩次高峰。

復古詩說的理論體系中，著重宣示尊法漢魏的路數者，以徐禎卿的《談藝錄》最具代表性，主張「魏詩，門戶也；漢詩，堂奧也，入戶升堂，固其機也」，以對漢魏古詩的分析與讚頌，指出復古取法的標的。但他兼納吳中論詩純任性情、講究興致趣味的特色，強調情爲詩之源，「因情立格」，亦即情的作用在先，格調的形成在後，以情的抒發爲內在基礎，與詩歌規矩法度互爲協調，這種帶有彈性的復古主張，可謂深具特色。

閔文振《蘭莊詩話》主張向《三百篇》及漢魏古詩學習，但其清楚認知到「世風日下，好尙隨之，詩之不能復古，宜哉」，可謂爲師法漢魏的復古詩

說加上較圓融的「但書」。陳德文《石陽山人蠡海》在極力推尊性情之正的同時，對於時人學習漢魏詩一以蕭統《昭明文選》爲依歸，號稱「選體」，提出不同的思考。他以爲蕭統「以六朝委靡之聲，綺麗之習，尚論於漢魏，選掄其篇詩，混紫爲朱，列鄭于雅」，而世乃翕然宗之，眞不知是何緣故？他感歎「兩漢三國之詩，恐不止此數篇，蓋經統刪後，貴耳賤目者，因舉而棄置之，希響寂寥，遺慨千古」。陳德文指出當世所謂師法漢魏，實際是片面的師法蕭統《昭明文選》所選的漢魏詩，而非眞正涵泳、取法於漢魏詩的廣大天地。他的詩說雖屬小家，卻對詩法漢魏的復古詩說提出珍貴的反省。

近體詩尊唐的路線，則是明代復古詩說的最主要內容，環繞在尊唐議題的相關討論，包括由尊唐思考詩歌的本質、由尊唐考究詩歌的美感呈現、由尊唐衍出創作的法則、由尊唐提出作家的品評等等，從而交織建構出明代詩話層次最多也最輝煌的業績。其中如何景明等力主尊盛唐，而詆訶「宋無詩」，引爆唐、宋詩的論爭，而安磐《頤山詩話》即以「漢無騷，唐無選，宋無律」爲命題，有謂：「所謂『無』者，非眞無也，或有矣而不純，或純矣而不多，雖謂之『無』亦可也」，正好補益了何景明的說法。

尊唐的路線中，又有更加嚴格宗法盛唐的主張。如王世貞在《全唐詩說》極力推崇初、盛唐詩，並仔細標舉各種詩體的學習標的，如云：「五言律、七言歌行，子美神矣，七言律聖矣；五、七言絕，太白神矣，七言歌行聖矣，五言次之。太白之七言律、子美之七言絕句皆變體，閒爲之可也，不足多法也」，就以李、杜詩爲喻，由正、反面指出各種詩體的典範，以利於學習取法。謝榛《四溟詩話》則以初、盛唐十四詩家的學習與仿效加以說明，指出十四家咸足爲法，但復古並非蹈襲古人，而是要「化陳腐爲新奇」，要於「十四家又添一家」，於是他也衍出「學釀蜜法」，以「蜂采百花爲蜜，其味自別，使人莫之辨也」，作爲復古的最終境界，其說與何景明的「捨筏達岸」之說可謂前後呼應。其後胡應麟《詩藪》也推衍之，指出明代的詩歌就在紹承與兼融前代詩歌體製與風格，集其大成，進而超越宋、元，與漢、唐鼎足爲詩歌的三大盛世。所以，復古詩家們由尊唐出發，前仆後繼的以復古爲號召，意欲建構一個詩歌的輝煌時代。

除了推尊盛唐，又有不少詩話針對各別詩家申說推闡，像應該學習杜甫還是李白，就各執一詞。由於杜詩詩體變化多端、法度謹嚴，有利於學習，因此學杜構成尊唐詩說體系的主要基調。如前引李東陽《懷麓堂詩話》、王世

貞《藝苑卮言》、謝榛《四溟詩話》、胡應麟《詩藪》等大家詩話，都經由杜詩的分析，帶出學杜的討論。而如王文祿《詩的》、唐元竑《杜詩攟》、盧世㴶《讀杜私言》等小家詩話，也都有鮮明的擁杜立場。至如楊良弼的《作詩體要》，羅列八十二種詩歌體製，杜甫以「詩備眾體」，成為各種體製的不二典範，楊良弼主張「老杜詩無一首不可法」，甚至杜詩中「重字」、對仗的瑕疵，均以「在老杜可，在他人則不可」一語釋之，其原因居然是「老杜詩無人敢議」，可謂推尊得最過。

相對的，陳沂的《拘虛詩談》為了與北地的崇杜、學杜風氣相抗衡，提出杜詩「如滄海無涯涘可尋，其間蛟龍以至蝦蚌、明珠珊瑚之與砂石，無一不據，要識其所當取」，他話鋒一轉，又謂：「後學茫昧，特拾其粗耳」，直指當世不善學杜的弊病。他指出正確的復古應是「近體必宗開元以前，七言長歌必宗李白，七言律必宗少陵，絕句必以李白為師，縱力不能及，詠味久則入，步正不蹈旁蹊矣」。在陳沂的復古體系中，杜甫並非不能學習，但卻被「稀釋」，只剩「七言律必宗少陵」，李白則獨得「七言長歌」、「絕句」兩項「桂冠」，且其後「縱力不能及，詠味久則入」云云，也係針對李白不易學而發，其說相當獨特。

對於各別詩家的學習，黃甲《獨鑒錄》提出宗唐詩、抑宋詩的主張，卻又左打李白、右攻杜甫，並以「予於二公，頗知彈射，使二公若在，當必以我為知言者」，極為自得自喜，其言論可謂尊唐復古詩家中的狂妄典型。至如萬曆年間蔣一葵寫作《詩評》，由針砭當世詩壇摹仿李攀龍及「爭事剽竊，紛紛刻鶩，至使人厭」的現象，提出自己的復古進程：「余謂學于鱗不如學老杜，學老杜尚不如學盛唐」，將對各別詩家的學習，又放大回歸到對盛世唐詩的廣泛取法。

隨著復古勢力的衰微，復古詩說也不斷的進行修正與總結，除了蔣一葵的省察，也有採取更寬容的態度來看待復古。如王世懋《藝圃擷餘》主張作詩當本才學性情，且莫理論格調，也以「逗」、「變」說解唐律的變化，認為唐律由初、而盛、而中、而晚，原是一種漸進的過程，並非絕然的對立，因此圓融的解決宗主盛唐卻不必為盛唐所侷限的問題。

又如具有總結格調詩說意義的胡應麟《詩藪》，提出「體格聲調」與「興象風神」為作詩之大要。「體格聲調」猶如水與鏡，是可以依循的作詩法則，講究體正格高，要由取法盛唐入手。「興象風神」卻如花與月，無跡可求，須

深入領悟。胡應麟以爲「必水澄鏡明，然後花月宛然」，也就是在推求格調、嫻熟詩法技巧的基礎之下，須更向詩歌的內在錘鍊，使之兼具氣象、風神、神韻。換言之，以盛唐詩歌爲法，就不能只求外表的形似，而必須深入體悟盛唐的渾成氣象與軒舉神韻。

也有以更嚴格的追復唐調，來挽救復古派的頹勢。如殷雲霄處身公安詩說的強烈挑戰，及胡應麟兼融體格聲調與興象風神的修正路數當中，猶自堅持尊盛唐的復古詩說。其《冷邸小言》強調「如欲創奧堂，可不用前人木石，不可不用前人規矩繩墨；恥拾人餘唾矣，能不取音於舌根，轉聲於齒齳，以足語，以手呼，得乎？」他也以花、月爲喻，說明花、月人所共賞，今歲之花非昔時之花，但花樣不殊；今夕之月，即前夕之月，而月境不同，屢賞不厭。他以爲復古是以前人規矩繩墨，寫自然之情、之法、之韻，雖用古而實自用。所謂前人規矩繩墨係指初、盛唐而言，他以吹簫加以說明：

> 初、盛唐詩，樓上之簫也，聽之隨風飄揚，逸韻哀音，沁人腑肺，
> 而殊無指爪唇舌之跡。中晚近耳之簫也，但聞點指摭摘，囈唇舔嗒，
> 何韻之有？即韻亦滯響耳。宋則吹火筒，全然無響，付之祖龍可也。

其將宋詩「付之祖龍」，付諸火炬焚之的看法，雖不免過激，卻見其嚴明唐、宋詩之別的復古立場。殷雲霄的《冷邸小言》雖沒有極廣的流傳，然其極力推服滄浪的「悟」與李夢陽的「法」，又兼融王世貞的「才思格調」與胡應麟的「興象風神」，提出「情、景、氣、格、風、調」六端，作爲詩歌創作的六個面相，凡不符合者則「非詩」也，代表著復古尊唐系統中保守與嚴格的堅持。明代尊唐的復古詩說最後是在許學夷《詩源辨體》、胡震亨《唐音癸籤》兩本詩話中，以不同的思考與撰著方式完成了總結。

除了尊唐詩說中存在著豐富的意涵與變化，明代的復古詩說也不乏以六朝或宋詩爲學習對象的角度。前者以楊愼爲代表，他不但在《千里面譚》中與張含談到七言排律起源於六朝的看法，也強調李白、杜甫的創作都是學《選》詩而來，所以他特別選編《選詩外編》，以見李、杜的本源，並藉此將律詩的學習標的上推到六朝。楊愼的做法，雖引起宗唐的王世貞、胡應麟等復古詩家的批評，卻不乏追隨仰慕者，如朱口藩、何良俊等。其中朱口藩的詩歌創作即取材《文選》、樂府，出入六朝、初唐，所著詩話《七言律細》，今雖存佚不詳，但與楊愼的詩說應有一定關聯。

宗宋的詩說系統，在明代詩話中較無堅實有力的理論呈現。如都穆《南

濠詩話》有謂：「予觀歐、梅、蘇、黃、二陳至石湖、放翁，其詩視唐未可便謂之過，然眞無愧色者也」，並引方孝儒「天曆諸公製作新，力排舊習祖唐人。粗豪未解風沙氣，難詆熙豐作後塵」詩，表達反對崇唐抑宋的立場。但《南濠詩話》的理論性不強，未具與尊唐詩說抗衡的火力，充其量寄寓了對宋詩的同情而已，另外明初瞿佑《歸田詩話》也是類似的同情態度。

　　相形之下，楊愼《升庵詩話》的「蓮花詩」條質疑於何景明「宋無詩」的言論，並以宋詩試之，讓何景明出了糗，反而令人印象深刻。此外，游潛的《夢蕉詩話》有謂：「近又見胡纘宗氏作〈重刻杜詩後序〉，乃直謂『唐有詩，宋元無詩』，『無』之一字，是何視蘇黃公之小也」，顯示「宋元無詩」的詆詞，確爲宗唐、宗宋詩說叫陣的中心議題。游潛以爲宋詩有理趣、元詩有情趣，與當代的詩歌皆各有所就，並直言「非予所可知也」。雖不強作解人，然由對宋、元詩簡單的分析，卻逗引出對宋、元詩的觀察心得，可見其詩觀的包融。

　　明代復古詩說的理論體系，實以尊唐爲主軸，兼有尊漢魏、尊六朝、尊宋元等不同的復古主張。雖論說各有偏重，內容詳略有別，但討論的面向相當寬廣，擴大了詩話承載的範圍與深度。綜觀明人藉由詩話進行復古的申說與推衍，主要有正反兩面的意義：一方面因爲抱持「體以代變，格以代降」的詩學觀念，導致文學的退化；因爲標舉復古、偏執立論，導致摹擬剽竊的流弊，從而使明代的詩歌創作失去新創的動力與藝術的生命。但另一方面又深入而廣泛的致力於詩史的發掘與建立，探討詩歌發展的規律與流派詩家的興衰、成就，思考詩歌的創作法則，思索詩歌藝術的本質與美感，並嘗試建立創作與鑑賞的體系。所以，明代詩話中復古詩說的利弊得失，可以給予不同的探看與評價。

二、性靈詩說的理論體系

　　明代詩話中對於性靈詩說的討論，並不是起始於公安、竟陵派的興起，甚至「童心說」的代表人物——李贄，他的詩話著作《騷壇千金訣》，根本是講論詩法的彙編，內容是要幫助學詩者熟習詩歌格律、寫作技巧，引領初學者入門，並未針對詩歌表情達意、寫作境界等作更高層次的討論，由此可見出復古詩說的影響力，以及當世對之的接受與需求。

　　話雖是如此，但必須肯定的是，公安袁宏道標榜「獨抒性靈，不拘格套，

非從自己胸臆中流出，不肯下筆」的眞詩，方才眞正樹立性靈詩說鮮明的標竿，成爲足以與復古詩說相抗衡的詩說體系與勢力。

在袁宏道標矩「性靈」之前，「性靈」是一個援引自南北朝的文學概念，意指性情懷抱，是個人心靈的情趣抒發，這本是創作詩歌的基礎，因此許多明人的詩話著作，尤其是復古詩說後期的詩話作者，多已提及類似的概念，並加重「性情」的論說份量，甚至強調臨文時心中的意念與情感，要比詩歌體製格調的講求更爲重要。如邵經邦《藝苑玄機》論詩有謂：

　　臨文須將古人谿徑放在一邊，不問先秦兩漢、初盛中晚，且只暢發

　　我胸中一段議論，卻將他言語比併看是如何，如此啓憤，然有增益。

此與袁宏道「詩何必唐，又何必初與盛？要以出自性靈者爲眞詩爾」（江盈科〈敝篋集序〉引）是相似的意見。

又如馮時可《藝海泂酌》〈唐乘〉卷一云：「詩不必於備體，談詩而求備體，文士之鬥靡也。古《三百篇》賦比興皆觸意而出，矢口而成，安知備體？若求體備，便遠於性情」，強調詩歌抒發性情，不必刻意講求於體製的完備，不要被體製所束縛。由於馮時可的立論極爲鮮明，該書在知識分子間頗爲流傳，復古派詩家許學夷即在所著《詩源辨體》中評論：「意在師心，恥於宗古，故盛推韓、蘇而無所避，此中郎之先倡也」，視之爲公安的先聲。至如復古詩說的「修正派」——王世懋，則在文集中稱詩爲「性靈之所託」，其《藝圃擷餘》主張「詩不惟體，顧取諸性情如何耳」、「本性求情，且莫理論格調」，所以袁震宇《明代文學批評史》以其爲「性靈說的萌芽」。

袁宏道標舉性靈詩說，但本身並無詩話專著，所以就明代詩話而言，能夠代表性靈詩說的詩話，主要是江盈科的《雪濤詩評》。該詩話論詩並未直揭「性靈」二字，但以「求眞」爲理念中心，其〈貴眞〉條有謂：「夫爲詩者，若係眞詩，雖不盡佳，亦必有趣；若出于假，非必不佳，即佳亦自無趣」，這裡的「趣」並非傳統深遠、超俗、難以言喻的「趣」，而是一種淺近、活潑、本色的美感，在江盈科看來，這種美感是令人耳目一新而且更加貼近人心、耐人尋味的，是眞詩最可人的地方，此與袁宏道重視「寧今寧俗」、純任本色自然的趣味是一致的。江盈科在〈詩品〉條又強調：「若係眞詩，則一讀其詩，而其人性情，入眼即見。大都其詩瀟灑者，其人必豪快；其詩莊重者，其人必敦厚；其詩飄逸者，其人必風流；……譬如桃梅李杏，望其華便知其樹，惟勦襲掇拾者，醬蒙虎皮，莫可方物」，強烈申言詩須表現性情的主張。

　　江盈科推闡性靈詩說的另一個體現是在《閨秀詩評》，據書前的自序云：「余生平喜讀閨秀詩，然苦易忘，近摘取佳者數首，各爲品題，以見女子自攄胸臆，尚能爲不朽之論，況丈夫乎？」標榜選採與品評取向是由「直攄胸臆」出發，正是以「眞」爲品評與接受的基準，揭示女性詩作以口頭語書寫心中事的可貴。所以書中評陳玉蘭〈寄夫戍邊〉詩云「悽惻之情，盤于胸臆，二十八字曲盡其苦」；評籛桃諫寇萊公奢侈之〈東綾詩〉，爲「一句一字皆眞切，與蹈襲者迥別」，均著重於眞情實境的流露。即使如葉正甫妻劉氏〈製衣寄外〉、豫章婦〈絕客詩〉因爲以口語入詩，導致「詩體稍俗」，江盈科也品出「眞切不浮」或「結語新麗可喜」的趣味與美感。《閨秀詩評》因爲體現性靈詩說，首開全書品論女性詩作的詩話體例，引領清代詩話中女性詩話的撰作風氣，本身已深具意義，而江盈科努力讓女性詩作成爲「眞詩」的典範，讓女性的詩作值得品論、閱讀，也讓女性有機會成爲詩史中的「不朽」，這樣的作法除了作爲當日詩壇的針砭，也使性靈詩說增添了鼓勵女性從事創作的意義。〔註2〕

　　輔翼性靈詩說的詩話，另有陳懋仁《藕居士詩話》。其推許袁宏道「力糾明詩，藝林咸允，十集出，幾于紙貴。務去陳言，力驅剽竊，殊有功詩道」，又嘗編選《中郎詩選》並撰作序文，爲袁宏道的詩學看法提出說解，有謂「袁石公藝談天出，若以爲明無詩者，以其覿緣多而生眞少也」、「所謂明無詩，非無詩也，無其不己出，而搬排人有者也」、「大要公不顧遺譏，殲剿礪鈍，在各出己見，不從人腳根，一語援濡溺耳」。不但提出「今人不自深得，至秖人唾而盜人涓，不知肖則人優，弗肖則我面并失」的意見，也指出袁宏道雖自謂「不襲前人一字一意」，其詩仍頗出於杜甫、李賀。故陳懋仁強調：中郎之詩「蓋泛覽六朝，微闚少陵，乃心長吉，而自爲石公者也」，說明袁宏道詩並非全無依傍與淵源，可貴在於能自成一格、新秀獨至。

　　這些觀點呈現出性靈詩說與復古詩論並非絕然對立，可以巧妙涵融與交集的事實，此即前述王世懋雖主復古，仍以「本性求情，且莫理論格調」爲說，甚至被後世許爲「性靈說的萌芽」的原因。陳懋仁所編的《中郎詩選》並未刊行，此段序文保留於《藕居士詩話》，成爲書中醒目的內容，具有輔翼

〔註2〕關於《閨秀詩評》，筆者另撰論文〈詩史可有女性的位置？——以兩部明代詩話爲論述中心〉（《漢學研究》，17卷1期，頁177～200，1999年6月），可參考。

袁宏道詩說的作用。

　　竟陵派的鍾惺、譚元春，亦爲性靈詩說的擁護者，然其所推闡的眞詩，係別出深幽孤峭之谿徑，強調「眞詩者，精神所爲也」，所以不刻意標榜學古，而主張引古人之精神與今人相接。其詩說主要在《詩歸》中以批語品評的形式出現，旨在尋找隱藏於詩句背後的深刻意旨，實無詩話著作。雖有題爲鍾惺纂輯的《詞府靈蛇》，卻係僞託其名的詩話彙編，至現代又出現題爲鍾、譚所著的《詩府靈蛇》，亦係纂輯自《詩歸》的言論而已。是故，相較於復古詩論的豐富內容，明代詩話在性靈詩說體系的建立與推闡上，不論就數量或成就而言都不突出。

三、神韻詩說的發展

　　明代詩話中對詩歌神韻的推求，基本上也是由對復古詩說的推求與演繹的過程中，陸續生發、漸進而來。特別是復古詩家從李東陽以來，不斷對嚴羽《滄浪詩話》的進行接受，像嚴羽詩說中的「別材」、「別趣」之說，強調：

　　　　盛唐諸人惟在興趣，羚羊掛角，無跡可求，故其妙處，透徹玲瓏，
　　　　不可湊泊，如空中之音、相中之色、水中之月、鏡中之象，言有盡
　　　　而意無窮。

此種形而上的、講究悟入的詩學觀念，爲明人多方援引、說解與增添，所以明人一方面講「法」，另方面講「悟」，二者並行不悖。尤其是復古詩說因爲過於重「法」，而逐漸走向僵化、徒求外在體製的形似、忽略詩歌抒情的本質與新創的可貴之時，部分復古詩家就著重探討詩歌所涵蘊的妙境與美感，亦即加重「悟」的推闡，以作爲修正、救弊的良方，終而漸次演爲神韻詩說，並在清代發揚光大。

　　明代詩話中，李東陽《懷麓堂詩話》曾對「意」加以推求，此說可視爲嚴羽「言有盡而意無窮」的引申：「詩貴意，意貴遠不貴近，貴淡不貴濃。濃而近者易識，淡而遠者難知」，並舉杜甫「鉤帘宿鷺起，丸藥流鶯轉」、李白「桃花流水杳然去，別有天地非人間」、王維「返景入深林，復照莓苔上」等詩爲例，作爲意貴淡、遠的說明。李東陽著重標舉的「意」，實有「意象」的意涵，是詩人的情與外在景物的觸發，「淡而遠」的意象，正爲情與景的融合後，出以淡雅深長的抒寫，因而產生的距離美感。

　　又如謝榛《四溟詩話》，強調「詩乃模寫情景之具，情融於內而深且長，

景耀於外而遠且大。當知神龍變化之妙，小則入乎微罅，大則騰乎天宇」，正可補益李東陽論「意」的部分說解。謝榛復演為「作詩不宜逼真」的創作法則：

> 凡作詩不宜逼真，如朝行遠望，青山佳色，隱然可愛，其煙霞變幻，難於名狀。及登臨，非復奇觀，惟片石數樹而已。遠近所見不同，妙在含糊，方見作手。

他將情與景的觸發，與抒寫的適切距離，以「妙在含糊，方見作手」加以定位，並進一步引申應用於詩歌的鑑賞與說解，提出：「詩有可解、不可解、不必解，若水月鏡花，勿泥其跡可也」，這個說法明顯承自《滄浪詩話》，也加入自我對「意」的體會。由於謝榛強調詩的立意可能是游移、飄忽，是隨字或韻而生的，詩可能成就於有意、無意之間，詩又有「不立意造句，以興為主」者，所以在鑑賞及說解詩人命意時，就不能不考慮這些因素，特別是詩作因為成於有意、無意間，所展現的悠遠朦朧的妙境及「若水月鏡花」的美感，惟有「勿泥其跡」，不強自說盡，承認詩歌有可解、不可解及不必解的可能，方才能夠領略詩歌的審美情趣。

是故，《四溟詩話》雖有宗唐的復古取向，也多方演繹詩歌創作的方法，卻也援引、發揚宋代滄浪詩說的「悟」，宣說詩歌所展現的悠遠朦朧的妙境及「若水月鏡花」的美感，並將「悟」具體落實於「詩有可解、不可解、不必解」的看法，可謂巧妙的將復古詩說向「神韻」更加推闡。

具有總結及修正復古詩說意義的胡應麟《詩藪》，也由滄浪詩說提出「體格聲調」與「興象風神」為作詩之大要，以補益復古詩說理論上的缺憾。他以為「體格聲調」猶如水與鏡，是可以依循的「法」；「興象風神」卻如花與月，無跡可求，須著重悟入。胡應麟主張「必水澄鏡明，然後花月宛然」，也就是在推求格調、嫻熟詩法技巧的同時，須更向詩歌的形而上層面錘練，使之兼具興象風神。而其所謂「興象」，應指在意象上對於情景交融的追求，這是詩歌美學的深奧展現，在創作手法上則凸顯「興」的手法，強調「興」對於意象表達的功能，所以又稱「興象」。謝榛《四溟詩話》有謂：「凡作詩，悲歡皆由乎興，非興則造語弗工」，又謂：「熟讀李、杜全集，方知無處無時而非興也」，就是明白的指出「興」的妙境，只是謝榛並未像胡應麟一般，形成「格言」、「定義」式的理論。

至於所謂「風神」，是一種詩歌的情境或最高境界。《詩藪》多見以「風神」盛讚盛唐詩歌的成就，如謂「初唐七言以才藻勝，盛唐以風神勝」等。

也多以「神韻」來形容盛唐，如謂：「盛唐氣象渾成，神韻軒舉」等。所以「風神」與「神韻」應有近似的內涵，可能「風神」的指涉意涵略廣，而「神韻」對於韻味的部分較為強調。

　　明代最鮮明的神韻詩說，出現在陸時雍的《詩鏡總論》。由於這部詩話成書於明末，涵融薈萃復古詩說、性靈詩說的理論，進而向神韻詩說過渡。是書以「情眞」、「韻長」爲立論中心，強調：

　　　　詩之可以興人者，以其情也，以其言之韻也。夫獻笑而悅，獻涕而
　　　　悲者，情也；聞金鼓而壯，聞絲竹而幽者，聲之韻也。是故情欲其
　　　　眞，而韻欲其長也，二言足以盡詩道矣。

陸時雍對「韻」有多面相的剖析，除「韻長」之外，並有「生韻」、「神韻」的不同詞彙變化，且「韻」的生成與情景的合融密切相關，如謂：

　　　　善言情者，吞吐深淺，欲露還藏，便覺此衷無限。善道景者，絕去
　　　　形容，略加點綴，即眞相顯然，生韻亦流動矣。此事經不得著做，
　　　　做則外相勝而天眞隱矣，直是不落思議法門。

生韻要流動，要掌握「在意似之間」的分際，陸時雍說：「此事經不得『著』做」，這其實就是前引謝榛所說「妙在含糊，方見作手」，謝榛雖沒有直接提到「生韻」或「神韻」，但所舉的例證可以作爲陸時雍「意似」的說解，也見明代神韻詩說的發展有其轉輾承遞的關係。〔註3〕是故，明、清詩歌理論中最重要的復古、性靈、神韻詩說，都在明代詩話中得到開展，這是明代詩話極重要的價值。〔註4〕

第二節　明代詩話的價值

　　詩話，是中國詩學理論最主要的載體。明代詩話不惟在數量上遠超過前代，且卷帙日趨龐大，論述愈趨體系化，甚至有文人窮盡一生精力來從事寫作，視詩話的撰著爲一生的志業所寄。因此，明代詩話已非傳統閒談、隨筆

〔註3〕關於陸時雍《詩鏡總論》對「神韻」的說解，詳見本論文「詩鏡總論」條。
　　　另可參見黃如焄《晚明陸時雍詩學研究》（中正大學中國文學研究所碩士論
　　　文，1994年）。
〔註4〕此節論述已改寫成〈紹承與開創——試論明代詩話的詩說體系〉，發表於《昌
　　　彼得教授八秩晉五壽慶論文集》（淡江大學中文系編，臺北：臺灣學生書局，
　　　2005年2月），頁427～448。

的性質，而是薈萃多樣的詩學見解，包括探討詩歌發展的規律、流派詩家的興衰與成就、詩歌的創作法則等，也思索詩歌藝術的本質與美感，試著建立創作與鑑賞的體系。

整體而言，明代詩話的撰作與編刊，不論就中國文學史或批評史，抑或是就詩話發展的過程看來，都是一個重要的「增添」。何況，明代詩話還有其承襲與變化，足以反映時代，也對於詩歌藝術有深入的發掘與探求，可以提供後世思考。以下分重點統整，說明時代詩話的價值：

其一，明代詩話在數量上大大超越前代，且開創詩話創作與編刊的新體例。如成化年間楊成纂輯、弘治三年馮忠重刊的《詩話》，就開創「詩話叢書」的新型編刊方式，之後胡文煥編有《詩法統宗》、秬留山樵有《古今詩話》，清代則有何文煥所編《歷代詩話》、顧起龍《詩學指南》、朱琰《詩觸》、王啓原《談藝珠叢》等，甚至日人近藤元粹也於明治二十五至三十年（1892～1897）間纂編排印《螢雪軒叢書》。詩話叢書的編纂一直持續到民國，如丁福保纂編《歷代詩話續編》及《清詩話》、郭紹虞纂編《清詩話續編》，以及今日臺灣廣文書局持續影印發行的《古今詩話續編》，可謂源遠流長，對於詩話的保存與流通，具有重大的影響。

其二，明人在詩話體例的開創上，又有集一人之詩以爲詩話，如蔣冕《瓊臺先生詩話》全書論述丘濬的詩。也有記錄一地的詩以爲詩話，如郭子章《豫章詩話》專門纂輯記錄江西一地詩人詩作與詩事，儼然將方志藝文志與詩話的體例結合。更值得注意的是，專門評論女性詩作的詩話，也在明代晚期產生，江盈科《閨秀詩評》是第一部由男性撰寫的專門評論女性詩作的詩話，其所具有的意義，一方面是公安派追求眞詩的實際行動，一方面也顯示公安派詩說具有鼓勵女性從事創作的積極面。方維儀所撰作的《宮閨詩評》，則是第一部由女性撰寫的專門品評女性詩作的詩話，這部書今雖不傳，然而其開創女性撰作詩話的風氣，對於清代以後女性從事詩話創作與詩學活動，具有深遠的意義。〔註5〕

其三，明人對於歷代詩話的整編卓有成績，特別是爲數極多的詩法與詩話的彙編，自明代初期懷悅《詩法源流》、朱權《西江詩法》、黃溥《詩學權輿》、王用章《詩法源流》、楊成《詩法》等，到明代中期宋孟清《詩學體要

〔註5〕 關於二書，筆者另撰論文〈詩史可有女性的位置？——以兩部明代詩話爲論述中心〉（《漢學研究》，17卷1期，頁177～200，1999年6月），可參考。

類編》、黃省曾《名家詩法》、梁橋《冰川詩式》等，到明代晚期的朱紱《名家詩法彙編》、茅一相《欣賞詩法》、李贄《騷壇千金訣》、王昌會《詩話類編》等，各種詩法彙編接力較勁，呈現熱鬧繽紛的光景。

　　這樣的編纂現象，一方面反映明代詩學的需求，以及詩學的興盛，另方面反映了明代的空疏浮闊的風氣，因為編輯前人之詩說為己說，確實是上自精英知識分子，下至三家村學究，人人可為之事，所以品質自不免有良莠。再者，明人彙編前人詩說，常常不著出處，剽奪前人言論，隨意裁約、摻入己說，如梁橋在所輯《冰川詩式》〈綜賾〉的前言即謂其書雜取往先哲名家之言，「又以僭肆約取，時或附以己意，故不一一題曰誰氏之言，得罪古人，深知莫逃，博雅君子，當自得之。橋，山野鄙人，非敢妄勸為己說也，知我罪我，其惟詩乎」，為自己的妄勸剽竊振振有辭的辯護。〔註6〕所以，這樣的詩法、詩話彙編，就難於檢索，也不利於資料文獻的存真。

　　不過，明人對於彙編的纂輯也有新做法，如茅一相的《欣賞詩法》，標榜「欣賞」為纂編的角度，所標舉的詩法就不僅具有創作取法的意義，更作為賞鑑的準繩。茅一相也藉由纂輯詩法彙編提出「必須明徹古人意格聲律，而神境事物，邂逅鬱折，無不了于胸中，隨意唱出，自然超絕」的詩學主張，巧妙涵融格調與性靈，追求自然超絕的詩歌理想。此外，明人詩法詩話彙編的分類，標幟著編者對於前人詩說的接受與閱讀，是個值得探看的焦點。

　　其四，明人標榜辨體的詩話數量亦多，如李東陽《懷麓堂詩話》即著重講論詩歌格調、分析音律節奏，而明代中、晚期則出現更專門的標榜辨體的詩話，如楊良弼《作詩體要》、徐師曾《詩體明辨》、孫鑛《排律辨體》、胡應麟《詩藪》、許學夷《詩源辨體》、陳懋仁《詩體緣起》等。明代詩話在詩歌體式聲調上的用力，對於探索前代詩歌在形式及音樂等方面的成績，推求詩歌的美感，發掘詩歌體式衍變發展的軌跡，深具貢獻。

　　然而，其辨體的目的，多在於提供創作上的復古路徑，在於向前代尋求詩歌的基準與典範，以便當代詩歌創作能夠超越宋、元，與漢、唐鼎足，但卻導致輕忽了文學進化的必然性，所以辨體在詩歌法度、審美、評論上雖不乏成就，而實際運用於創作，則可能是種局限和倒退。正因為提供創作上復

〔註6〕關於《冰川詩式》，筆者另撰論文〈以詩學著述建構自我價值——論梁橋《冰川詩式》與明代詩學面相〉（《漢學研究》，22卷2期，頁95～119，2004年12月），可參考。

古的需要，所以明代詩話的整體業績，以復古派人士的撰作居多，公安、竟陵則多以個人文集或評選詩集，來宣示詩學理念。

其五，明人不斷利用詩話來回顧、省視前代以及當代作品，以及不少詩話的嚴謹創作態度，均使得明代詩話更加理論化、系統化，足以提供今人在從事批評研究上的借鏡。而明人詩話中對於格調、性靈、神韻等詩論的闡釋，不但爲清人所繼承發揚，其中部分詩說且爲今人所稱說，如徐禎卿《談藝錄》，即爲錢鍾書援爲所著詩話之書名。高棅提倡的初、盛、中、晚的四唐分期之說，經過明人詩話的不斷演繹和稱說，仍爲今日講論唐詩常引用的說法。

其六，詩話是一種社群的產物，特別是明代詩話與詩社的關係極爲密切，由明代詩話發展的軌跡，不但可以與清代的詩話、民國的詩話互爲映證，也能提供現代詩歌研究發展的思考。如臺灣的現代詩創作與流傳，從日據時代以來，即與詩社關係密切，而現代詩理論的著作風氣卻較少開展，現有的現代詩品評也大多訴諸閱讀的印象與直覺，評論者多由詩人兼任。對照於明代詩話發展的歷程，現代詩到目前爲止仍可能是一個向上前進的文學，尚待更多有心人的投入創作與評論，我們當然也可以期待用「一生目力」完成的現代詩話。

以上所論明代詩話的價值，並無意誇大明代詩話的成就與影響，因爲以明代詩話爲研究命題，明代詩話自然是主角，就整個詩話發展的過程而言，明代詩話也居於一個重要的承先啓後的位置，但若置入中國文學史或批評史，明代詩話就是一個「背景」了。

最後要特別說明的，因爲學力與眼界畢竟有限，本論文對於明代詩話的發掘與考述，以臺灣所能見及者爲主，並盡力蒐集包括中國大陸、日本、韓國等海外資料。同時，研究工作是一個持續累積的過程，所以，本論文應視爲明代詩話研究過程中的一個階段，而非終結。

附　編

明代詩話書目及版本總覽

（附書名索引）

　　說明一：〈明代詩話書目及版本總覽〉（附書名索引），係按詩話書名首字的筆畫數目，及筆順的點、橫、直、撇依序排列，並於書名之前註明筆畫數目，書名之後則註明該詩話在論文正文的頁碼，以利檢索對照。書名首字同筆畫者，則比較第二字筆畫的多寡，加以排列，以此類推。

　　說明二：各詩話條目之下，次第註明書名、作者（編者）、卷數、版本，並酌加按語，說明該詩話的著錄情形及筆者是否見及等問題，以期讀者檢索書名即得見詩話的大概。

2. 七人聯句詩紀（p.083）
　　楊循吉著
　　一卷
　　明嘉靖刊《顧氏明朝四十家小說》本。
　　明崇禎三年淮南李氏刊《璅探》本。

2. 七言律細（p.417）
　　朱口藩著
　　二卷　清道光《寶應縣志》、《明清江蘇文人年表》、《石竹山房詩話論稿》
　　著錄。

2. 卍齋詩話（p.449）
　　吳統持著
　　不著卷數　清乾隆元年刊《浙江通志》卷二五二〈經籍十二・詩話類〉徵

引清朱彝尊《日下舊聞》著錄。光緒五年刊《嘉興府志》卷八一〈經籍二．詩文評類〉著錄。此書未見，疑佚。

3. 大復山人詩集精華錄・詩話（p.334）

何景明著，後人纂輯

一卷　清乾隆刊《大復山人詩集精華錄》之附錄。

按：何景明未著詩話，此書乃後世掇拾其集中論詩語而成，中國科學院藏，筆者未見。

3. 小草齋詩話（p.266）

謝肇淛著

五卷

明天啓四年存刊本，日本內閣文庫藏，有影本。

清刊本，上海圖書館藏，《石竹山房詩話論稿》著錄，未見。

日本江戶寫本，日本內閣文庫藏，有影本。

按：此本包括〈內篇〉、〈外篇上〉、〈外篇下〉、〈雜篇上〉、〈雜篇下〉，各為一卷，共計五卷。

日本天保二年刊本，讀耕齋藏板。

按：據魏子雲教授影贈筆者之日本內閣文庫所藏天保讀耕齋刊本，其「牌記」上有「明謝在杭先生著」、「讀耕齋林先生舊藏本摹刻」字樣，內容包括〈內篇〉、〈外篇上〉、〈外篇下〉，計三卷。又按：此書經《紅雨樓書目》〈詩話類〉、《千頃堂書目》卷三二〈文史類〉、《明史藝文志》著錄，然卷帙均作「四卷」。

3. 千里面譚（p.124）

楊慎著

二卷　明萬曆四年蔡翰臣琳琅館刊本，北京圖書館藏。

按：此本未見，張錫厚〈楊慎詩論著述考〉著錄。

一卷

明末刊《古今詩話》本

清順治三年兩浙督學周南李際期宛委山堂刊《說郛》續卷本，收入《全明詩話》。

按：是書見《千頃堂書目》卷三二〈文史類〉著錄。

3. **夕陽寮詩論**（p.448）

阮旻錫著

不著卷數　民國十八年鉛印《同安縣志》卷二五〈藝文〉著錄。此書未見，疑佚。

4. **文章九命**（p.352）

王世貞著，後人纂輯

一卷　清順治四年刊《說郛》續卷本，收入《全明詩話》

按：此書主要係摘取自《藝苑卮言》卷八「文章九命」而成。

4. **六同詩話**（p.85）

張弼著

一篇　明正德十年華亭張氏《東海張先生文集》本，國家圖書館藏。

按：《東海張先生文集》八卷，另有正德十五年書林劉氏日新書堂刊本，《中國科學院圖書館藏中文古籍善本書目》著錄。

4. **六朝詩彙‧詩評**（p.118）

張謙纂輯

一卷　明嘉靖三十一年金城陸師道刊本。

按：此書為《北京圖書館善本書目》著錄。未見。

4. **方山人詩評**（p.440）

闕名

一本　《趙定宇書目》引黃葵陽家藏《稗統續編》著錄。此書未見，疑佚。

4. **王右丞詩畫評**（p.158）

顧起經纂輯

不著卷數　明嘉靖三十四年刊本，浙江圖書館藏。未見。收入《全明詩話》。

4. **元朗詩話**（p.356）

何良俊著，後人纂輯

三卷　明萬曆刊《四友齋叢說》本，收入《全明詩話》。

按：此書係輯自明萬曆本《四友齋叢說》卷二四至二六說詩部分。周子文《藝藪談宗》亦收錄《四友齋叢說》論詩語數則。

4. 五言括論（p.453）

石一鼇著

十卷　《千頃堂書目》卷三二〈文史類〉著錄。此書未見，疑佚。

4. 井天詩話（p.399）

強晟著

二卷　《萬卷堂書目》著錄。

三卷　《千頃堂書目》卷三二〈文史類〉著錄。

按：此書未見，疑佚。

4. 木天禁語（p.397）

宋儒著

不著卷數　清康熙二十二年刊《奉化縣志》卷十二〈藝文〉、清乾隆元年刊《浙江通志》卷二五二〈經籍十二〉著錄。未見，疑佚。

4. 木雞詩話（p.450）

張贏著

不著卷數　清同治十年刊《福建通志》卷七六〈經籍〉著錄。民國十八年鉛印《建甌縣志》卷十二〈藝文〉著錄。

按：此書未見，疑佚。清光緒二十六年刊《浦城縣志》卷三二〈經籍〉著錄作者名為「張瀛」。

4. 少室山房詩評（p.361）

胡應麟著，周子文纂輯

一卷　明萬曆二十五年刊《藝藪談宗》本。

按：此本係周子文纂輯，收入《藝藪談宗》卷六。

4. 日札詩談（p.346）

田藝蘅著，後人纂輯

二卷　明隆慶六年錢塘田氏刊《留青日札》本。

按：此書爲《澹生堂書目》卷一四〈詩文評・詩評〉著錄，即《留青日札》
　　中《詩談》初編、二編。

4. 升庵詩話（p.335）

楊愼著，後人纂輯

四卷

明嘉靖二十年程啓充刊本，國家圖書館藏。

明嘉靖刊本，天一閣藏。

明刊本，上海圖書館、四川圖書館藏。

明嘉靖三十三年梁佐編刊《丹鉛總錄》本，此本又有清乾隆三十年虎林楊
昶刊本。

八卷

明萬曆十年四川巡撫張士佩刊《太史楊升庵全集》本（楊有仁編），國家圖
書館藏。

按：此本又有清乾隆六十年新都重刊《太史楊升庵全集》本，張錫厚〈楊
　　愼詩論著述考〉著錄。未見。明萬曆二十九年王藩臣、蕭如松刊《升
　　庵先生文集》本。此本未見，王仲鏞〈升庵詩話箋注凡例〉著錄。

十二卷

明萬曆四十四年焦竑編刊《升庵外集》本，此本清道光二十四年有影明版
《升庵外集》本。

清乾隆中綿州李氏萬卷樓刊嘉慶十四年李鼎元重校《函海》本（清道光五
年李朝夔補刊印《函海》本、清光緒七年重刻《函海》本），新文豐圖書公
司影入《叢書集成新編》（附《補遺》二卷）。

民國間商務印書館《叢書集成初編》本。

十四卷

民國五年無錫丁氏排印《歷代詩話續編》本，北京中華書局有標點本，木
鐸出版社翻印；收入《全明詩話》。

按：《千頃堂書目》卷三二〈文史類〉、《明史藝文志》作四卷；《國史經籍
　　志》作「楊升庵詩話」二卷。《晁氏寶文堂書目》卷上〈詩詞類〉著

錄此書，然不著卷數。《澹生堂書目》卷一四〈詩話類〉著錄「《楊升庵詩話》一冊二卷、《詩話補遺》二卷，《升庵雜錄》本」；《脈望館書目》〈史部・附集〉著錄「《升庵詩話》二本、《詩話補遺》二本」。《趙定宇書目》著錄「楊升庵書集目錄，《詩話》二本、《詩話補遺》二本」及《稗統續編》有《升庵詩話》二本。

4. 仁峰文集・詩話（p.405）

汪循著

數則　《四庫全書總目》卷一七六〈別集類存目三〉「仁峰文集」條著錄。未見，疑佚。

5. 古今詩話（p.310）

稽留山樵纂輯，陳繼儒審訂

八卷　明末刊本，國家圖書館藏，廣文書局影入《古今詩話續編》。中研院史語所傅斯年圖書館藏有另一本。

按：據周維德教授〈明詩話提要〉（稿本）謂此書有明崇禎間坊刻本、清初刊本，前者應即國家圖書館所藏「明末刊本」，後者則未見。

5. 古今詩話（p.419）

王圻纂輯

不著卷數　清同治十一年刊《上海縣志》卷二七〈藝文・詩文評類〉著錄。清光緒九年刊《松江府續志》卷三七〈藝文志〉著錄。民國二十三年刊《青浦縣續志》卷二一〈藝文上・書目〉著錄。此書未見，疑佚。

5. 古今詩話（p.454）

金志堅著

不著卷數　清嘉慶十五年刊《揚州府志》卷六二〈藝文一・集部・雜類〉著錄。此書未見，疑佚。

5. 古今詩話（p.454）

季汝虞著

不著卷數，清光緒七年刊《江西通志》卷一一二〈藝文略・集部〉徵引《南豐縣志》著錄。此書不見，疑佚。

5. 古今詩話（p.412）

陳茂義纂輯

不著卷數，清光緒二十五年刊《慈谿縣志》卷四七〈藝文二〉徵引《浙江
通志》、《天啓志》著錄。此書未見，疑佚。

5. 古今詩話纂（p.261）

李本緯纂輯

六卷　明萬曆刻本，安徽圖書館藏。《國史經籍志補》著錄。未見。

5. 古詩評（p.418）

黃省曾著

一卷　何良俊《四友齋叢說》卷二四〈詩一〉徵引。

5. 石室詩談（p.292）

趙士喆著

二卷　民國二十四年東萊趙氏永厚堂排印《東萊趙氏楹書叢刊》本。中研
院傅斯年圖書館藏。收入《全明詩話》。

5. 石陽山人蠡海（p.119）

陳德文著

二卷　明嘉靖間刊藍印本，國家圖書館、北京圖書館藏。

5. 玉枕山詩話（p.85）

張弼著

一篇　明正德十年華亭張氏《東海張先生文集》本，國家圖書館藏。

按：《東海張先生文集》八卷，另有正德十五年書林劉氏日新書堂刊本，《中
　　國科學院圖書館藏中文古籍善本書目》著錄。

5. 玉堂詩話（p.320）

闕名

　一卷　《永樂大典》本。

按：《四庫全書總目》卷一四四〈小說家類存目二〉著錄此書。未見。

5. 玉笥詩談（p.175）

朱孟震著

二卷，續一卷

清鈔本，南京圖書館、湖南郴州圖書館藏。

清道光十一年六安晁氏刊《學海類編》本，廣文書局影入《古今詩話叢編》。

新文豐圖書公司影入《叢書集成新編》。收入《全明詩話》

民國間商務印書館《叢書集成初編》本。

四卷　鈔本　《八千卷樓書目》著錄，此本今未見。

按：《四庫全書總目》卷一九七〈詩文評類存目〉、《欽定文獻通考經籍考》
　　著錄此書爲四卷。

5. 可亭詩話（p.420）

陳時道著

不著卷數，民國二十年鉛印《太谷縣志》卷八〈著述·集部〉著錄。未見，
疑佚。

5. 四溟詩話（p.146）

謝榛著

四卷

明萬曆三十二年趙府冰玉堂重刊本（《四溟山人全集》附），國家圖書館藏，
本書題名「詩家直說」。

明萬曆三十五年蓬萊知縣邢琦校刊本，國家圖書館藏，本書題名「詩家直
說」。

明麗澤館刊本，北京大學圖書館藏，本書題名「詩家直說」，未見。

清乾隆十九年繡水胡曾校刊本。

按：此本未見，現藏湖北圖書館、大陸中山大學圖書館、中央黨校圖書館。

清道光二十五年番禺潘氏刊光緒中補刊《海山仙館叢書》本，新文豐圖書
公司影入《叢書集成新編》。

清光緒十一年長沙玉尺山房刊《談藝珠叢》本，題名「詩家直說」。民國五
年丁氏排印《歷代詩話續編》本，北京中華書局有標點本，木鐸出版社翻
印。

民國間商務印書館《叢書集成初編》本。

二卷　明萬曆四十年盛氏臨清刊本。

按：此本爲《四溟山人詩》所附，盛以進選，題名「四溟山人詩家直說」，
　　國家圖書館藏。

一卷　清順治三年兩浙督學周南李際期宛委山堂刊《說郛》續卷本

按：《澹生堂書目》卷十二〈總集・餘集類〉、《玄賞齋書目》卷七〈詩話
　　類〉、《千頃堂書目》卷三二〈文史類〉、《明史藝文志》、《欽定續文獻
　　通考經籍考》均著錄《詩家直說》。《八千卷樓書目》則著錄「《四溟
　　詩話》，四卷，海山仙館本」。邵懿辰《增訂四庫簡明目錄標注》邵章
　　《續錄》謂「《四溟集》，明萬曆趙府冰玉堂刊本，二十四卷，明萬曆
　　壬子盛以進得趙府舊本，重爲補定，《詩說》二卷附卷首」。此外，周
　　子文《藝藪談宗》收有謝榛「詩說」。《古今圖書集成》亦收有「詩家
　　直說」。人民文學出版社一九六二年將《四溟詩話》與《薑齋詩話》
　　合刊，有宛平點校本。齊魯書社有一九八七年李慶立、孫愼之箋注《詩
　　家直說》本。本書又收入《全明詩話》。

5. 白石山房詩話（p.428）

章憲文著

不著卷數　明崇禎四年刊《松江府志》卷五四〈著述〉、清乾隆五十三年刊
《婁縣志》卷十二〈藝文・雜著類〉、清嘉慶二十二年刊《松江府志》卷七
二〈藝文志〉等著錄。

按：此書未見，疑佚。《婁縣志》著錄作者名爲「章獻文」。

5. 白石詩說（p.413）

蔡汝楠著

不著卷數　《千頃堂書目》卷三二〈文史類〉著錄。

一卷　民國九年刊《吳興叢書》本。

按：此書經清鄭元慶修《湖錄經籍志》卷六著錄。今未見，疑佚。

5. 厄言倪（p.352）

王世貞著，陳與郊纂輯

八卷　明崇禎元年賜緋堂刊本。

6. 冰川詩式（p.137）

梁橋纂輯

十卷

明嘉靖二十八年原刊本，國家圖書館藏，廣文書局影入《古今詩話續編》。

明隆慶四年汴城朱睦㮮刊本，國家圖書館、北京圖書館、山東圖書館藏，收入《全明詩話》。

明萬曆三十七年宛陵刊本，國家圖書館、北京圖書館藏。

明萬曆壽槐堂刊本，天津圖書館藏，未見。

明刊本，浙江圖書館藏，未見。

日本萬治三年刊本，國家圖書館藏。

6. 汝南詩話（p.112）

強晟著

一卷　明正德九年楊㟽刊本，現藏於北京圖書館。

按：此本《百川書志》、、《晁氏寶文堂書目》中卷〈子雜類〉、《萬卷堂書目》、《千頃堂書目》卷三二〈文史類〉著錄。未見。

四卷　《明史藝文志》著錄。未見。

6. 安匡詩話（p.407）

黃臣著

不著卷數　清乾隆三十年刊《濟陽縣志》卷十三〈著述〉、民國四年重印《山東通志》卷一四六〈藝文‧集部‧詩文評類〉著錄。此書未見，疑佚。

6. 存餘堂詩話（p.126）

朱承爵著

一卷

明嘉靖二十年刊《顧氏明朝四十家小說》本。

明萬曆三十四年李銓前書樓刊《藏說小萃》本。

明崇禎三年淮南李氏刊《璅探》本。未見。

明末刊《古今詩話》本。

清順治三年兩浙督學周南李際期宛委山堂刊《說郛》續卷本。

清乾隆三十五年刊《歷代詩話》本，藝文印書館、新興書局有影本，中華

書局有校點本；收入《全明詩話》。

清道光十一年六安晁氏刊《學海類編》本，新文豐圖書公司影入《叢書集成新編》。

清光緒十四年江陰金氏刊《粟香室叢書》本之《藏說小萃》部分。

清光緒宣統間江陰金氏粟香室嶺南刊《江陰叢書》本之《藏說小萃》部分，新文豐圖書公司影入《叢書集成續編》。

民國間商務印書館《叢書集成初編》本。

明治二十五至三十年間《螢雪軒叢書》本，弘道文化事業公司影入《詩話叢刊》。

一卷，附錄一卷　《常州先哲遺書本》第一集，此本未見。

按：《古今圖書集成・文學下》輯有此書論詩語數則。此書見《晁氏寶文堂書目》中卷〈子雜類〉、《澹生堂書目》卷十四〈詩話類〉、《玄賞齋書目》卷七〈詩話類〉、《千頃堂書目》卷三二〈文史類〉、《明史藝文志》、《欽定續文獻通考經籍考》、《八千卷樓書目》著錄。

6. 夷白齋詩話（p.128）

顧元慶著

一卷

明嘉靖二十年刊《顧氏明朝四十家小說》本。

明末刊《古今詩話》本。

清順治三年兩浙督學周南李際期宛委山堂刊《說郛》續卷本。

清乾隆三十五年刊《歷代詩話》本，藝文印書館、新興書局有影本，中華書局有校點本；收入《全明詩話》。

清道光十一年六安晁氏刊《學海類編》本，新文豐圖書公司影入《叢書集成新編》。

民國間商務印書館《叢書集成初編》本。

明治二十五至三十年間《螢雪軒叢書》本，弘道文化事業公司影入《詩話叢刊》。

按：此書見《趙定宇書目》引黃葵陽家藏《稗統》、《澹生堂書目》卷十四〈詩話類〉、《玄賞齋書目》卷七〈詩話類〉、《千頃堂書目》卷三二〈文史類〉、《明史藝文志》、《欽定續文獻通考經籍考》、《八千卷樓書目》著錄。

6. 西江詩法（p.056）

朱權纂輯

一卷　明嘉靖十一年重刻本，天一閣藏，收入《全明詩話》。

按：此書有《萬卷堂書目》、《千頃堂書目》卷三二〈文史類〉、《百川書志》、
　　《天一閣見存書目》等著錄。筆者所見爲周維德教授鈔自嘉靖重刻本
　　之鈔本。

6. 西郊詩話（p.441）

闕名

一卷　《澹生堂書目》卷十二〈總集・餘集〉、《千頃堂書目》卷三二〈文
史類〉著錄。未見，疑佚。

6. 西園詩麈（p.250）

張蔚然著

一卷　清順治三年宛委山堂刊《說郛》續卷本，收入《全明詩話》。

按：《紅雨樓書目》〈詩話類〉、《千頃堂書目》卷三二〈文史類〉作二卷。《古
　　今圖書集成・文學下》輯有此書論詩語十則。

6. 西畬詩話（p.115）

簡紹芳著

四則　明刊《續玉笥詩談》本。

按：此本係輯自明刊本《續玉笥詩談》。收入《全明詩話》。

6. 西灣詩話（p.423）

丁孕乾著

不著卷數　清光緒七年刊《江西通志》卷一一二〈藝文略・集部六〉著錄。
未見，疑佚。

6. 旨苔齋詩話（p.420）

王應辰著

不著卷數　《千頃堂書目》卷三二〈文史類〉著錄。未見，疑佚。

6. 吏隱軒詩話（p.414）

李蔭著

二卷　《紅雨樓書目》〈詩話類〉、《千頃堂書目》卷三二〈文史類〉著錄。未見，疑佚。

6. 百家詩評（p.454）

季汝虞著

不著卷數　清光緒七年刊《江西通志》卷一一二〈藝文略・集部〉著錄。此書未見，疑佚。

6. 全相萬家詩法（p.172）

汪彪纂輯

六卷　明《書林翠坡》刊本，浙江圖書館藏。收入《全明詩話》。

按：此書筆者所見者爲周維德教授鈔自《書林翠坡》之鈔本。

6. 全唐詩話（p.416）

張鷁翼著

不著卷數，清同治十一年刊《上海縣志》卷二七〈詩文評類〉、清光緒九年刊《松江府續志》卷三七〈藝文志〉著錄。未見，疑佚。

6. 全唐詩說（p.348）

王世貞著，後人纂輯

一卷

清道光十一年刊《學海類編》本，廣文書局影入《古今詩話叢編》。新文豐圖書公司影入《叢書集成新編》。收入《全明詩話》。

民國間商務印書館《叢書集成初編》本。

按：《四庫全書總目》卷一九七〈詩文評類存目〉「全唐詩說、詩評」條云：
　　二書「載曹溶《學海類編》中，乃割削《藝苑卮言》鈔爲兩卷，初無此二名也。」

6. 名家詩法（p.135）

黃省曾纂輯

八卷

明嘉靖二十四年浙江葉杏園刊本，廣文書局影入《古今詩話叢編》，國家圖
書館、北京圖書館、遼寧省圖書館藏。

明嘉靖三十四年詹氏白雲館刊本，安徽圖書館藏，未見。

明贛郡蕭氏古翰樓刊本，天一閣藏。收入《全明詩話》。

6. 名家詩法彙編（p.190）

朱紱、徐珪等纂輯

十卷　明萬曆五年潛川朱紱刊本，國家圖書館藏，廣文書局影入《古今詩
話續編》。收入《全明詩話》。

6. 名賢詩法（p.062）

闕名

三卷　明史潛校刊本，現藏北京圖書館，見《北京圖書館古籍善本書目》
著錄，題名「新刊名賢詩法」。

按：此書未見。孫殿起《販書偶記續編》著錄此書爲「約明初金壇史潛校
　　刊，黑口本」；鄭振鐸《西諦書目》則作「《新編名賢詩法》三卷」。

6. 名賢詩旨（p.261）

闕名

一卷　清乾隆二十四年敦本堂《詩學指南》本。收入《全明詩話》。

按：此書見《趙定宇書目》引黃葵陽家藏《稗統續編》著錄。

6. 名賢詩指（p.442）

程元初纂輯

十五卷　《澹生堂書目》卷十四〈詩評類〉、《千頃堂書目》卷三二〈文史
類〉、《明史藝文志》著錄。此書未見，疑佚。

6. 名賢詩評（p.196）

俞允文纂輯

二十卷

明古吳俞氏原刊本，國家圖書館藏，廣文書局影入《古今詩話續編》。

明萬曆間刊本，國家圖書館藏。

明萬曆四十一年崔苔軒刊本，《中國版刻綜錄》著錄，未見。

明刊本，《西諦書目》、《北京圖書館古籍善本書目》著錄，未見。

日本寬文九年刊本，臺灣大學文學院圖書館藏，未見。

按：《千頃堂書目》卷三二〈文史類〉、《明史藝文志》、《欽定文獻通考經籍考》均著錄是書二十卷。《澹生堂書目》卷十四〈詩評類〉著錄是書為俞允文著，十冊、二十卷。《脈望館書目》〈詩話類〉著錄是書二本。光緒六年刊《崑新兩縣續修合志》卷四十九〈著述目上〉則著錄是書為十二卷。《販書偶記續編》所著錄之本，無刻書年月，但推測約為萬曆年間刊本。

6. 竹里館詩說（p.231）

汪時元著

五卷　明萬曆二十五年張惟喬刊本，北京圖書館藏，見《北京圖書館古籍善本書目》著錄。此書未見。

6. 竹林詩評（p.069）

朱奠培著

一卷

明末刊《古今詩話》本。

明治二十五至三十年間排印《螢雪軒叢書》本，弘道文化事業公司民國六十年影入《詩話叢刊》。收入《全明詩話》。

按：此書應即朱奠培《松竹軒詩評》之殘本。

6. 竹莊詩話（p.405）

孫勝著

不著卷數，清乾隆元年刊《浙江通志》卷二五二〈經籍十二〉徵引《奉化縣志》著錄。清光緒三十四年刊《奉化縣志》卷三四〈藝文〉著錄，下註「采訪」二字。此書未見，疑佚。

7. 冷邸小言（p.232）

鄧雲霄著

一卷　清道光二十七年鄧仁聲刊本。

按：筆者所見周維德教授提供之手鈔本。蔡鎮楚《石竹山房詩話論稿》則謂廣州圖書館藏有明鈔本，今又有《嶺南叢書》之《嶺南詩話叢編》本。

7. **宋名人詩話**（p.398）

陳音纂輯

十卷　《楝亭書目》著錄。此書未見，疑佚。

7. **宋詩話五種**（p.086）

馮忠編刊

五卷　明弘治馮忠刊本。

按：此書爲馮忠節錄自楊成所輯《詩話》的前半部，未見。

7. **完白齋詩話**（p.455）

查光懷著

不著卷數　《徽州書目彙編》著錄。此書未見，疑佚。

7. **辛齋詩話**（p.445）

陸嘉淑著

不著卷數　民國十一年鉛印《杭州府志》卷九五〈藝文十〉著錄。今未見，疑佚。

7. **批選唐詩**（p.279）

郝敬著

二卷　明萬曆至崇禎間遞刊《郝洪範山草堂集》本。

7. **李杜或問**（p.422）

黃淳著

不著卷數　清光緒五年刊《廣州府志》卷九六〈藝文略・詩文評類〉著錄。此書未見，疑佚。

7. **李杜詩評**（p.429）

王象春著

二卷　《千頃堂書目》卷三二〈文史類〉著錄。此書未見，疑佚。

7. **李詩辨疑**（p.129）

朱諫著

二卷

明嘉靖朱守行刊本，黃群《李詩辨疑》跋著錄。未見。

明隆慶六年朱守行刊本，楊繩信《中國版刻綜錄》著錄。未見。

民國十八年永嘉黃氏排印《敬鄉樓叢書》本，浙江圖書館藏。收入《全明詩話》。

按：是書見《趙定宇書目》引《稗統續編》著錄。筆者所見爲周維德教授鈔自《敬鄉樓叢書》之鈔本。

7. **杜氏詩譜**（p.442）

闕名

不著卷數　《澹生堂書目》卷十四〈詩文評・詩評〉著錄。未見。

7. **杜詩三評**（p.449）

阮旻錫著

不著卷數　清同治十年刊《福建通志》卷七三〈經籍〉著錄。

按：此書未見，疑佚。民國十八年鉛印《同安縣志》卷二五〈藝文〉亦見著錄，然書名作「杜詩三律」。

7. **杜詩評律**（p.318）

洪舫著

二卷　清順治刊本，《販書偶記續編》、《皖人書錄》著錄。

按：此書未見。光緒三年重刊《安徽通志》卷三四六〈詩文評類〉著錄洪舫《杜律評》，不著卷數，與此書應爲同書。

7. **杜詩話**（p.453）

劉廷鑾著

卷數不詳　周采泉《杜集書錄》引朝鮮闕名輯《皇明遺民傳稿》卷六〈劉廷鑾傳〉著錄。此書未見，疑佚。

7. **杜詩肆考**（p.449）

沈求著

不著卷數　清嘉慶二十二年刊《松江府志》頁五四著錄。

十卷　清同治十一年刊《上海縣志》卷二七〈詩文評〉著錄。

按：是書未見，疑佚。

7. 杜詩攟（p.204）

唐元竑纂輯

四卷

清初刻本浙江吳興天一閣藏。未見。

舊鈔本國家圖書館藏，大通書局一九七四年影入黃永武教授所編《杜詩叢刊》。

清乾隆間《四庫全書》本。

按：是書見《明史藝文志補編》、《欽定續文獻通考經籍考》、同治十三年刊《湖州府志》卷五九〈藝文略四〉、光緒十三年刊《桐鄉縣志》卷一九〈藝文志〉著錄。

7. 豆亭詩學管見（p.442）

俞遠著

一卷　《澹生堂書目》卷十四〈詩文評·詩評類〉著錄。此書未見，疑佚。

7. 迂叟詩話（p.456）

周敬著

不著卷數　民國十一年鉛印《杭州府志》卷九五〈藝文十〉著錄。今未見，疑佚。

7. 吟史詩說（p.400）

姚福著

不著卷數　清同治十三年刊《上江兩縣志》卷十二〈藝文中〉著錄。未見，疑佚。

7. 吟堂博笑集（p.440）

高鉉纂輯

不著卷數　《晁氏寶文堂書目》、《趙定宇書目》、《千頃堂書目》、《百川書志》及王士祿《然脂集例》著錄。未見。

五卷　《四庫全書總目》卷一九三著錄於〈總集類存目三〉。未見。

7. **吟窗小會**（p.070）

沈周著

存一卷　清抄本，安徽皖南農學院圖書館藏。未見。

7. **佘山詩話**（p.381）

陳繼儒著，後人纂輯

三卷

清道光十一年刊《學海類編》本，廣文書局影入《古今詩話叢編》。新文豐
圖書公司影入《叢書集成新編》。商務印書館影入《叢書集成初編》。收入
《全明詩話》。

7. **作詩體要**（p.170）

楊良弼著

一卷　明嘉靖間清稿本，國家圖書館藏，廣文書局影入《古今詩話續編》。
收入《全明詩話》。

7. **佚老亭詩話**（p.412）

晏若川著

不著卷數　清光緒七年刊《江西通志》〈藝文略・集部〉著錄。今未見，疑
佚。

8. **定軒詩話**（p.399）

姚福著

不著卷數　《澹生堂書目》卷一四「詩話」類、陳田《明詩紀事・己籤》
卷一八徵引朱緒曾《金陵詩徵》著錄。今未見，疑佚。

8. **拘虛詩談**（p.166）

陳沂著

一卷

明嘉靖刊本，《販書偶記》著錄。

民國二十五年刊《四明叢書》第四集本。收入《全明詩話》。

8. 松石軒詩評（p.067）

朱奠培著

一卷　明成化十年刊本，北京大學圖書館藏。收入《全明詩話》。按：此書筆者所見為周維德教授手鈔成化十年本。

8. 枕山樓詩話（p.457）

陳元輔著

卷數不詳　日人津阪孝綽《夜航詩話》、日尾約《詩格刊誤》稱引，蔡鎮楚《石竹山房詩話論稿》著錄。未見。

8. 明詩平論（p.281）

朱隗著

二十卷　明崇禎十七年刊本，中國科學院圖書館藏，存第二集第九、十卷，《中國科學院圖書館藏中文古籍善本書目》著錄。今有《四庫禁燬書叢刊》影印本。

8. 明詩紀事（p.414）

黃德水著

不著卷數　《千頃堂書目》卷三二〈文史類〉著錄。

按：此書未見。清康熙三十二年修《蘇州府志‧藝文》、清光緒九年修《蘇州府志‧藝文一》、民國二十二年鉛印《吳縣志‧藝文考一》均著錄此書，惟作者名均作「黃河水」。查黃德水乃黃魯曾之子，初名「河水」，後改名「德水」。

8. 明詩紀事（p.431）

毛晉纂輯

不著卷數　乾隆二年刊《江南通志》卷一六五〈人物志‧文苑〉、光緒九年刊《蘇州府志》卷一三八〈藝文三〉、光緒三十年刊《重修常昭合志》卷四四〈藝文志〉著錄。《汲古閣校刻書目》謂此書未刊刻。

8. 明詩評（p.165）

王世貞著

四卷

明萬曆四十五年陽羨陳于廷刊《紀錄彙編》本。

《鳳洲筆記》本。收入《全明詩話》。

民國間商務印書館《叢書集成初編》本。

按：此書經《澹生堂書目》卷一四〈詩評類〉著錄。

8. 明詩話（p.310）

蘇之琨著

四卷　清刊本，福建圖書館藏。

按：此書未見。有清光緒五年補刊，民國十五年重印《莆田縣志》卷三三
〈藝文〉、民國十七年鉛印《沙縣志》卷九〈藝文〉著錄。

8. 性理大全論詩（p.326）

胡廣纂輯，後人又輯

一卷　趙鍾業《修正增補韓國詩話叢編》本。

按：此書乃後人輯自《性理大全》卷五六〈學十四・論詩〉。

8. 芝園集・諸家評（p.412）

張時徹纂輯

一卷　明嘉靖二十三年鄒守愚刻增修《芝園集》本、明刊《芝園定集》本。

按：此書爲《中國科學院圖書館中文古籍善本書目》〈集部・別集類〉著錄，
然二本均爲殘本，未見《諸家評》，疑佚。

8. 欣賞詩法（p.199）

茅一相纂輯

一卷　明萬曆八年刊《欣賞編》附《續編》本。收入《全明詩話》。

按：此書又名「欣賞詩法」。《晁氏寶文堂書目》中卷〈子雜類〉著錄《欣
賞編》，此應爲正德六年由沈津所輯之《欣賞編》原刊本，此本未收
《詩法》。《紅雨樓書目》〈詩話類〉著錄「茅一相集詩話一卷」。《販
書偶記續編》則著錄云：「《欣賞詩法》一卷，明吳興茅一相撰，萬曆
庚辰（八年）刊」。

8. 近譬軒詩話（p.417）

謝東山著

二卷　《萬卷堂書目》著錄。

四卷　《千頃堂書目》卷三二〈文史類〉、《明史藝文志》著錄。

按：此書未見，疑佚。《明史藝文志》作「謝東山詩話」。

9. 神仙詩話（p.441）

闕名

二卷　《澹生堂書目》卷十四〈詩話類〉、《千頃堂書目》卷三二〈文史類〉著錄。此書未見，疑佚。

9. 恬致堂詩話（p.369）

李日華著，曹溶纂輯

四卷

清道光十一年刊《學海類編》本，廣文書局影入《古今詩話叢編》。新文豐圖書公司影入《叢書集成新編》。收入《全明詩話》。

民國間商務印書館《叢書集成初編》本。

按：《四庫全書總目》卷一九七〈詩文評類存目〉、《欽定文獻通考經籍考》書名均作「恬志堂詩話」，卷數則著錄爲三卷。

9. 南北朝詩話（p.062）

闕名

一卷　明《永樂大典》本，鼎文書局影入《歷代詩史長編》。按：此本爲殘本。《明史藝文志補編》、《明書經籍志》著錄：「《南北朝詩話》一冊，闕」。

9. 南谷詩話（p.319）

雷燮著

三卷　明鈔本，《日本靜嘉堂文庫漢籍分類目錄》著錄於〈集部・詩文評類〉著錄。未見。

9. 南村詩話（p.395）

陶宗儀著

不著卷數　清光緒三年刊《黃巖縣志》卷二七〈藝文・書錄・子部・說家類〉著錄。

一卷　民國四年鉛印《台州經籍志》卷四〇〈詩文評類〉著錄。

十卷　民國二十五年印《台州府志》卷八四〈藝文略二十一〉著錄。

按：此書載於司馬泰《廣說郛》第六十五卷，《廣說郛》已佚。

9. 南皋詩話（p.410）

張鈇著

不著卷數　《千頃堂書目》卷三二〈文史類〉、乾隆元年刊《浙江通志》卷二五二〈經籍十二〉、乾隆六年補刊《寧波府志》卷三一〈藝文上〉、光緒二十五年刊《慈谿縣志》卷四七〈藝文二〉著錄。此書未見，疑佚。

9. 南溪筆錄群賢詩話（p.052）

南溪纂輯

三卷　明正德五年程啓充刊本，廣文書局影入《古今詩話續編》。

按：是書見《千頃堂書目》卷三二〈文史類〉、《萬卷樓書目》、《明史藝文志》、《百川書志》、《販書偶記續編》等著錄。國家圖書館、北京圖書館、北京清華大學圖書館、杭州大學圖書館、湖南師大圖書館等均有收藏。收入《全明詩話》。

9. 南濠詩話（p.110）

都穆著

一卷

明正德八年黃桓和州刊本。

明嘉靖十一年文璧吳郡刊本。

按：以上二本未見，《知不足齋叢書》本《南濠詩話》卷前保留此二本之序。

明徐縉家塾刊本，國家圖書館藏，廣文書局影入《古今詩話續編》。明末《古今詩話》本。

清順治三年兩浙督學周南李際期宛委山堂刊《說郛》續卷本。

清乾隆三十八年刊《知不足齋叢書》本（清乾隆同治間鮑氏刊本、民國十年上海古書流通處影本）。新文豐圖書公司影入《叢書集成新編》。收入《全明詩話》。

清《七子詩話》本。

民國五年丁氏排印《歷代詩話續編》本，北京中華書局有標點本，

木鐸出版社翻印。

明治二十五至三十年間《螢雪軒叢書》本，弘道文化事業公司影入《詩話叢刊》。

按：《百川書志》、《澹生堂書目》卷十四〈詩話類〉、《脈望館書目》〈詩話類〉、《玄賞齋書目》〈詩話類〉、《趙定宇書目》、《國史經籍志》、《千頃堂書目》卷三二〈文史類〉、《明史藝文志》、《欽定文獻通考經籍志》、《天一閣見存書目》、光緒九年刊《蘇州府志》卷一三六〈藝文一〉、《八千卷樓書目》等著錄。此外，周子文《藝藪談宗》收錄「南濠詩話」十一則；《古今圖書集成》〈文學下〉亦輯數則。

9. 香宇詩談（p.348）

田藝蘅著，後人纂輯

一卷　清順治三年兩浙督學周南李際期宛委山堂刊《說郛》續卷本。

按：《古今圖書集成・文學下》輯有此書數則。收入《全明詩話》。

9. 風雅叢談（p.447）

王應山著

六十八卷　《紅雨樓書目》〈詩話類〉、《千頃堂書目》卷三二〈文史類〉著錄。此書未見，疑佚。

9. 秋臺詩話（p.407）

葉盛著

一卷　《澹生堂書目》卷一四〈詩文評・詩評類〉、《千頃堂書目》卷三二〈文史類〉、《明史藝文志》、光緒六年《崑新兩縣續修合志》〈著述目上〉著錄。此書未見，疑佚。

9. 律詩指南（p.408）

邵經邦著

一卷　《千頃堂書目》卷三二〈文史類〉著錄。

四卷　《明史藝文志》、民國十一年鉛印《杭州府志》卷九五〈藝文十〉著錄。此書未見，疑佚。

10. 唐宋詩辨（p.446）

王圖鴻著

不著卷數　民國四年重印《山東通志》卷一四六〈藝文・集部・詩文評〉
著錄。此書未見，疑佚。

10. 唐音癸籤（p.303）

胡震亨纂評

三十三卷

明崇禎刊本，俞大綱〈紀唐音統籤〉著錄，未見。

清順治十五年雙與堂刊本，北京大學圖書館、上海圖書館藏，未見。

清康熙五十七年刊本未見。收入《全明詩話》。

清乾隆《四庫全書》本，臺灣商務印書館有影本。

清鈔本，《北京圖書館古籍善本書目》著錄，未見。

《中國文學參考資料小叢書》第一輯，《叢書大辭典》著錄，未見

按：《四庫全書總目》卷一九七〈詩文評類存目〉、《邵亭知見傳本書目》
　　著錄康熙戊戌江陰書肆本；《八千卷樓書目》著錄明刊本；《西諦書目》
　　著錄明末刊本。北京中華書局一九六二年有排印本，此本有世界書局
　　影印於臺灣發行，上海古籍出版社則於一九八一年有標點本發行。

10. 唐詩行世紀（p.411）

沈麟著

五卷　《萬卷樓書目》、《晁氏寶文堂書目》中卷〈子雜類〉、《明史藝文志》、
《詩藪》外編三「唐上」著錄。此書未見，疑佚。

10. 唐詩折衷（p.423）

袁一虬著

不著卷數　光緒九年刊《蘇州府志》卷一三六〈藝文一〉、民國二十二年
鉛印《吳縣志》卷五六上〈藝文考一〉著錄。未見，疑佚。

10. 唐詩品（p.323）

高棅著，後人纂輯

四卷　明汪宗尼校刊《唐詩品彙》本，學海出版社、上海古籍出版社有影

本發行。

　　按：《唐詩品彙》版本眾多，此書係後人輯自《唐詩品彙》。收入《全明詩
　　　　話》。

10. 唐詩品（p.121）

徐獻忠著

一卷

明嘉靖十九年華亭朱警刊《唐百家詩》本附，國家圖書館、故宮博物院圖
書館藏。收入《全明詩話》。

明藍格鈔本配補鈔本，國家圖書館藏。

10. 唐詩評（p.393）

王經著

不著卷數　《千頃堂書目》卷三二〈文史類〉、清光緒二年刊《撫州府志》
卷七九〈藝文・集部〉、清光緒七年修《江西通志》卷一一二〈藝文略・
集部〉著錄。此書未見，疑佚。

10. 唐詩摘句（p.175）

莊元臣纂輯

一卷　清永言齋鈔《莊忠甫雜著》本，北京圖書館藏。未見。

10. 唐詩談叢（p.379）

胡震亨著，曹溶纂輯

五卷

清道光十一年六安晁氏刊《學海類編》本，新文豐圖書公司影入《叢書集
成新編》。

民國間商務印書館《叢書集成初編》本。

　　按：《四庫全書總目》卷一九七〈詩文評類存目〉著錄此書為一卷。《八千
　　　　卷樓書目》亦著錄此書有《學海類編》本。

10. 容齋詩話（p.261）

陳基虞著

六卷　明刊本，北京圖書館藏，見《北京圖書館古籍善本書目》著錄。此

書未見。

10. 宮閨詩評（p.432）

方維儀著

一卷　王士祿《然脂集》著錄。

按：此書應即《宮閨詩史》之品評語所集結成書。《宮閨詩史》二集，《千
　　頃堂書目》、《列朝詩集小傳》、《明詩綜》、王士祿《然脂集》、吳德旋
　　《初月樓續聞見錄》著錄，今未見，疑佚。

10. 海鶴亭詩話（p.422）

闕名

不著卷數　《晁氏寶文堂書目》上卷〈詩詞類〉著錄。未見。

10. 桐山詩話（p.398）

陳焯著

不著卷數　清乾隆十九年刊《福州府志》卷七二〈藝文〉、清同治十年重
刊《福建通志》卷六七〈經籍〉著錄。未見，疑佚。

10. 茗椀譚（p.428）

屠本畯著

一卷　《紅雨樓書目》〈詩話類〉著錄。未見。

按：此書疑佚。《紅雨樓書目》著錄作者為「履本畯」，誤字。

10. 茶餘詩話（p.400）

魏俌著

不著卷數　清乾隆六年補刊《寧波府志》卷三一〈藝文上〉、清乾隆元年
修《浙江通志》卷二五二〈經籍十二〉徵引《嘉靖寧波府志》著錄。此書
未見，疑佚。

10. 徐氏詩談（p.379）

徐𤊵著，周維德纂輯

三卷

明崇禎五年刊《徐氏筆精》本，中央研究院傅斯年圖書館藏。

清乾隆四庫全書《徐氏筆精》本，臺灣商務印書館有影本。

清光緒十年序巴陵方氏廣東刊宣統元年印《碧琳琅館叢書・徐氏筆精》本，未見。

按：此書輯自四庫全書本《徐氏筆精》之〈詩談〉部分。收入《全明詩話》。

10. 徐炬詩話（p.389）

徐炬著，後人纂輯

一卷　清初《古今圖書集成》本。

按：此書係輯自《古今圖書集成》，原題「徐炬事物原始」。收入《全明詩話》。

10. 娛書堂詩話（p.316）

闕名

一卷

明末刊《古今詩話》本。

清順治三年兩浙督學周南李際期宛委山堂刊《說郛》續卷本。

按：此書與宋趙與虤《娛書堂詩話》同名。收入《全明詩話》。

11. 渚山堂詩話（p.090）

陳霆著

三卷　八千卷樓鈔本，南京圖書館藏，未見。

按：此本有《澹生堂書目》、《千頃堂書目》、《明史藝文志》、《欽定文獻通考經籍考》、《四庫全書總目》〈詩文評類存目〉著錄。

四卷　民國九年刊《吳興叢書》本。

按：此本經清鄭元慶修《湖錄經籍志》卷六著錄。

一卷　《四庫全書總目》〈別集類存目〉三「水南集」條著錄。

按：據大陸學者劉德重、張寅彭所著《詩話概說》之〈歷代詩話要目〉，著錄此書三卷，有天一閣藏本。《臺灣公藏善本書索引》、《國立中央圖書館藏善本書索引》亦著錄「明陳霆渚山堂詩話三卷，明嘉靖刊本」，然查原書，係《渚山堂詞話》之誤，故此書臺灣實未見。

11. 清居詩話（p.456）

項嘉謨著

不著卷數　清光緒五年刊《嘉興府志》卷八一〈經籍二・詩文評〉徵引《嘉禾徵獻錄》著錄。此書未見，疑佚。

11. 深省堂詩話（p.454）

李天植著

不著卷數　清光緒五年修《嘉興府志》卷八一〈經籍二・詩文評〉徵引前志著錄。此書未見，疑佚。

11. 郭氏詩評（p.420）

郭文詢著

不著卷數　清光緒六年重刊《福甯府志》卷二五〈福安儒林〉、清同治十年重刊《福建通志》卷八一〈經籍〉、清光緒十年刊《福安縣志》卷三三〈集部・藝文一〉著錄。此書未見，疑佚。

11. 通雅詩話（p.383）

方以智著，後人纂輯

一卷

清康熙五年姚文變校刊《通雅》本。

按：邵懿辰《增訂四庫簡明目錄標注》著錄：「《通雅》五十二卷，康熙丙午姚氏刊本」，孫詒讓《附錄》著錄日本國刻本，邵章《續錄》復著錄浮山此藏軒本。清乾隆四庫全書《通雅》本，臺灣商務印書館有影本，收入《全明詩話》。此書爲《通雅》之〈詩說〉部分，清潘德輿《養一齋詩話》卷十、林昌彝《海天琴思錄》均稱之爲「通雅詩話」。

11. 雪竹詩論（p.429）

高毓秀著

不著卷數　民國四年重印《山東通志》卷一四六〈藝文・集部・詩文評〉著錄。此書未見，疑佚。

11. 雪濤小書（p.217）

江盈科著

二卷

萬曆三十二年《雪濤閣四小書》本。

萬曆四十年《亘史鈔》吳公勵校刊本。

一九三五年章衣萍鉛印《國學珍本文庫》本，此本有大西洋書局、京都中文出版社、廣文書局發行影本。收入《全明詩話》。

按：是書包括《雪濤詩評》、《閨秀詩評》、《諧史》。

11. 雪濤詩評（p.218）

江盈科著

一卷

明末刊《古今詩話》本。

清順治三年宛委山堂刊《說郛》續卷本。收入《全明詩話》。

按：此書即《雪濤小書》《詩評》部分。

11. 梅菊詩評（p.394）

陸子高著

不著卷數　清光緒三十年刊《常昭合志》卷四四〈藝文志〉著錄。今未見，疑佚。

11. 排律辨體（p.184）

孫鑛評

十卷　明末刊本，上海圖書館藏。未見。

11. 曹安邱長語詩談（p.442）

闕名

一卷　《澹生堂書目》卷十四〈詩式類〉著錄。未見，疑佚。

11. 陶杜詩說（p.412）

尤璿著

按：此書見張慧劍編《明清江蘇文人年表》頁三〇四，徵引自《錫山秦氏文鈔》卷二。

11. 國朝詩評（p.351）

王世貞著，後人纂輯

一卷

明刊本《欣賞編別本十八種》之一。

明天啓七年新都程氏刊《天都閣藏書》本，新文豐圖書公司影入《叢書集成新編》。

清道光十一年六安晁氏刊《學海類編》本，廣文書局影入《古今詩話叢編》。收入《全明詩話》。

民國間商務印書館《叢書集成初編》本。

按：此書又名「詩評」。《四庫全書總目》卷一九七〈詩文評類存目〉「全唐詩說、詩評」條云：二書「載曹溶《學海類編》中，乃割削《藝苑巵言》鈔爲兩卷，初無此二名也。」

11. 國雅品（p.179）

顧起綸著

一卷

明萬曆元年勾吳武陵郡顧氏奇字齋刊本。

民國五年無錫丁氏排印《歷代詩話續編》本，北京中華書局有標點本，木鐸出版社翻印。收入《全明詩話》。

11. 晦庵先生詩話（p.095）

沈淪纂輯

一卷　《晁氏寶文堂書目》上卷〈詩詞類〉、《千頃堂書目》卷三二〈文史類〉等著錄。

按：此書郭紹虞《宋詩話考》中卷「清邃閣論詩」條有論述，並謂藏有鈔本，則是書或存於世。

12. 詞府靈蛇（p.285）

鍾惺著，程雲從訂

四卷　明天啓間金陵唐建元刊朱墨套印巾箱本，廣文書局影入《古今詩話續編》，國家圖書館、北京圖書館藏。

按：《販書偶記》著錄天啓乙丑（五年）精刊硃墨套印袖珍本。

12. **詠史詩序評**（p.413）

莊一俊著

不著卷數　清同治十年重刊《福建通志》卷七二〈經籍〉著錄。此書未見，
疑佚。

12. **須雲閣宋詩評**（p.446）

陸嘉淑著

二卷　民國十一年鉛印《杭州府志》卷九五〈藝文十〉著錄。此書未見，
疑佚。

12. **閒書杜律**（p.345）

楊慎著，後人纂輯

一卷

明末刊《古今詩話》本。

清順治三年宛委山堂刊《說郛》續卷本。收入《全明詩話》。

12. **畫禪室詩評**（p.366）

董其昌著，後人纂輯

一卷

清康熙裕文堂刊本，此本未見。

清乾隆四庫全書《畫禪室隨筆》本，臺灣商務印書館有影本。

清嘉慶間鈔《畫禪室隨筆》本。

按：此書係輯自清康熙本《畫禪室隨筆》中〈詩評〉部分。《畫禪室隨筆》
又有楊無補輯本，世界書局影入《藝術叢編》。新興書局亦影入《筆
記小說大觀正編》之本。

12. **揮麈詩話**（p.205）

王兆雲纂輯

一卷

清乾隆四十三年金氏硯雲書屋刊《硯雲乙編》本，影入《申報館叢書續集》
之〈紀麗類〉。新文豐圖書公司影入《叢書集成新編》。收入《全明詩話》。

明治二十五至三十年間《螢雪軒叢書》本，弘道文化事業公司影入《詩話
叢刊》。

民國間商務印書館《叢書集成初編》本。

按：《八千卷樓書目》著錄是書：「一卷，《硯雪甲乙編》本」，叢書名有誤
　　字。

12. 棗林藝簣（p.387）

談遷著，後人纂輯

一卷

明崇禎刊本，收入《全明詩話》。

清道光十一年六安晁氏刊《學海類編》本，廣文書局影入《古今詩話叢編》。

新文豐圖書公司影入《叢書集成新編》。

按：《四庫全書總目》卷一九七〈詩文評類存目〉：此書「實《棗林雜俎》
　　之一卷。」

12. 陽關三疊圖譜（p.145）

田藝蘅著

一卷

明刊（重訂）《欣賞編》本。

明刊《欣賞編別本十八種》本。

明末刊《廣百川學海》壬集本。

清順治三年兩浙督學周南李際期宛委山堂刊《說郛》續卷本。收入《全明
詩話》。

12. 雲谷詩話（p.453）

張廷用著

不著卷數　　《千頃堂書目》卷三二〈文史類〉著錄。未見，疑佚。

12. 菊坡叢話（p.071）

單宇纂輯

二十六卷

明成化九年原刊本，國家圖書館、北京圖書館藏，廣文書局影入《古今詩
話續編》。收入《全明詩話》。

明藍格影鈔成化間本，國家圖書館藏。

明刊本，故宮博物院圖書館藏。

一卷　清順治三年兩浙督學周南李際期宛委山堂刊《說郛》續卷本。

按：是書見《澹生堂書目》卷一四〈詩話類〉著錄云：「《菊坡叢話》四冊，
　　五卷」。《玄賞齋書目》卷七〈詩話類〉則不著卷數。《紅雨樓書目》
　　〈詩話類〉、《天一閣見存書目》、《欽定文獻通考經籍考》著錄是書爲
　　二十六卷。

12. 焦氏詩評（p.364）

焦竑著，後人纂輯

一卷

明萬曆三十四年謝與棟刊《焦氏筆乘》本。

清咸豐武崇曜校刊《粵雅堂叢書・焦氏筆乘》本，新文豐圖書公司影入《叢
書集成新編》。

日本慶安二年刊《焦氏筆乘》本。

按：此書係輯自《焦氏筆乘》，收入《全明詩話》。明周子文《藝藪談宗》
　　輯有《焦氏筆乘》數則。《古今圖書集成・文學下》亦輯有數則。

12. 集古詩話（p.431）

丁烓著

不著卷數　清同治十年重刊《福建通志》卷八一〈經籍〉著錄。此書未見，
疑佚。

13. 詩人木屑（p.397）

宋儒著

不著卷數　清康熙二十二年刊《奉化縣志》卷十二〈藝文〉、清乾隆元年
刊《浙江通志》卷二五二〈經籍十二〉著錄。未見，疑佚。

13. 詩人敘論（p.324）

高棅著，後人纂輯

不著卷數　清同治十年重刊《福建通志》卷六九〈經籍〉著錄。

按：此書疑即《唐詩品彙》卷前之〈歷代名公敘論〉。

13. 詩文要式（p.254）

胡文煥著

一卷　明萬曆三十一年刊《格致叢書》本，收入《全明詩話》。

按：《趙定宇書目》、乾隆元年刊《浙江通志》卷二五二〈經籍十二〉、民
　　國十一年鉛印《杭州府志》卷九五〈藝文十〉著錄。

13. 詩文浪談（p.262）

林希恩著

一卷

明末刊《古今詩話》本。

清順治三年兩浙督學周南李際期宛委山堂刊《說郛》續卷本。收入《全明
詩話》。

按：《古今圖書集成‧文學下》收有此詩話十二則。另，《澹生堂書目》
　　卷十二〈總集‧逸詩〉著錄是書有《林子分內集》本。

13. 詩文軌範（p.394）

徐駿著

二卷　《四庫全書總目》卷一九七〈詩文評類存目〉「詩文軌範」條、清
光緒九年刊《蘇州府志》卷一三八〈藝文三〉、光緒三十年刊《常昭合志》
卷四四〈藝文志〉著錄。此書未見，疑佚。

13. 詩文原始（p.346）

李攀龍著，後人纂輯

一卷　《欽定文獻通考經籍考》、《四庫全書總目》卷一九七〈詩文評類存
目〉著錄。

按：《四庫全書總目》卷一九七〈詩文評類存目〉「詩文原始」條謂此書
　　疑似曹溶（《學海類編》）掇拾割裂之書，偽題攀龍所作。

13. 詩心珠會（p.169）

朱宣墧纂輯

八卷　《萬卷堂書目》、《欽定文獻通考經籍考》、《四庫全書總目》卷一九
七〈詩文評類存目〉、嘉慶二十一年刊《四川通志》卷一八七〈集部‧詩
文評〉著錄，未見。

十卷　《天一閣見存書目》著錄，未見。

13. **詩本事**（p.317）

程羽文著

一卷

清康熙三十六年霞舉堂刊《檀几叢書》本。收入《全明詩話》。

清宣統二年上海國學扶輪社排印《古今說部叢書‧一集》本，未見。

按：筆者所見爲周維德教授鈔自《檀几叢書》之鈔本。

13. **詩史**（p.449）

江兆興著

不著卷數　清同治十年修《福建通志》卷七九〈經籍〉著錄。此書未見，疑佚。

13. **詩外別傳**（p.426）

袁黃著

二卷　《紅雨樓書目》〈詩話類〉、《楝亭書目》著錄。此書未見。

按：《販書偶記續編》著錄云：「《詩外別傳》一卷，附《編輯大意》一卷，明吳人袁黃撰，無刻書年月，約萬曆間韓敬求刊。」

13. **詩言五至**（p.237）

屠本畯著

五卷　明萬曆二十六年刊本，藏中國科學院圖書館，未見。

按：此書經《紅雨樓書目》〈詩話類〉、《千頃堂書目》卷三二〈文史類〉著錄。

13. **詩法**（p.353）

王世貞著，後人纂輯

一卷　明刊本，《八千卷樓書目》著錄。

按：此書未見，應係後人纂輯王世貞詩學著作而來。

13. **詩法**（p.325）

解縉著，後人纂輯

一卷　清初《古今圖書集成》本。

按：此書係輯自《古今圖書集成》所錄之《春雨雜述》，原題作「論作詩法」。收入《全明詩話》，改題作「詩法」。

13. 詩法（p.136）

黃子肅著

一卷

清乾隆二十四年敦本堂刊《詩學指南》本。收入《全明詩話》。

明萬曆三十一年刊《格致叢書》本，書名作「黃氏詩法」，未見。

按：「黃子肅」並非黃省曾，應為元人。此書另被收入朱權《西江詩法》、朱紱《名家詩法彙編》及王昌會《詩話類編》。

13. 詩法（p.076）

楊成纂輯

五卷

明成化十六年序刊本，收入《全明詩話》。

明嘉靖三十一年刊本，現藏寧波天一閣。

按：此書又名「群公詩法」，未見。

13. 詩法（p.056）

黃裳著

三篇　《千頃堂書目》卷三二〈文史類〉著錄。

按：此書今見於朱權所編纂的《西江詩法》。《西江詩法》為朱權取元人《詩法》與黃裳《詩法》，互為取捨編校而成。

13. 詩法大成（p.260）

謝天瑞纂輯

十卷

明復古齋刊本，北京圖書館藏，未見。

明刊本，中央民族學院圖書館藏，未見。

按：此書經《販書偶記續編》著錄云：「無刻書年月，約萬曆間復古齋刊。」

13. 詩法初津（p.456）

葉弘勳著

不著卷數　清光緒九年刊《蘇州府志》卷一三六〈藝文一〉著錄。

今未見，疑佚。

13. 詩法拾英（p.421）

孫昭纂輯

一卷　《晁氏寶文堂書目》上卷〈詩詞類〉、民國十年刊清孫詒讓修《溫州經籍志》卷三三引《讀書敏求記》卷四及《天一閣書目》卷四之四著錄。今未見，疑佚。

13. 詩法指南（p.181）

王檟纂輯

二卷　明萬曆蘊古堂刊本，遼寧省圖書館藏，未見。收入《全明詩話》。

13. 詩法要標（p.183）

吳默、王檟纂輯

三卷　明鈔本

按：此書見韓人趙鍾業《中韓日詩話比較研究》著錄，並影入《韓國詩話叢編》第十二卷刊行。

13. 詩法統宗（p.255）

胡文煥纂輯

不著卷數　《趙定宇書目》、乾隆元年刊《浙江通志》卷二五二〈經籍十二〉、民國十一年《杭州府志》卷九五〈藝文十〉著錄。此書未見，疑佚。

13. 詩法源流（p.063）

懷悅纂輯

一卷

明初刊黑口本，國家圖書館、北京圖書館藏，廣文書局影入《古今詩話續編》。

影鈔明初刊本，國家圖書館藏。

明嘉靖三十一年朝鮮尹春年序刊本，日本內閣文庫藏。收入《全明詩話》。

13. **詩法源流**（p.074）

王用章纂輯

三卷

明嘉靖二十九年刊本，收入《全明詩話》。

明嘉靖三十八年刊本，蘇州圖書館、天一閣藏，未見。

明刊本，重慶圖書館藏，存一卷，未見。

按：此書係王用章增補懷悅所編《詩法源流》而成。

13. **詩法鉤玄**（p.398）

蔣主忠著

不著卷數　《明清江蘇文人年表》頁八三著錄。此書未見。

13. **詩法輯略**（p.410）

王偕著

不著卷數　民國四年重印《山東通志》卷一四六下〈藝文·集部·詩文評〉
著錄。此書未見，疑佚。

13. **詩府靈蛇**（p.376）

鍾惺、譚元春著，周維德纂輯

六卷　明刊《詩歸》本。

按：本書係輯自《詩歸》。收入《全明詩話》。

13. **詩宗類品**（p.260）

孝文纂輯

六卷　明萬曆刊本，吉林大學圖書館藏。未見。

13. **詩林正宗**（p.258）

余象斗纂輯

四卷　《紅雨樓書目》〈詩話類〉著錄，然不著編者姓名，未見。

十二卷　明余氏雙峰堂刊本，全書題名「仰止子詳考古今名家潤色詩林正
宗」，北京圖書館藏（存一至四卷），未見。

13. **詩林辯體**（p.422）

關名

不著卷數　《晁氏寶文堂書目》上卷〈詩詞類〉著錄。未見，疑佚。

13. **詩的**（p.186）

王文祿著

一卷

明隆慶二年刊萬曆十二年重編印《百陵學山》本（上海涵芬樓《景印元明善本叢書十種・百陵學山》），新文豐圖書公司影入《叢書集成新編》。收入《全明詩話》。

民國間商務印書館《叢書集成初編》本。

按：《百陵學山》本卷前有王文祿作於萬曆三年之〈詩的引〉。

13. **詩品會函**（p.273）

陳仁錫纂輯

四卷　明末刊《八函》叢書本，北京故宮博物院圖書館、安徽省圖書館藏，未見。

13. **詩紀匡謬**（p.293）

馮舒著

一卷

清乾隆三十八年刊《知不足齋叢書》本。

清乾隆間《四庫全書》本。

13. **詩紀類林**（p.409）

張之象纂輯

不著卷數　清同治十一年刊《上海縣志》卷二七〈詩文評〉、清光緒九年刊《松江府續志》卷三七〈藝文志・集部補遺・詩文評類〉著錄。此書未見，疑佚。

13. **詩家一指**（p.065）

懷悅纂輯

一卷　《百川書志》、《千頃堂書目》、《明史藝文志》、《天一閣書目》等著錄。

按：此書輯錄自范德機《木天禁語》。《百川書志》題作「皇明嘉禾釋懷悅用和編集」。《千頃堂書目》卷三二〈文史類〉、《明史藝文志》則作「懷悅《詩家一指》，一卷」。《天一閣書目》亦著錄是書爲「明懷悅編集」，並收錄懷悅〈敘〉。

13. 詩家心法（p.454）

李爵著

不著卷數　清乾隆二年刊《江南通志》卷二九二〈藝文志・子部・雜說〉、清光緒三年刊《安徽通志》卷三四六〈藝文志・集部・詩文評類〉著錄。今未見，疑佚。

13. 詩家全體（p.429）

李之用纂輯

十四卷　《澹生堂書目》卷十四〈詩文評・文式文評類〉著錄。

按：楊繩信《中國版刻綜錄》著錄此書有萬曆二十六年邵武府學刊本，今則未見，或已亡佚。

13. 詩家集法（p.254）

胡文煥著

一卷　明萬曆三十一年刊《格致叢書》本。未見。

按：此書乾隆元年刊《浙江通志》卷二五二〈經籍十二〉、民國十一年鉛印《杭州府志》卷九五〈藝文十〉著錄。

13. 詩家譚藪（p.319）

闕名

一卷　明鈔本，湖北省博物館藏。未見。

13. 詩格（p.397）

朱權著

一卷　《百川書志》、《千頃堂書目》卷三二〈文史類〉、《明史藝文志》著錄。未見。

13. 詩教外傳（p.334）

陳獻章著，湛若水輯編

五卷　《四庫全書總目》卷一七五〈別集類存目二〉著錄。

按：此書未見。臺灣大學圖書館藏有明嘉靖四年本《白沙先生詩教解》十
　　五卷，或有此書。另，北京圖書館藏有嘉靖馬崧刊本《白沙先生詩教
　　解》。《中國版刻綜錄》則著錄天啓一年（一六二一）王安舜刊《白沙
　　先生文集》十二卷，附《詩教解》十五卷。

13. 詩評（p.223）

蔣一葵纂輯

一卷

明刊本，《漢語大辭典》資料室藏，未見。

日本寶曆壬午（十二年，一七六二）刊本（日本古典研究會影入《和刻本
漢籍隨筆錄》）。

按：筆者所見爲周維德教授鈔自日本寶曆刊本之鈔本。

13. 詩評（p.401）

張鉞著

二冊清光緒五年刊《鎮海縣志》卷三二〈藝文下〉著錄。此書未見，疑佚。

13. 詩評（p.421）

傅應兆著

一卷　清光緒十年刊《臨朐縣志》卷九〈藝文〉著錄。未見，疑佚。

13. 詩評（p.416）

朱諫著

不著卷數　清乾隆元年刊《浙江通志》卷二五二〈經籍十二‧詩文評類〉
引《兩浙名賢錄》著錄，又見《溫州經籍志》著錄。

按：此書未見，《溫州經籍志》謂此書已佚。

13. 詩評集句（p.455）

鄢茂材著

不著卷數　清同治十年重刊《福建通志》卷六九〈經籍〉、民國十一年鉛

印《永泰縣志》卷八〈書目〉著錄。

按：此書未見，亦未刊行，《永泰縣志》卷九〈文苑傳・鄢茂材傳〉謂其：
「著有《詩評集句》、《墨抄》，藏於家。」

13. **詩評墨抄**（p.455）

鄢茂材著

不著卷數　清同治十年重刊《福建通志》卷六九〈經籍〉、民國十一年鉛
印《永泰縣志》卷九〈文苑傳〉著錄。

按：此書未見，亦未刊行，《永泰縣志》卷九〈文苑傳・鄢茂材傳〉謂其：
「著有《詩評集句》、《墨抄》，藏於家。」

13. **詩評密諦**（p.248）

王良臣纂輯

四卷　明天啓刊本，藏中國科學院，見《中國科學院圖書館藏中文古籍善
本書目》，未見。

按：此書見清光緒三十年重修《常昭合志》卷四四〈藝文志〉著錄。

13. **詩筌**（p.217）

王述古著

六卷　明刻本，河南圖書館藏。未見。

13. **詩源撮要**（p.231）

張懋賢纂輯

一卷

明萬曆二十五年金陵荊山書林刊《夷門廣牘》本（上海涵芬樓《景印元明
善本叢書十種・夷門廣牘》）。新文豐圖書公司影入《叢書集成新編》。收
入《全明詩話》。

民國間商務印書館《叢書集成初編》本。

按：此書《萬卷堂書目》著錄作者爲「吳成」。《紅雨樓書目》著錄作者爲
「張懋」。《晁氏寶文堂書目》則不著作者。《澹生堂書目》則著錄於
〈詩式類〉。

13. 詩源辨體（p.287）

許學夷著

十六卷　明萬曆四十一年刊本，北京圖書館藏，《北京圖書館古籍善本書目》著錄，未見。此本附《許伯清詩稿》一卷。

三十六卷　明崇禎十五年陳所學刊本，北京圖書館藏，《北京圖書館古籍善本書目》著錄，未見。此本附《後集纂要》二卷，收入《全明詩話》。

三十八卷　民國十一年上海裴廬鉛印本，《販書偶記續編》著錄。

按：《販書偶記續編》著錄云：「《詩源辨體》三十六卷，後集二卷，附《許伯清詩稿》一卷，《輯補》一卷，崇禎間刊，民國十一年上海裴廬以古宋字排印本」，此本今存，惟筆者未見。此書另有人民文學出版社一九八七年出版杜維沫校點本。

13. 詩話（p.456）

浮白齋主人著

一卷　明刊本，宋隆發〈中國歷代詩話總目匯編〉著錄。

按：此書著錄不明確，不知為何書。

13. 詩話（p.078）

楊成纂輯

十卷

明弘治三年馮忠刊本，上海圖書館藏，存卷一至卷七，未見。

明刊本，鄭振鐸《西諦書目》著錄，存卷三至卷七，未見。

13. 詩話補遺（p.341）

楊慎著，後人纂輯

三卷

明嘉靖三十五年曹命合州刊本，收入《全明詩話》。

按：此本見臺灣國家圖書館、四川圖書館、南京圖書館、山東大學圖書館藏。

明澹生堂鈔《楊升庵雜錄》本，北京圖書館藏，未見。

清乾隆《四庫全書》本，臺灣商務印書館有影本。

清乾隆中綿州李氏萬卷樓刊嘉慶十四年李鼎元重校《函海》本（清道光五

年李朝蘷補刊印《函海》本），新文豐圖書公司影入《叢書集成新編》。

　按：此書有二卷、三卷的卷帙之異，如《千頃堂書目》卷三二〈文史類〉、
　　　《欽定文獻通考經籍考》、《善本書室藏書志》、《邵亭知見傳本書目》、
　　　《八千卷樓書目》均著錄三卷；《國史經籍志》則著錄二卷；《內閣書
　　　目》則作一冊。

13. 詩話隨鈔（p.319）

　楊春光纂輯

　上集四卷，下集四卷，附錄一卷　明抄本，南京圖書館藏。未見。

13. 詩話舊聞（p.393）

　秦約著

　不著卷數　《千頃堂書目》卷三二〈文史類〉著錄。

　按：光緒九年刊《蘇州府志》卷一三七〈藝文二〉著錄《師友話語》，引
　　　前志云：「《詩話舊約》，一作《師友話舊》」，疑即《師友話語》。此書
　　　未見，疑佚。

13. 詩話類編（p.248）

　王昌會纂輯

　三十二卷

　明萬曆四十四年刊本，國家圖書館、北京圖書館藏，廣文書局影入《古今
　詩話續編》。收入《全明詩話》。

　　　按：《澹生堂書目》卷十四〈詩話類〉著錄作「《詩話類編》七本，
　　　王圻」，作者誤爲王昌會的祖父王圻。《千頃堂書目》題作「詩話彙」，
　　　脫字；《明史藝文志》作「詩話彙編」。《欽定文獻通考經籍考》則
　　　作「詩話類編」。劉德重、張寅彭《詩話概說》附錄〈歷代詩話要
　　　目〉著錄此書云：「（詩話類編）三十二卷，《四庫》本」，其說錯誤，
　　　該書僅見〈詩文評類存目〉著錄。

13. 詩說紀事（p.260）

　胡之驥著

　三卷　明萬曆刊本，上海圖書館藏。未見。

13. 詩說解頤（p.319）

蘇濂著

四卷　明鈔本，北京大學圖書館藏。未見。

13. 詩說解頤（p.446）

朱家瓚著

不著卷數　清光緒二十二年刊《遂昌縣志》卷十〈藝文〉著錄。此書未見，疑佚。

13. 詩談（p.092）

徐泰著

一卷

明嘉靖三十三年原刊隆萬間增補《明世學山》本。未見。

明隆慶二年刊萬曆十二年重編印《百陵學山》本（上海涵芬樓《景印元明善本叢書十種・百陵學山》），新文豐圖書公司影入《叢書集成新編》。收入《全明詩話》。

明天啓三年海鹽原刊《鹽邑志林》本（上海涵芬樓景印《元明善本叢書十種・鹽邑志林》），此本題作「徐豐崖詩談」。

清順治三年兩浙督學周南李際期宛委山堂刊《說郛》續卷本。

清道光十一年六安晁氏刊《學海類編》本（道光本、影道光本），廣文書局影入《古今詩話叢編》。

清咸豐元年刊《遜敏堂叢書》本。未見。

13. 詩談（p.430）

繆邦珏著

不著卷數　清光緒六年重刊《福寧府志》卷二四〈福安儒林〉、清同治十年重刊《福建通志》卷八一〈經籍〉、清光緒十年刊《福安縣志》卷二三〈藝文一・集部〉著錄。此書未見，疑佚。

13. 詩禪瑣評（p.171）

宋登春著

一卷　清康熙二十四年王培益刊《宋布衣集》本。未見。

按：此書《千頃堂書目》著錄爲一卷。錢謙益《列朝詩集小傳》丁集中〈鵝
　　池生宋登春小傳〉亦著錄此書。

13. 詩學正旨（p.456）
　　楊徵元著
　　不著卷數　《萬曆嘉定縣志》卷二十二、清康熙十二年刊《嘉定縣志》卷
　　二十四、清康熙三十二年刊《蘇州府志》卷四五〈藝文〉著錄。此書未見，
　　疑佚。

13. 詩學正蒙（p.397）
　　王偉著
　　不著卷數　清光緒十一年重刊《湖南通志》卷二五八〈藝文十四・集部
　　六・評論類〉著錄。此書未見，疑佚。

13. 詩學指南（p.409）
　　張之象纂輯
　　不著卷數　清同治十一年刊《上海縣志》卷二七〈詩文評〉、清光緒九年
　　刊《松江府續志》卷三七〈藝文志・集部補遺・詩文評類〉著錄。此書未
　　見，疑佚。

13. 詩學啟蒙（p.086）
　　華宗康著
　　不著卷數　《明清江蘇文人年表》徵引《錫山書目考》卷七著錄。此書
　　未見。

13. 詩學梯航（p.059）
　　周敘纂輯
　　一卷
　　明成化刊本，收入《全明詩話》。
　　明藍絲欄鈔本，天一閣藏。
　　按：是書爲周鳴考訂，周敘重新纂輯。筆者所見爲周維德教授提供明成化
　　　　刊本之手鈔本。

13. **詩學聲容**（p.447）

陳紹功著

二卷　《紅雨樓書目》〈詩話類〉著錄。此書未見，疑佚。

13. **詩學題詠**（p.422）

闕名

不著卷數　《晁氏寶文堂書目》上卷〈詩詞類〉著錄。未見，疑佚。

13. **詩學叢言**（p.259）

冒愈昌著

二卷　明末刊本

按：周維德教授謂：「復旦大學圖書館藏有《詩學雜言》二卷，冒愈昌撰，明末刻本。」應即此書。又，清嘉慶十三年刊《如皋縣志》卷二一〈藝文三〉、清光緒元年刊《通州直隸州志》卷十六〈藝文志〉均著錄是書，惟不著卷數。

13. **詩學權輿**（p.072）

黃溥纂輯

二十二卷

明成化五年自刻本，北京圖書館藏，存二十一卷，第十卷缺。

明成化六年熊斌刊本，南京大學圖書館藏。

明天啓五年復禮堂刊本。

按：此書未見。《脈望館書目》著錄此書「四本」。《千頃堂書目》卷三二〈文史類〉著錄此書四卷。

13. **詩學體要類編**（p.094）

宋孟清纂輯

三卷　明弘治刊本，書藏北京圖書館。

按：此書經《晁氏寶文堂書目》卷上〈詩詞類〉、《百川書志》、《千頃堂書目》卷三二〈文史類〉、《明史藝文志》著錄，未見。

13. **詩膾**（p.453）

陳雲式纂輯

八卷　《欽定文獻通考經籍考》、《四庫全書總目》卷一九七〈詩文評類存目〉著錄。此書未見，疑佚。

13. 詩藪（p.210）

胡應麟著

二十卷

明萬曆三十七年張養正刊本，南京圖書館藏，未見。

明萬曆四十六年汪湛然金華刊《少室山房全稿》本，國家圖書館、故宮博物院圖書館等藏（北京圖書館藏有此本的「詩藪續編」二卷）。

明崇禎五年延陵吳國琦重刊《少室山房四集》本，國家圖書館藏。十八卷，續編二卷

明崇禎五年延陵吳國琦等重刊《少室山房全集》本，國家圖書館藏內編六卷，外編六卷，雜編六卷，續編二卷。

明刊本，天津師大圖書館、山西師大圖書館等藏，未見。

清鈔本，上海圖書館藏，未見。

清光緒二十二年廣雅書局校刊本。收入《全明詩話》。

日本貞享三年武村新兵衛刊本，國家圖書館、南京圖書館藏。

民國十三年《續金華叢書》本，故宮博物院圖書館等藏。

按：是書見《澹生堂書目》卷十四〈詩評類〉、《玄賞齋書目》卷七〈詩話類〉、《千頃堂書目》卷三二〈文史類〉、《明史藝文志》作二十卷、《欽定文獻通考經籍考》、《四庫全書總目》卷一九七〈詩文評類存目〉、《八千卷樓書目》等著錄。中華書局上海編輯所一九五八年據日本貞享刊本出版校補標點本；上海古籍出版社一九七九年出版四編二十卷本，正生書局有翻印本。

13. 詩譚（p.307）

葉廷秀著

十卷，續錄一卷

明崇禎八年新都胡氏十竹齋刊本，國家圖書館、北京圖書館、上海圖書館等藏，廣文書局影入《古今詩話續編》。收入《全明詩話》。

明崇禎中刊清補刊印之《葉潤山輯著全書》本，此本僅收錄《續詩譚》一卷，未見。

按：《四庫全書總目》卷一九七〈詩文評類存目〉、《八千卷樓書目》作十卷。《欽定文獻通考經籍考》作「《詩談》，十卷」。

13. 詩鏡總論（p.294）

陸時雍著

一卷

明崇禎間刊《詩鏡》本附。

按：此本下署：「檇李陸時雍選，武林門人張煒如編」。

清乾隆間《四庫全書》之《古詩鏡》卷首本。

按：此書有民國五年無錫丁氏排印《歷代詩話續編》本，北京中華書局有標點本，木鐸出版社翻印。收入《全明詩話》。

13. 詩譜（p.396）

朱權著

一卷 《百川書志》、《千頃堂書目》卷三二〈文史類〉、《明史藝文志》著錄。按：此書存佚不詳。

13. 詩體明辯（p.353）

徐師曾纂輯，沈芬、沈騏續輯

二十六卷 明崇禎十三年嘉興沈氏原刊本，國家圖書館藏，廣文書局有影本。

十卷 清順治十五年刊本，《販書偶記續編》著錄，收入《全明詩話》，未見。

按：此書輯自徐師曾隆慶四年纂輯完成之《文體明辨》。《古今圖書集成·文學下》亦收錄《詩體明辨》數則。

13. 詩體緣起（p.377）

陳懋仁著，後人纂輯

一卷

清道光十一年六安晁氏刊《學海類編·續文章緣起》本，新文豐圖書公司影入《叢書集成新編》。

民國間《叢書集成初編·續文章緣起》本。

按：此書係輯自《續文章緣起·詩類》部分。收入《全明詩話》。

13. **滄湄詩話**（p.450）

林霍著

不著卷數　民國十八年鉛印《同安縣志》卷二五〈藝文〉著錄。未見，疑佚。

13. **頑潭詩話**（p.309）

陳瑚著

二卷、補遺一卷、附錄一卷　明昆山趙氏刊《峭帆樓叢書》本，北京圖書館藏。

按：陳瑚為明末清初之人，故吳宏一《清代詩學初探》將是書著錄於〈清代詩話知見錄〉；蔡鎮楚《石竹山房詩話論稿》著錄於〈明代詩話考略〉。

13. **群公詩話**（p.439）

孫賛纂輯

五卷　《萬卷堂書目》著錄。此書未見，疑佚。

按：張健〈《詩家一指》的產生時代與作者〉，載有佚名氏所輯《群公詩法》五卷，並謂是書有後序稱得之於正德丙子（十一年，一五一六）。此書未見，不知是否即孫賛《群公詩法》。

13. **感世編**（p.442）

葛焜著

三卷　《澹生堂書目》卷十四〈詩文評・詩評類〉著錄。未見。

13. **過庭詩話**（p.159）

劉世偉著

二卷　明嘉靖刊本，北京圖書館、天一閣藏。

按：此書未見。《千頃堂書目》卷三二〈文史類〉、《欽定文獻通考經籍考》著錄；《四庫全書總目》卷一九七〈詩文評類存目〉謂此書卷前有嘉靖丁巳閣新恩序。

13. **蜀中詩話**（p.374）

曹學佺著，後人纂輯

一卷

明末刊《古今詩話》本。

清順治三年兩浙督學周南李際期宛委山堂刊《說郛》續卷本。收入《全明詩話》。

四卷

明刊本，福建圖書館藏。此本有《紅雨樓書目》、《千頃堂書目》、《明史藝文志》著錄。

清乾隆《四庫全書》史部《蜀中廣記》本。

按：是書另見《澹生堂書目》卷十四〈詩話類〉、乾隆十九年刊《福州府志》卷七二〈藝文〉著錄。

13. **蛻巖詩話**（p.438）

王埜著

不著卷數　《千頃堂書目》卷三二〈文史類〉著錄為「悅巖詩話」。乾隆五十七年刊《紹興府志》卷七八〈經籍二〉則作「蛻巖詩話」。此書未見，疑佚。

13. **嗜泉詩說**（p.407）

李璋著

五則　《四庫全書總目》卷一七六〈別集類存目三〉「嗜泉詩存」條、光緒五年刊《嘉興府志》卷八一〈經籍二・詩文評〉著錄。此書未見，疑佚。

13. **敬君詩話**（p.373）

葉秉敬著，後人纂輯

一卷

明末刊《古今詩話》本。

清順治三年兩浙督學周南李際期宛委山堂刊《說郛》續卷本。收入《全明詩話》。

13. **葦菴詩話抄**（p.445）

孫國敉著

不著卷數　清乾隆二年刊《江南通志》卷二九二〈藝文志・子部・雜說〉著錄。此書未見，疑佚。

13. 嵩陽詩律（p.395）

　　劉績著

　　不著卷數　《千頃堂書目》卷三二〈文史類〉著錄。

　　按：此書未見，疑佚。乾隆元年刊《浙江通志》卷二五二〈經籍十二〉、
　　　　乾隆五十七年刊《紹興府志》卷七八〈經籍志二〉亦著錄。

13. 逸老堂詩話（p.143）

　　俞弁著

　　二卷

　　清鈔本，北京圖書館藏，未見。

　　民國五年無錫丁氏排印《歷代詩話續編》本，北京中華書局有標點本，木
　　鐸出版社翻印。收入《全明詩話》。

　　按：此書見傅增湘《藏園群書經眼錄》著錄，傅氏並撰有〈逸老堂詩話跋〉，
　　　　見《藏園群書題記》卷六補遺。

13. 解頤新語（p.176）

　　皇甫汸著

　　八卷

　　明隆慶刊本，傅增湘《藏園群書經眼錄》著錄，未見。

　　明萬曆八年刊《欣賞詩法》本。

　　按：此本只收〈敘論〉、〈考證〉、〈詮藻〉數則。

　　明萬曆二十五年刊《藝藪談宗》本。

　　明刊本。收入《全明詩話》。

　　按：《國史經籍志》、《千頃堂書目》卷三二〈文史類〉、《明史藝文志》、《欽
　　　　定文獻通考經籍考》均作皇甫循撰。《紅雨樓書目》〈詩話類〉著錄，
　　　　然不著撰人。《澹生堂書目》卷十四〈詩評類〉著錄皇甫汸所著《解
　　　　頤新語》二冊。張寅彭等著《詩話概說》之〈歷代詩話要目〉著錄此
　　　　書有「四庫本」，其說有誤，蓋此書僅見《四庫全書總目》卷一九七
　　　　〈詩文評類存目〉著錄耳。

14. 說詩（p.198）

　　譚浚著

三卷　明萬曆間刊《譚氏集》本，北京大學圖書館藏，未見。收入《全明詩話》。

14. 說詩補遺（p.253）

馮復京著

八卷

原稿本，復旦大學圖書館藏，未見。收入《全明詩話》。

清初鈔本，復旦大學圖書館藏。此本未見。

14. 誦詩續談（p.422）

闕名

不著卷數　《晁氏寶文堂書目》中卷〈子雜類〉著錄。未見。

14. 漁樵詩說（p.450）

夏大輝著

八卷　清光緒四年刊《分疆錄》卷十〈經籍〉著錄。未見。

14. 閨秀詩評（p.220）

江盈科著

一卷　明末心遠堂刊《綠窗女史》本，天一出版社影入《明清善本小說叢刊》。

按：此書又收入《雪濤小書》，版本見前述「雪濤小書」條。

14. 聞見詩律鉤玄（p.455）

孫陽著

不著卷數　道光七年刊《徽州府志》卷一二之六〈人物志・附風雅〉、光緒三年重修《安徽通志》卷三四六〈藝文志・集部・詩文評。類〉著錄。此書未見，疑佚。

14. 趙仁甫詩談（p.425）

趙世顯著

二卷　《紅雨樓書目》〈詩話類〉。此書未見，疑佚。

按：《千頃堂書目》卷三二〈文史類〉著錄作「趙仁甫詩話」。

14. **瑣碎錄詩話**（p.441）

闕名

不著卷數　《趙定宇書目》引黃葵陽家藏《稗統續編》著錄。此書未見，疑佚。

14. **夢蕉詩話**（p.086）

游潛著

一卷

明嘉靖二十七年豐城游氏家刊萬曆及康熙間遞修補《夢蕉三種》本，北京圖書館藏。收入《全明詩話》。

清道光十一年六安晁氏刊《學海類編》本。廣文書局影入《古今詩話叢編》。

新文豐圖書公司影入《叢書集成新編》。

14. **蓉塘詩話**（p.131）

姜南著

二十卷

明嘉靖二十二年刊本，天一閣藏，未見。收入《全明詩話》。

明嘉靖二十六年洪梗刊本，北京圖書館藏，未見。

六卷　明鈔本，未見。

一卷

明鈕氏世學樓鈔本，上海圖書館藏，未見。

明末刊《古今詩話》本。

清順治三年兩浙督學周南李際期宛委山堂刊《說郛》續卷本。

按：傅增湘《藏園群書經眼錄》著錄，並有跋語。《澹生堂書目》卷十四〈詩話類〉、《玄賞齋書目》卷七〈詩話類〉、《趙定宇書目》、《紅雨樓書目》〈詩話類〉、《千頃堂書目》卷三二〈文史類〉、《天一閣見存書目》、民國十一年鉛印《杭州府志》卷九五〈藝文十〉均著錄是書為二十卷。

14. **蜩笑集**（p.441）

闕名

一卷　《國史經籍志》著錄。此書未見，疑佚。

14. 熊子濬詩話（p.405）

熊一源著

一卷　同治三年重刊《廣東通志》卷一九八〈藝文略十〉、光緒五年《廣州府志》卷一一五〈列傳四〉著錄。

按：此書未見。《千頃堂書目》著錄「《熊子濟詩話》，熊一元」。

14. 綠天耕舍燕鈔（p.261）

雪濤子纂輯

四卷　清鈔本，書藏北京圖書館，未見。

按：此書《欽定文獻通考經籍志》、《四庫全書總目》卷一九七〈詩文評類存目〉著錄。

15. 談詩類要（p.425）

盧龍雲著

不著卷數　清光緒五年刊《廣州府志》卷九六〈藝文略七·詩文評類〉著錄。此書未見，疑佚。

15. 談藝手簡（p.440）

闕名著

不著卷數　《趙定宇書目》引黃葵陽家藏《稗統》第一九一冊著錄。未見，疑佚。

15. 談藝錄（p.103）

徐禎卿著

一卷

明正德七年顧璘序刊本，《夷門廣牘》本《談藝錄》卷前有序，此本今未見。

李夢陽豫章刊本附，未見。《四庫全書》本《迪功集》卷前有李夢陽〈迪功集序〉。

徐伯虬家塾刊《迪功集》本，見明正德十五年刊《迪功集》本徐縉〈迪功集跋〉、邵懿辰《增訂四庫簡明目錄標注》著錄，此本未見。

明嘉靖七年刊《迪功集》本，《增訂四庫簡明目錄標注》著錄，國家圖書館藏。

明嘉靖刊《顧氏明朝四十家小說》本（宣統排印本、民國石印本）。

明嘉靖刊《漢魏詩紀》本，中研院傅斯年圖書館藏。

明萬曆三十一年胡文煥刊《格致叢書》本。

明萬曆胡文煥刊《詩法統宗》本，《澹生堂書目》卷一四〈文式文評類〉著錄。

明萬曆間荊山書林刊《夷門廣牘》本（上海涵芬樓《景印元明善本叢書十種・夷門廣牘》）。新文豐圖書公司影入《叢書集成新編》。

明末《古今詩話》本，廣文書局有影本發行。

明刊本，北京圖書館藏，《北京圖書館古籍善本書目》著錄，未見。

清順治三年兩浙督學周南李際期宛委山堂刊《說郛》續卷本。

清乾隆《四庫全書》本《迪功集》附，臺灣商務印書館有影本。

清乾隆摛藻堂《四庫全書薈要・迪功集》本。

清乾隆二十五年朱琰自刊《學詩津逮》八種本，北京圖書館藏，《北京圖書館古籍善本書目》著錄，未見。

清乾隆三十五年刊《歷代詩話》本，藝文印書館、新興書局有影本，中華書局有校點本。

清乾隆鞠履厚刊《迪功集》本，《增訂四庫簡明目錄標注》著錄，未見

清乾隆嘉慶間刊《詩觸》本，《叢書大辭典》著錄，未見。

清道光十一年六安晁氏刊《學海類編》本（道光本、影道光本）。

清道光十三年太倉東陵氏刊《婁東雜著・金集》本，《叢書大辭典》著錄，未見。

清光緒十一年長沙玉尺山房刊《談藝珠叢》本，《叢書大辭典》著錄，未見。

清光緒二十一年張氏湘雨樓刊《弘正四傑詩集》本附，故宮博物院圖書館藏，大立出版社於一九八一年影印發行。

清鈔《徐迪功集》本，北京圖書館藏，《北京圖書館古籍善本書目》著錄，未見。

清惠氏紅豆齋鈔本，上海圖書館藏，未見。

日本享保十一年合刻《三家詩話》本。

明治二十五至三十年間《螢雪軒叢書》本，弘道文化事業公司影入《詩話叢刊》。

按：是書見《晁氏寶文堂書目》中卷〈子雜類〉、《玄賞齋書目》卷七〈文說類〉著錄，不著卷數。《百川書志》、《千頃堂書目》卷三二〈文史類〉、《明史藝文志》、《國史經籍志》、《八千卷樓書目》均著錄此書一卷。又，周子文《藝藪談宗》、《古今圖書集成》均收錄此書論詩之語。

15. 談藝錄（p.423）

馮時可著

一卷　《澹生堂書目》卷十四〈詩文評・文式文評類〉著錄。未見。

15. 諸家詩評（p.402）

周禋纂輯

不著卷數　何三畏《雲間志略》卷二四〈周少尹一山公傳〉、清乾隆五十三年刊《婁縣志》卷一二〈藝文・雜著類〉、清嘉慶二十二年刊《松江府志》卷七二〈藝文志〉著錄。未見，疑佚。

15. 彈雅（p.378）

趙宧光著，周維德纂輯

一卷　明末刊本。

按：此書係輯自《彈雅》，收入《全明詩話》。《紅雨樓書目》、《千頃堂書目》、《明史藝文志》均曾著錄「彈雅集十卷」。北京故宮博物院圖書館則藏有明末刊《彈雅》十八卷本。

15. 震岳詩話（p.426）

朱翊鈝著

不著卷數　清光緒十年刊《黃州府志》卷三五〈藝文・集部・詩文評類〉、民國十年刊《湖北通志》卷九○〈藝文十四・集部〉著錄。此書未見，疑佚。

15. 編苕詩話（p.406）

黃卿著

八卷　《千頃堂書目》卷三二〈文史類〉、《明史藝文志》著錄。今未見，疑佚。

15. **餘冬詩話**（p.331）

何孟春著，後人纂輯

二卷

清道光十一年刊《學海類編》本，廣文書局影入《古今詩話叢編》。新文豐圖書公司影入《叢書集成新編》。收入《全明詩話》。

民國間商務印書館《叢書集成初編》本。

按：《八千卷樓書目》、《欽定文獻通考經籍考》、《四庫全書總目》卷一九七〈詩文評類存目〉均作三卷。

16. **辨詩**（p.327）

吳訥纂輯

一卷　清《古今圖書集成》本。

按：此書係輯自《古今圖書集成》本《文章辨體・辨詩》。

16. **選詩評議**（p.202）

馮惟訥纂輯

一卷　明萬曆九年沈思孝刊本，國家圖書館藏。

16. **豫章詩話**（p.240）

郭子章著

六卷

明萬曆三十年莆田吳獻台刊本，國家圖書館、江西圖書館藏，廣文書局影入《古今詩話續編》。

舊鈔本，《八千卷樓書目》、《善本書室藏書志》著錄。

清鈔本，南京圖書館藏，未見。

民國十年南昌編刻《豫章叢書》本，中央研究院傅斯年圖書館藏，新文豐圖書公司影入《叢書集成續編》。收入《全明詩話》。

按：《八千卷樓書目》著錄「明鄒子章撰」，有誤字。《千頃堂書目》卷三二〈文史類〉、《明史藝文志》均著錄「郭子章，《豫章詩話》六卷，又《續豫章詩話》十二卷」。《脈望館書目》〈集部・詩話類〉著錄「《豫章詩話》二本」。《澹生堂書目》卷十四〈詩話類〉著錄「《續豫章詩話》四冊十二卷，澹生堂餘苑本」。

16. 頤山詩話（p.116）

安磐著

二卷　鈔本，《八千卷樓書目》著錄，未見。

一卷

明鈔本，北京圖書館藏。

清顧氏藝海樓傳鈔《四庫全書》本，北京圖書館藏。

清乾隆《四庫全書》本，臺灣商務印書館有影本。

按：此本前附嘉靖七年安磐原序。收入《全明詩話》。

清乾隆《四庫全書珍本‧初集》本。

按：《千頃堂書目》、《明史藝文志》、《欽定文獻通考經籍考》、《邵亭知見
　　傳本書目》均作二卷，應別有二卷本刊行，然《四庫全書》所錄《頤
　　山詩話》卷前〈提要〉云：「是書《明史藝文志》作二卷，此本僅一
　　卷，而首尾完具，殆史偶誤歟？」〈提要〉所據僅爲《明史藝文志》，
　　不及其他公私書目，其說姑且存疑。

16. 頤庵集‧詩話（p.395）

胡儼著

數則　陳田《明詩紀事》乙籤卷四著錄。此書未見，疑佚。

16. 獨鑒錄（p.156）

黃甲著

一卷　明崇禎二年何偉然編刊《廣快書》本，國家圖書館、臺灣大學圖書
館、南京大學圖書館、復旦大學圖書館藏。

按：此書下署「選轂齋主人本」，而不著作者，然考《明詩紀事》己籤卷
　　十引顧起元《客座贅語》謂黃甲著《獨鑒錄》，則此書作者應爲黃甲。
　　收入《全明詩話》。

17. 謝氏詩源（p.320）

闕名

一卷

明末刊《古今詩話》本，廣文書局影入《古今詩話續編》。

明治二十五至三十年間《螢雪軒叢書》本，弘道文化事業公司影入《詩話

叢刊》。

17. **甕牖詩談**（p.399）

　　蔡餘慶著

　　不著卷數　民國四年排印《台州經籍志》卷四○〈詩文評類〉、民國二十
　　五年鉛印《台州府志》卷八四〈藝文略二十一〉著錄。按：此書未見，疑
　　佚。葉盛《菉竹堂書目》卷三「子雜」類著錄《甕牖閒評》一冊，未註明
　　作者，與此書不知有無關聯？

17. **擬古樂府後語**（p.401）

　　周鼏著

　　不著卷數　清光緒二年刊《撫州府志》卷五九〈人物・文苑〉著錄。按：
　　此書未見。清光緒七年修《江西通志》卷一一二〈藝文略・集部〉引《崇
　　仁縣志》作「古樂府後語」。

18. **璿璣圖詩讀法**（p.173）

　　康萬民著

　　一卷　清乾隆《四庫全書》本，臺灣商務印書館有影本。

　　按：《欽定文獻通考經籍考》著錄。

18. **蟫精雋詩話**（p.328）

　　徐伯齡著，周維德纂輯

　　三卷　清乾隆《四庫全書》本，臺灣商務印書館有影本。

　　按：《千頃堂書目》著錄《蟫精雋》二十卷。

18. **歸田詩話**（p.049）

　　瞿佑著

　　三卷

　　明洪熙刊本，《善本書室藏書志》著錄，未見。

　　明初刊本，南京圖書館藏，未見，此本題作「妙集吟堂詩話」。

　　明成化三年刊本，現藏國家圖書館、天一閣。

　　明弘治十四年廬陵陳敘刊本，未見。

　　明刊本，《北京圖書館古籍善本書目》著錄，此本應即弘治刊本。

清乾隆刊《知不足齋叢書》本。新興書局影入《筆記小說大觀六編》。新文豐圖書公司影入《叢書集成新編》。收入《全明詩話》。

清《七子詩話》本。

清初鈔本,上海圖書館藏,未見。

清曹炎鈔本,《北京圖書館古籍善本書目》著錄,未見。

民國元年上海國學扶輪社排印《古今說部叢書・八集》本,未見。

民國五年丁氏排印《歷代詩話續編》本,北京中華書局有標點本,木鐸出版社翻印《龍威秘書・三集》本。

民國間商務印書館《叢書集成初編》本。

明治二十五至三十年間《螢雪軒叢書》本,弘道文化事業公司影入《詩話叢刊》。

按:河北教育出版社一九九五年影刊《歷代筆記小說集成》,收有此書三卷,前有木訥、柯潛、胡道、瞿佑序,然未註明所據何本。

一卷

明末刊《古今詩話》本。

明鈔本,《北京圖書館古籍善本書目》著錄,未見,此本題作「存齋詩話」。

清順治三年兩浙督學周南李際期宛委山堂刊《說郛》續卷本。

18. 織錦迴文詩譜（p.174）

康萬民著

二卷　《千頃堂書目》卷三二〈文史類〉著錄。

按:此書應即《璇璣圖詩讀法》的詩譜部分。

19. 譚苑醍醐（p.343）

楊慎著,後人纂輯

一卷

明末刊《古今詩話》本。

明治二十五至三十年間《螢雪軒叢書》本,弘道文化事業公司影入《詩話叢刊》。

八卷

清乾隆四十七年、乾隆四十九年刊《函海》本（乾隆末年刊《函海》本、

嘉慶十四年李鼎元重校《函海》本、道光五年李朝夔補刊印《函海》本、光緒七年重刻《函海》本），廣文書局有影本，新文豐圖書公司影入《叢書集成新編》。

清光緒間刊本，浙江圖書館、浙江大學圖書館藏，此本未見。

九卷

清乾隆《四庫全書》本，臺灣商務印書館有影本。收入《全明詩話》。

按：《紅雨樓書目》作九卷。《邵亭知見傳本書目》、邵懿辰《增訂四庫簡明目錄標注》均著錄：「《譚苑醍醐》九卷，《函海》本八卷」，列於子部雜家類。此外，周子文《藝藪談宗》亦彙選楊愼詩論，題爲「譚苑醍醐」。

19. 譚藝（p.414）

程珌著

不著卷數　民國四年重印《山東通志》卷一四六〈藝文・集部・詩文評〉著錄。此書未見，疑佚。

19. 瀨園詩話（p.451）

嚴首昇著

三卷　清光緒十一年重刊《湖南通志》卷二五八〈藝文十四・集部六・評論類〉著錄。此書未見，疑佚。

19. 懷麓堂詩話（p.095）

李東陽著

一卷

明遼陽王鐸鈔錄本，見王鐸〈麓堂詩話序〉。

明嘉靖十一年番禺陳大曉翻刻本，見陳大曉〈麓堂詩話跋〉。

明末刊《古今詩話》本。

清順治三年兩浙督學周南李際期宛委山堂刊《說郛》續卷本

清乾隆《四庫全書》本，臺灣商務印書館有影本。

清倪建中手鈔本，見鮑廷博〈麓堂詩話跋〉。

清乾隆四十年刊《知不足齋叢書》本，新文豐圖書公司影入《叢書集成新編》。收入《全明詩話》。

清《七子詩話》本

清光緒十一年長沙玉尺山房刊《談藝珠叢》本，未見。

民國元年上海國學扶輪社排印《古今說部叢書·八集》本，未見。

民國五年丁氏排印《歷代詩話續編》本，北京中華書局有標點本，木鐸出版社翻印。

民國間商務印書館《叢書集成初編》本。

明治二十五至三十年間《螢雪軒叢書》本，弘道文化事業公司影入《詩話叢刊》。

岳麓書社一九八四年點校《李東陽集》本（周寅賓點校）。

按：此書又名「麓堂詩話」。《澹生堂書目》卷十四〈詩話類〉、《趙定宇書目》著錄書名爲「麓堂詩話」，《玄賞齋書目》〈詩話類〉著錄作「懷麓堂詩話」。《邵亭知見傳本書目》則著錄是書有淡生本、再續百川學海本、知不足齋本。周子文《藝藪談宗》、《古今圖書集成》收錄此書。

19. 瓊臺先生詩話（p.080）

蔣冕著

二卷

明萬曆二十六年許自昌刊本，吳縣圖書館藏，未見。

明崇禎十一年愛吾廬刊本，遼寧圖書館、桂林圖書館藏，未見。

影鈔本，北京圖書館藏。

鈔本，臺灣學生書局有影本發行。

按：本書見《脈望館書目》〈詩話類〉、《玄賞齋書目》卷七〈詩話類〉、《趙定宇書目》、《千頃堂書目》卷三二〈文史類〉、《欽定文獻通考經籍考》、《四庫全書總目》卷一九七〈詩文評類存目〉著錄。收入《全明詩話》。

19. 藝林學山（p.214）

胡應麟著

八卷

明萬曆刊《少室山房筆叢》本。

明萬曆四十六年汪湛然金華刊《少室山房全稿》本。

明萬曆四十六年刊《少室山房類稿》本。

明崇禎五年延陵吳國琦重刊《少室山房筆叢》本。

明崇禎五年延陵吳國琦等重刊《少室山房全集》本。

清光緒二十二年廣雅書局校刊《少室山房四集》本。

清光緒二十二年廣雅書局校刊《少室山房筆叢》本，新文豐圖書公司影入
《叢書集成續編》。

清乾隆《四庫全書・少室山房筆叢》本，臺灣商務印書館有影本。《明清
筆記叢刊・少室山房續筆叢》，未見。

19. **藝活甲編**（p.443）

茅元儀著

五卷　《明史藝文志補編》、《四庫提要》卷一九七〈詩文評類存目〉著錄。

按：此書未見。《欽定文獻通考經籍考》作「《藝話甲編》，五卷」。《千頃
堂書目》卷三二〈文史類〉作「《藝圃甲編》，五卷」。劉德重、張寅
彭《詩話概說・歷代詩話要目》著錄此書有「四庫本」，其說錯誤，
蓋僅見〈詩文評類存目〉著錄耳。

19. **藝活乙編**（p.451）

金鏡著

不著卷數　清同治十三年刊《湖州府志》卷五九〈藝文略四〉著錄。未見，
疑佚。

19. **藝苑玄機**（p.113）

邵經邦著

一卷　清光緒二十年錢塘丁氏嘉惠堂刊《武林往哲遺著》本，國家圖書館
藏。收入《全明詩話》。

19. **藝苑卮言**（p.159）

王世貞著

十六卷　明萬曆十七年武林樵雲書舍刊本（書名作「新刻增補藝苑卮
言」），國家圖書館、北京圖書館、上海圖書館、中山大學圖書館、中國人
民大學圖書館、華東師大圖書館藏。

八卷

明刊本，安徽圖書館藏，未見。

清光緒十一年長沙玉尺山房刊《談藝珠叢》本。

民國五年無錫丁氏排印《歷代詩話續編》本，北京中華書局有標點本，木鐸出版社翻印。收入《全明詩話》。

六卷　日本延享三年刊本（賴煥校），臺灣大學文學院圖書館藏。

十二卷（又名「弇州山人藝苑卮言」）

明萬曆十九年累仁堂刊本，國家圖書館藏。

明萬曆間鄒道原刊本，吉林大學圖書館、重慶市圖書館藏，未見。

清乾隆間《四庫全書》《弇州山人四部稿》本。

按：是書《澹生堂書目》卷一四〈文式文評類〉、《國史經籍志》、《千頃堂書目》卷三二〈文史類〉均作「《藝苑卮言》八卷，《附錄》四卷」。《天一閣書目》、《世善堂藏書目錄》上卷〈子部三〉著錄「藝苑卮言八卷」。邵懿辰《增訂四庫簡明目錄標注》著錄《弇州山人四部稿》，中有《藝苑卮言》十二卷，有明刊本，邵章《續錄》則謂是書有明崇禎刊本、日本延享五年博文堂選本八卷。周子文《藝藪談宗》、《古今圖書集成》收有此書數則。

19. 藝苑閒評（p.299）

支允堅著

二卷

明崇禎七年原刊《梅花渡異林》本。收入《全明詩話》。

日本鈔本。

19. 藝苑溯源（p.447）

張煒著

一卷　《紅雨樓書目》於〈詩話類〉著錄。此書未見，疑佚。

19. 藝海泂酌（p.244）

馮時可著

存晉乘四卷，唐乘二卷　明萬曆三十年刊本，國家圖書館、東北師範大學圖書館藏。

按：《澹生堂書目》卷十四〈文式文評類〉著錄是書十一卷。

19. **藝海瀝液**（p.287）

趙籲俊纂輯

五卷　明崇禎元年自刊本，大陸中山大學圖書館藏。此書未見。

19. **藝圃傖談**（p.273）

郝敬著

四卷

明萬曆至崇禎間郝洪範遞刊《山草堂集》內編本，國家圖書館藏。

明崇禎間刊本，收入日本《內閣文庫》，高橋情報一九九〇年影印發行。

19. **藝圃擷餘**（p.206）

王世懋著

一卷

明萬曆十三年沔陽陳文燭序刊本。

按：此本未見，《寶顏堂祕集・普集》本《藝圃擷餘》卷前有序。

明萬曆間分刊彙印《王敬美所著書》本。

明泰昌元年繡水沈氏刊《寶顏堂祕笈・普集》本（民國十一年上海文明書局石印本），新文豐圖書公司影入《叢書集成新編》。

明末刊《廣百川學海》本，收入《全明詩話》。

明末刊《古今詩話》本。

《王奉常雜著》本，未見。

清順治三年兩浙督學周南李際期宛委山堂刊《說郛》續卷本。

清乾隆《四庫全書》本，臺灣商務印書館有影本。

清乾隆二十五年朱琰自刊《學詩津逮》八種本，北京圖書館藏。

清乾隆三十五年刊《歷代詩話》本，藝文印書館、新興書局有影本（文寶公司石印本、醫學書局石印本），中華書局有校點本。

清乾隆嘉慶間刊《詩觸》本，未見。

清道光十一年六安晁氏刊《學海類編》本。

清道光二十五年竹西鋤蓿館刊《婁東雜著・續刊》本，未見。

清光緒十一年長沙玉尺山房刊《談藝珠叢》本，未見。

日本享保十一年《合刻三家詩話》本。

《古今文藝叢書・第一集》本，未見。

民國間商務印書館《叢書集成初編》本。

明治二十五至三十年間《螢雪軒叢書》本，弘道文化事業公司影入《詩話叢刊》。

> 按：此書見《澹生堂書目》卷十四〈文式文評類〉著錄，有《王奉常雜著》本。《紅雨樓書目》〈詩話類〉、《千頃堂書目》卷三二〈文史類〉、《明史藝文志》、《欽定文獻通考經籍考》均著錄此書一卷。《邵亭知見傳本書目》著錄此書有《歷代詩話》本、《學海》本。《八千卷樓書目》則著錄此書有《歷代詩話》本、《學海類編》本、《廣百川》本。《棟亭書目》著錄此書又名「王麟洲詩話」，謂：「《王麟洲詩話》，明吳郡王世懋著，一卷，即《藝苑擷餘》」。周子文《藝藪談宗》、《古今圖書集成》均收錄此書。

19. 藝藪談宗（p.225）

周子文纂輯

六卷　明萬曆二十五年梁溪周氏原刊本，國家圖書館、北京師大圖書館等藏，廣文書局影入《古今詩話續編》。收入《全明詩話》。

> 按：《欽定文獻通考經籍考》作「藝藪談，六卷」，脫字。劉德重、張寅彭《詩話概說》之〈歷代詩話要目〉著錄此書有「四庫本」，其說錯誤，蓋僅見〈詩文評類存目〉著錄耳。

19. 藕居士詩話（p.263）

陳懋仁著

二卷

清初鈔本，北京圖書館藏，未見。

清鈔本，北京圖書館藏，未見。

翰林院所藏鈔本，收入《全明詩話》。

> 按：《欽定文獻通考經籍考》作「藕花居士詩話」。劉德重、張寅彭《詩話概說》〈歷代詩話要目〉著錄此書有「四庫本」，其說有誤，蓋是書僅見〈詩文評類存目〉著錄耳。

19. 羅溪閣詩評（p.447）

　　董養河著

　　不著卷數　清同治十年重刊《福建通志》卷六七〈明經籍〉、民國二十二
　　年刊《閩侯縣志》頁十著錄。此書未見，疑佚。

20. 騷壇千金訣（p.238）

　　李贄纂輯

　　一卷

　　明萬曆間刊《抄補枕中十書》本。

　　明刊《枕中十書》本。

　　明大雅堂刊《大雅堂訂正枕中十書》本，此本題作「大雅堂訂正騷壇千金
　　訣」，版心則有時題作「吟壇千金訣」。

　　清康熙十二年刊《李卓吾先生祕書八種》本（一名《大雅堂藏書》）。收入
　　《全明詩話》。

　　按：《澹生堂書目》卷十四〈詩評類〉著錄云：「《騷壇千金訣》一冊一卷，
　　　　李贄，《枕中十書》本」。

20. 騷壇祕語（p.227）

　　周履靖纂輯

　　三卷

　　明萬曆間金陵荊山書林刊《夷門廣牘》本（上海涵芬樓《景印元明善本叢
　　書十種・夷門廣牘》），廣文書局影入《筆記三編》。新文豐圖書公司影入
　　《叢書集成新編》本。收入《全明詩話》。

　　舊鈔本　《販書偶記續編》著錄，未見。

　　按：《紅雨樓書目》〈詩話類〉、《千頃堂書目》卷三二〈文史類〉著錄作「二
　　　　卷」；《澹生堂書目》卷十四〈詩話類〉作「一冊」。

20. 蘇氏璇璣詩讀法（p.457）

　　程先民著

　　不著卷數　《千頃堂書目》卷三二〈文史類〉著錄。此書未見。

21. 蘭莊詩話（p.079）

　　閔文振著

一卷

明弘治九年序刊本，日本早稻田大學圖書館藏。未見。

明末《古今詩話》本。

明鈔本，北京圖書館藏，未見。收入《全明詩話》。

按：是書見《晁氏寶文堂書目》卷中〈子雜類〉、《紅雨樓書目》〈詩話類〉、《千頃堂書目》卷三二〈文史類〉、《明史藝文志》著錄。

21. 續全唐詩話（p.408）

凌雲著

十卷　《明史藝文志》、《紅雨樓書目》〈詩話類〉、《千頃堂書目》卷三二〈文史類〉、同治十年重刊《福建通志》卷六七〈經籍〉、民國二十二年刊《閩侯縣志》頁六著錄。此書未見，疑佚。

21. 續詩話（p.430）

郭孔太著

十二卷　清光緒元年刊《吉安府志》卷三三〈人物・文苑下〉、清光緒七年重刊《江西通志》卷一一二〈藝文略・集部〉著錄。此書未見，疑佚。

21. 續夢詩話（p.086）

張弼著

一篇　明正德十年華亭張氏《東海張先生文集》本，國家圖書館藏按：《東海張先生文集》八卷，另有正德十五年書林劉氏日新書堂刊本，《中國科學院圖書館藏中文古籍善本書目》著錄。

21. 續談藝錄（p.439）

朱安㳻著

不著卷數　《千頃堂書目》卷三二〈文史類〉著錄。未見，疑佚。

21. 儷語指迷（p.409）

邵經邦著

一卷　《千頃堂書目》卷三二、民國十一年鉛印《杭州府志》卷九五〈藝文十〉著錄。此書未見，疑佚。

22. **讀杜私言**（p.314）

盧世㴶著

一卷

明崇禎毛氏汲古閣刊本，北京圖書館藏，未見。

清順治十七年刊《尊水園集略》卷六本，國家圖書館藏。

22. **讀詩**（p.278）

郝敬著

一卷　清光緒間趙尙輔校刊《湖北叢書》本。

按：此書原爲郝敬所著《毛詩原解》的卷前，新文豐圖書公司影入《叢書
　　集成新編》。收入《全明詩話》。

22. **讀詩拙言**（p.247）

陳第著

一卷

明萬曆三十四年刊《一齋集》本。

清乾隆四庫全書《毛詩古音考》本附，臺灣商務印書館有影本。

清嘉慶間張海鵬輯刊《學津討源》本（書名即作「讀詩拙言」），新文豐圖
書公司影入《叢書集成新編》。

清道光二十五年番禺潘氏刊光緒補刊《海山仙館叢書》本，《八千卷樓書
目》著錄。

傳經堂刊本，北京師大圖書館藏，未見。

詒莊樓舊鈔本，浙江圖書館藏，未見。

按：此書係《毛詩古音考》的附錄，收入《全明詩話》。據蔡鎭楚《石竹
　　山房詩話論稿》，此書尙有《音韻學叢書》本、《凌氏傳經堂叢書》本。

22. **儼山詩話**（p.133）

陸深著

一卷

明嘉靖二十四年雲間陸氏家刊《儼山文集》本，國家圖書館、故宮博物院
圖書館藏清乾隆《四庫全書》《儼山集》本附，臺灣商務印書館有影本。

民國間商務印書館《叢書集成初編》本。

按：是書見《澹生堂書目》卷一四〈詩話類〉著錄：「《陸儼山詩話》一卷，《陸文裕公集》本」，邵懿辰《增訂四庫簡明目錄標注》著錄：「《儼山集》一百卷、《續集》十卷，又名《陸文裕公集》，有刊本，并《外集》四十卷」、「明嘉靖陸楫刊本一百卷、《別集》四卷」、「清鈔本百卷，無續」。

28. 豔雪齋詩評（p.446）

關名

二卷　《欽定文獻通考》、《四庫全書總目》卷一九七〈詩文評類存目〉著錄。此書未見，疑佚。

明代詩話撰刊及作者生平相關年表

洪武元年戊申（1368）

洪武 2 年己酉（1369）

・解縉生。（《明人傳記資料索引》）

洪武 3 年庚戌（1370）

・陶宗儀流寓松江。（《明清江蘇文人年表》引《南村詩集》卷二）

洪武 4 年辛亥（1371）

・秦約舉文學，任禮部侍郎。（《國朝列卿紀》卷四三）

・王經卒，年四十七。（《國朝獻徵錄》宋濂〈王君墓誌銘〉）王經著《唐詩評》。

洪武 5 年壬子（1372）

・吳訥生。（《明人傳記資料索引》）

洪武 6 年癸丑（1373）

洪武 7 年甲寅（1374）

洪武 8 年乙卯（1375）

洪武 9 年丙辰（1376）

洪武 10 年丁巳（1377）

洪武 11 年戊午（1378）

・朱權生於南京。（《國榷》）

洪武 12 年己未（1379）

洪武 13 年庚申（1380）

洪武 14 年辛酉（1381）

洪武 15 年壬戌（1382）

洪武 16 年癸亥（1383）

洪武 17 年甲子（1384）
· 高棅《唐詩品彙》開始編選。（《四庫全書總目》卷一八九〈總集類四〉）

洪武 18 年乙丑（1385）

洪武 19 年丙寅（1386）

洪武 20 年丁卯（1387）
· 秦約此年在世，年七十二，任溧陽縣教諭。（《明清江蘇文人年表》引嘉慶
　《溧陽縣志》卷九）秦約著有《詩話舊聞》。

洪武 21 年戊辰（1388）
· 解縉中進士。（《明史》卷一四七）

洪武 22 年己巳（1389）

洪武 23 年庚午（1390）

洪武 24 年辛未（1391）
· 朱權受封寧獻王。（《明史·諸王年表三》）

洪武 25 年壬申（1392）
· 周敘生。（《明人傳記資料索引》）

洪武 26 年癸酉（1393）
· 高棅編成《唐詩品彙》九十卷，並作總序。（《唐詩品彙》卷首）
· 朱權就藩大寧。（《明史·諸王年表三》）

洪武 27 年甲戌（1394）
· 王偁爲《唐詩品彙》作序。（《唐詩品彙》卷首）
· 陸子高中進士。（光緒《重修常昭合志》卷二四）

洪武 28 年乙亥（1395）

．林慈爲《唐詩品彙》作序。（《唐詩品彙》卷首）

洪武 29 年丙子（1396）

洪武 30 年丁丑（1397）

洪武 31 年戊寅（1398）

．高棅輯補《唐詩拾遺》。（《四庫全書總目》卷一八九〈總集類四〉）

建文元年己卯（1399）

．陶宗儀此年在世，作〈聞皇太孫即位〉詩。（《列朝詩集》甲編）陶宗儀著
　有《南村詩話》。

建文 2 年庚辰（1400）

建文 3 年辛巳（1401）

建文 4 年壬午（1402）

永樂元年癸未（1403）

．明成祖命朱權自南京就藩南昌。（《國榷》）

永樂 2 年甲申（1404）

永樂 3 年乙酉（1405）

永樂 4 年丙戌（1406）

永樂 5 年丁亥（1407）

永樂 6 年戊子（1408）

永樂 7 年己丑（1409）

．華宗康生。（《明清江蘇文人年表》引《錫山書目考》卷七）

永樂 8 年庚寅（1410）

永樂 9 年辛卯（1411）

永樂 10 年壬辰（1412）

永樂 11 年癸巳（1413）

永樂 12 年甲午（1414）

永樂 13 年乙未（1415）

・解縉卒，年四十七。（《明人傳記資料索引》）解縉著有《春雨雜述》。

永樂 14 年丙申（1416）

永樂 15 年丁酉（1417）

永樂 16 年戊戌（1418）

・周敍中進士。（《明史》卷一五二）

・朱奠培生。（《明人傳記資料索引》）

・丘濬生。（《明人傳記資料索引》）

永樂 17 年己亥（1419）

永樂 18 年庚子（1420）

・葉盛生。（《明清江蘇文人年表》引《吳都文粹續集》卷四四）

永樂 19 年辛丑（1421）

永樂 20 年壬寅（1422）

永樂 21 年癸卯（1423）

・高棅卒，年七十四。（林誌〈漫士高先生棅墓志〉）高棅著有《唐詩品彙》。

永樂 22 年甲辰（1424）

洪熙元年乙巳（1425）

・瞿佑著《歸田詩話》三卷，（《樂府遺音題識》）並撰有自序。（知不足齋叢書本《歸田詩話》卷前）

・張弼生。（嘉慶《松江府志》）

宣德元年丙午（1426）

宣德 2 年丁未（1427）

・沈周生。（文徵明《甫田集》卷二五〈沈先生行狀〉）

宣德 3 年戊申（1428）

・陳獻章生。（阮榕齡《陳白沙先生年譜》）

宣德 4 年己酉（1429）

宣德 5 年庚戌（1430）

・朱權作〈詩法序〉。（見明嘉靖十一年本《西江詩法》卷前）

宣德 6 年辛亥（1431）

・陸子高卒，年七十八。（《明清江蘇文人年表》引《吳郡名賢圖傳贊》卷四）
　陸子高著有《梅菊詩評》。

宣德 7 年壬子（1432）

宣德 8 年癸丑（1433）

・瞿佑卒，年八十七。（《樂府遺音題識》）瞿佑著有《歸田詩話》。

宣德 9 年甲寅（1434）

宣德 10 年乙卯（1435）

・宋儒中鄉貢。（康熙《奉化縣志・選舉志》）宋儒著《木天禁語》、《詩人木
　屑》。

正統元年丙辰（1436）

・史潛中進士。（光緒《金壇縣志》）史潛校刊《名賢詩法》。

・王偉中進士。（光緒《湖南通志》卷一六五〈人物〉六）

・陳音生。（倪岳〈愧齋陳先生神道碑〉）

正統 2 年丁巳（1437）

正統 3 年戊午（1438）

・馮忠生。（《明人傳記資料索引》）

正統 4 年己未（1439）

正統 5 年庚申（1440）

正統 6 年辛酉（1441）

正統 7 年壬戌（1442）

正統 8 年癸亥（1443）

正統 9 年甲子（1444）

・丘濬中鄉舉。(《明人傳記資料索引》)

正統 10 年乙丑（1445）

・單宇中進士。(《明史》卷一六四本傳)

正統 11 年丙寅（1446）

正統 12 年丁卯（1447）

・陳獻章中鄉試。(阮榕齡《陳白沙先生年譜》)

・李東陽生。(法式善《李文正公年譜》)

正統 13 年戊辰（1448）

・彭光刊刻周敍纂輯之《詩學梯航》，周敍撰有〈詩學梯航序〉、彭光撰有〈後序〉。(成化刊本《詩學梯航》)

・陳獻章中副榜進士，入國子監讀書。(阮榕齡《陳白沙先生年譜》)

・黃溥中進士。(《明人傳記資料索引》)

・朱權薨，年七十一。(《國榷》、《明史・諸王年表三》)朱權著有《西江詩法》、《詩譜》、《詩格》各一卷。

正統 14 年己巳（1449）

・朱奠培襲封寧靖王。(《明史・諸王年表三》)

景泰元年庚午（1450）

景泰 2 年辛未（1451）

景泰 3 年壬申（1452）

・周敍卒，年六十一。(《明人傳記資料索引》)周敍纂輯《詩學梯航》。

景泰 4 年癸酉（1453）

・張弼領鄉薦。(《東海張先生集》卷一〈遊東山詩序〉)

景泰 5 年甲戌（1454）

・丘濬中進士。(《明人傳記資料索引》)

景泰 6 年乙亥（1455）

景泰 7 年丙子（1456）

景泰 8 年　天順元年丁丑（1457）

- 蔣主忠此年在世，爲同里張氏跋所藏柯九思《竹譜》。(《明清江蘇文人年表》引《大觀錄》卷十八) 蔣主忠著有《詩法鉤玄》。
- 吳訥卒，年八十六。(《明人傳記資料索引》) 吳訥輯有《文章辨體》五十六卷。

天順 2 年戊寅（1458）
- 楊循吉生。(《松籌堂集》卷一二)

天順 3 年己卯（1459）
- 都穆生。(胡纘宗〈都公墓誌銘〉)

天順 4 年庚辰（1460）

天順 5 年辛巳（1461）

天順 6 年壬午（1462）
- 張錫中鄉舉。寫有〈籜冠生傳〉，記述徐伯齡生平，徐伯齡著有《蟫精雋》。(《四庫全書總目》卷一二二〈雜家類六〉「蟫精雋」條)
- 李東陽中順天鄉試。(法式善〈李文正公年譜〉)
- 朱諫生。(王健〈吉安府知府朱先生諫行狀〉)

天順 7 年癸未（1463）
- 蔣冕生。(《明人傳記資料索引》)
- 李東陽會試中式。(法式善〈李文正公年譜〉)

天順 8 年甲申（1464）
- 劉孜刊《文章辨體》五十卷、外集五卷、總論一卷。(《中國版刻綜錄》)
- 李東陽廷試二甲第一。(楊一清〈李公東陽墓誌銘〉)
- 陳音中進士。(倪岳〈愧齋陳先生神道碑〉)
- 楊成中進士。(《明清歷科進士題名碑錄》)

成化元年乙酉（1465）
- 單宇纂輯成《菊坡叢話》，並撰序文。(成化九年刊《菊坡叢話》卷前)
- 懷悅撰〈詩法源流後序〉。(尹春年刊《詩法源流》卷後)

成化 2 年丙戌（1466）
- 張弼中進士。(李東陽〈東海張先生文集序〉)

・錢塘人木訥爲瞿佑《歸田詩話》作序。（《歸田詩話話》卷前）

・陳獻章門人湛若水生。（阮榕齡《陳白沙先生年譜》）

成化 3 年丁亥（1467）

・莆田人柯潛爲瞿佑《歸田詩話》作序。（知不足齋叢書本《歸田詩話》卷前）

成化 4 年戊子（1468）

成化 5 年己丑（1469）

・黃溥輯刊《詩學權輿》二十二卷。（《北京圖書館古籍善本書目》）

・王偉卒。（光緒《湖南通志》卷一六五〈人物〉六）王偉著有《詩學正蒙》。

・陳沂生。（《列朝詩集小傳》丙集〈陳太僕沂〉傳）

成化 6 年庚寅（1470）

・熊斌刊黃溥《詩學權輿》。（《石竹山房詩話論稿》）

成化 7 年辛卯（1471）

・陳煒中舉人。（同治年刊《福建通志》卷六七〈經籍〉）陳煒著有《桐山詩話》。

成化 8 年壬辰（1472）

成化 9 年癸巳（1473）

・單宇《菊坡叢話》刊刻，黎擴、黎近撰序文。（成化九年刊《菊坡叢話》卷前）

・姚福此年在世，著《青溪暇筆》二十卷。（《青溪暇筆》自序）姚福著有《定軒詩話》、《吟史詩說》。

・徐伯齡北遊茗城。（《蟫精雋》）

成化 10 年甲午（1474）

・朱奠培所著《松竹軒詩評》刊刻，朱奠培撰〈詩評後序〉。（明成化十年刊本卷末），江西弋陽王府主持刊刻。（《古今書刻》）

・葉盛卒。（《明清江蘇文人年表》引《吳都文粹續集》卷四四）葉盛著有《秋臺詩話》。

・何孟春生。（羅欽順〈何公孟春墓誌銘〉）

成化 11 年乙未（1475）

成化 12 年丙申（1476）

成化 13 年丁酉（1477）

- 蔣冕鄉試第一。（《殿閣詞林記》卷二〈謹身殿大學士蔣冕〉傳）
- 陸深生。（《明清江蘇文人年表》引《石渠寶笈》卷三○）

成化 14 年戊戌（1478）

- 蔣冕拜丘濬爲師。（〈瓊臺先生詩話序〉）
- 馮忠中進士。（《明清歷科進士題名碑錄》）

成化 15 年己亥（1479）

- 徐禎卿生。（王守仁〈太學博士徐昌國墓誌銘〉）

成化 16 年庚子（1480）

- 楊成纂輯《詩法》，撰序並刊刻。（周維德〈明詩話提要〉稿本）

成化 17 年辛丑（1481）

- 蔣冕著《瓊臺先生詩話》。（〈瓊臺先生詩話序〉）

成化 18 年壬寅（1482）

- 陳獻章北上過南安，與張弼會晤，張弼輯二人問答詩爲《玉枕山詩話》。（《白沙子》卷四〈書玉枕山詩話後〉）

成化 19 年癸卯（1483）

- 何景明生。（〈何大復先生行狀〉）
- 徐獻忠生。（〈徐先生獻忠墓誌銘〉）

成化 20 年甲辰（1484）

- 楊循吉中進士。（《明詩紀事》丙籤）

成化 21 年乙巳（1485）

成化 22 年丙午（1486）

- 楊循吉官北京，與趙寬、陳章、侯直等集會，作《七人聯句詩紀》。（《七人聯句詩紀》）

成化 23 年丁未（1487）

- 徐伯齡《蟫精雋》「杭人甲第」條著錄杭人此年登科者的名單，則是書之撰

成年代最早在此年。(《蟫精雋》)

・蔡餘慶中進士。(民國《台州府志》卷一〇八〈人物傳〉九) 餘慶著《甕牖詩談》。

・蔣冕中進士。(《殿閣詞林記》卷二〈謹身殿大學士蔣冕〉傳)

・張弼卒,年六十三。(嘉慶《松江府志》卷七九) 張弼著有〈玉枕山詩話〉、〈六同詩話〉、〈續夢詩話〉。

・顧元慶生。(《明人傳記資料索引》)

弘治元年戊申 (1488)

・楊慎生。(陳文燭〈楊升庵太史慎年譜〉)

弘治 2 年己酉 (1489)

弘治 3 年庚戌 (1490)

・黃省曾生。(《歷代人物年里碑傳綜表》)

弘治 4 年辛亥 (1491)

・朱奠培薨。(《明史・諸王年表三》) 朱奠培著有《松竹軒詩評》。

弘治 5 年壬子 (1492)

・何孟春中鄉舉。(羅欽順〈何公孟春墓誌銘〉)

弘治 6 年癸丑 (1493)

・何孟春中進士。(《明史列傳》)

・徐獻忠生。(《明清江蘇文人年表》引乾隆《婁縣志》)

弘治 7 年甲寅 (1494)

・陳音卒,年五十九。(倪岳〈愧齋陳先生神道碑〉) 陳音編有《宋名人詩話》。

・湛若水從陳獻章學。(阮榕齡《陳白沙先生年譜》)

弘治 8 年乙卯 (1495)

・都穆領應天鄉薦。(胡纘宗〈都公墓誌銘〉)

・朱諫中鄉試。(王健〈吉安府知府朱先生諫行狀〉)

・丘濬卒,年七十八。(《明人傳記資料索引》、阮榕齡《陳白沙先生年譜》)
門生蔣冕著《瓊臺先生詩話》,著錄丘濬詩學。

弘治 9 年丙辰 (1496)

・閔文振《蘭莊詩話》有此年之序刊本。（《石竹山房詩話論稿》）
・汪循進士。（《四庫全書總目》卷一七六〈別集類存目三〉「仁峰文集」條）
汪循著有《仁峰文集・詩話》。
・朱諫中進士。（王健〈吉安府知府朱先生諫行狀〉）

弘治 10 年丁巳（1497）
・華宗康卒，年八十九。（《明清江蘇文人年表》引《錫山書目考》卷七）華宗康著有《詩學啓蒙》。

弘治 11 年戊午（1498）
・皇甫汸生。（《疑年錄彙編》卷七）
・何景明鄉試第一。（〈何大復先生行狀〉）

弘治 12 年己未（1499）
・都穆中進士。（胡纘宗〈都公墓誌銘〉）
・謝榛生。（《四溟詩話》卷三）

弘治 13 年庚申（1500）
・安成人胡道爲瞿佑《歸田詩話》作小序。（知不足齋叢書本《歸田詩話》卷前）
・宋孟清中歲貢。（民國四年重印清孫葆田修《山東通志》卷一二九〈藝文〉「孝經集說」條）孟清著有《詩學體要類編》。
・陳獻章卒，年七十三。（阮榕齡《陳白沙先生年譜》）
・張時徹生。（《明人傳記資料索引》）
・薛應旂生。（《明清江蘇文人年表》引《毘陵人物疑年錄》）

弘治 14 年辛酉（1501）
・廬陵人陳敍刊刻瞿佑《歸田詩話》，並更名「存齋詩話」，撰有後序。（傅增湘《藏園群書經眼錄》）
・陸深領南京鄉試第一。（《名山藏》卷二十）
・徐禎卿中鄉舉。（《弘治十四年應天府鄉試錄》）
・游潛中鄉舉。（《明詩紀事》丁籤卷九）
・朱曰藩生。（《明清江蘇文人年表》引道光《寶應縣志》）

弘治 15 年壬戌（1502）

- 何景明中進士，旋歸信陽，並結識李夢陽。（〈何大復先生行狀〉、〈李何年譜〉）
- 馮忠卒，年六十五。（《明人傳記資料索引》）馮忠刊有《宋詩話五種》。

弘治 16 年癸亥（1503）

弘治 17 年甲子（1504）

- 徐泰中舉。（《明詩紀事》丁籤卷一四）徐泰著有《詩談》。

弘治 18 年乙丑（1505）

- 徐禎卿中進士。（《皇明進士登科考》）
- 陸深中進士。（《皇明進士登科考》）
- 湛若水中進士。（《皇明進士登科考》）
- 安磐中進士。（《列朝詩集小傳》丙集）
- 孫勝中進士。（光緒三十四年刊《奉化縣志》卷二四〈人物傳二〉）孫勝著有《竹莊詩話》。

正德元年丙寅（1506）

- 陸深刊刻袁凱《海叟集》，李夢陽、何景明爲之作序。（《海叟集》卷首）此年陸深曾與李夢陽夜坐，以「芳樹」爲題，作一字至七字詩。（《儼山詩話》）
- 強晟此年爲秦中所刊宋《全唐詩話》作後序。（郭紹虞《宋詩話考》引）強晟著有《井天詩話》、《汝南詩話》。
- 何良俊生。（《四友齋叢說》卷八）

正德 2 年丁卯（1507）

- 楊愼中四川鄉試。（陳文燭〈楊升庵太史愼年譜〉）
- 張之象生。（莫如忠〈張之象墓誌銘〉）

正德 3 年戊辰（1508）

- 徐禎卿自定所作《迪功集》、《談藝錄》。（《明清江蘇文人年表》引《明詩綜》卷三一）
- 程啓充中進士，授三原縣令。（《皇明進士登科考》）
- 黃卿中進士。（《皇明進士登科考》）

正德 4 年己巳（1509）

- 李璋爲所著《嗜泉詩存》撰作自序，是書包含所著《嗜泉詩說》五則。（《四

庫全書總目》卷一七六〈別集類存目三〉「嗜泉詩存」條）

・程啓充至王承裕家，得見其父王恕所藏《南溪筆錄群賢詩話》。（見程啓充〈南溪詩話後序〉）

・沈周卒，年八十三。（文徵明《甫田集》卷二五〈沈先生行狀〉）
沈周著有《吟窗小會》一卷。

正德 5 年庚午（1510）

・陳霆撰作《水南集》十九卷，其中或包括《渚山堂詩話》一卷。
（《北大圖書館善本書目》）

・程啓充刊刻王承裕家藏《南溪筆錄群賢詩話》。（見卷前王承裕〈南溪詩話序〉）

・周廷徵爲懷悅所編《詩法源流》撰後序，此年應有《詩法源流》之刊刻。（明嘉靖三十一年刊《詩法源流》卷後）

正德 6 年辛未（1511）

・都穆、何孟春等與李夢陽交遊。（李夢陽《空同集》卷五八〈朝正唱和詩跋〉）

・楊愼中進士。（陳文燭〈楊升庵太史愼年譜〉）

・黃臣中進士。（《國朝列卿紀》、民國四年重印《山東通志》卷一六三）黃臣著有《安匡詩話》。

・徐禎卿卒，年三十三。（王守仁〈太學博士徐昌國墓誌銘〉）徐禎卿著《談藝錄》。

・慈谿張謙生。（《明人傳記資料索引》）

正德 7 年壬申（1512）

・顧璘序刊徐禎卿《談藝錄》。（《夷門廣牘》本《談藝錄》卷前顧璘序）

・馮惟訥生。（《明清江蘇文人年表》引《盛明百家詩》）

正德 8 年癸酉（1513）

・封邱黃桓刊刻都穆《南濠詩話》，並作序。（黃桓〈都南濠先生詩話序〉）

・俞允文生。（《明人傳記資料索引》）

正德 9 年甲戌（1514）

・謝榛學作樂府商調，時年十六。（《四溟詩話》卷三）

・楊穆刊強晟所著《汝南詩話》。（北京圖書館古籍善本書目）

· 李攀龍生。(《明人傳記資料索引》)

正德 10 年乙亥（1515）

· 顧起經生。(王世貞《弇州山人續稿》卷一一六〈大寧都指揮使司都事九霞顧君暨配盛孺人合葬誌銘〉)

正德 11 年丙子（1516）

· 佚名氏所輯《群公詩法》之〈後序〉，謂是書得於此年。(張健〈《詩家一指》的產生時代與作者〉)

· 李東陽自輯所著《懷麓堂詩話》等爲《懷麓堂稿》，此年由門生熊桂刊刻，楊一清爲撰〈懷麓堂稿序〉。(楊一清〈懷麓堂稿序〉)

· 李東陽卒，年七十。(《明史》本傳) 李東陽著有《懷麓堂詩話》。

· 淩雲中舉人。(同治刊《福建通志》卷六七) 淩雲編有《續全唐詩話》。

· 蔡汝楠生。(《國朝獻徵錄》茅坤〈蔡公汝楠行狀〉)

正德 12 年丁丑（1517）

· 顧元慶開始編刊《陽山顧氏文房小說》。(《明清江蘇文人年表》引《涵芬樓燼餘書錄》)

· 俞弁得《剡溪詩話》，懷疑非宋高似孫所著，作〈題記〉一文。(《鐵琴銅劍樓書目》卷二四)

· 陳沂中進士。(《列朝詩集小傳》丙集〈陳太僕沂〉傳)

· 徐師曾生。(王世懋〈徐魯庵先生師曾墓表〉)

· 顧起綸生。(《明清江蘇文人年表》引《錫山書目考》卷二)

正德 13 年戊寅（1518）

· 李東陽《懷麓堂稿》，由門生熊桂刊刻完成，改名「懷麓堂集」，門生靳貴爲撰〈懷麓堂文集後序〉。(靳貴〈懷麓堂集序〉)

正德 14 年己卯（1519）

正德 15 年庚辰（1520）

· 徐禎卿《迪功集》刊刻，附有《談藝錄》一卷。(《增訂四庫簡明目錄標注》)

正德 16 年辛巳（1521）

· 邵經邦中進士。(《明史》、《皇明進士登科考》)

· 朱承爵校刊庾信《庾開府詩集》四卷及杜牧《樊川詩集》四卷。(《北京圖

書館善本書目》）

- 何景明卒，年三十九。（〈何大復先生行狀〉）清人爲輯《詩話》一卷，附錄於《大復山人詩集精華錄》。
- 湛若水等改葬陳獻章於皋帽峰下。（阮榕齡《陳白沙先生年譜》）此年湛若水輯陳獻章古詩一六六首，並各之作解，成《白沙子古詩教解》，並撰〈詩教解序〉。（孫通海點校《陳獻章集》附錄一）

嘉靖元年壬午（1522）

嘉靖 2 年癸未（1523）

- 張時徹中進士。（《明史》卷二〇一）
- 邱道隆寫作〈詩法源流後序〉。（明嘉靖二十九年刊王用章纂輯《詩法源流》）
- 張鈇卒。（光緒《慈谿縣志》卷四七〈藝文〉二「郊外農談」條）張鈇著有《南皋詩話》。

嘉靖 3 年甲申（1524）

- 楊愼謫戍雲南永昌衛。（陳文燭〈楊升庵太史愼年譜〉）
- 尤璿生。（《明清江蘇文人年表》引《錫山秦氏文鈔》卷二）

嘉靖 4 年乙酉（1525）

- 何孟春在南京整次所著《餘冬序錄》。（《餘冬序錄》自序）
- 邵經邦收集所著詩文爲《宏藝錄》，卷首爲《藝苑玄機》七十三條。（《四庫全書總目》卷一七六「宏藝錄」條）
- 湛若水集解、林時嘉編之《白沙先生詩教解》十五卷刊行。（明嘉靖刊《白沙先生詩教解》本）
- 徐獻忠中舉人。（《雲間志略》卷一四〈徐奉化長谷公傳〉）
- 都穆卒，年六十七。（胡纘宗〈都公墓誌銘〉）都穆著有《南濠詩話》。

嘉靖 5 年丙戌（1526）

- 王世貞生。（《明人傳記資料索引》）

嘉靖 6 年丁亥（1527）

- 李贄生。（《明清江蘇文人年表》引《李贄年譜》）

嘉靖 7 年戊子（1528）

- 徐禎卿《迪功集》刊刻，附有《談藝錄》一卷。（嘉靖七年刊《迪功集》）

- 安磐撰〈頤山詩話序〉。（四庫全書本《頤山詩話》卷前）
- 皇甫汸中鄉試。（《明史稿》列傳一六三）
- 晏若川中鄉試。（同治十年《臨江府志》卷一三〈選舉志·鄉舉〉）晏若川著有《佚老亭詩話》。

嘉靖 8 年己丑（1529）
- 李夢陽就醫鎮江，以集稿付黃省曾。（《明詩紀事》戊籤卷一七）
- 陳茂義中進士。（光緒《慈谿縣志》）陳茂義著有《古今詩話》。
- 莊一俊中進士。（《皇明進士登科考》、同治《福建通志》卷七二〈經籍〉）莊一俊著有《詠史詩序評》。
- 皇甫汸中進士。（《皇明進士登科考》）

嘉靖 9 年庚寅（1530）
- 黃省曾刻《李空同先生集》六十六卷。（《明清江蘇文人年表》引《郋園讀書志》卷九）

嘉靖 10 年辛卯（1531）
- 書林劉氏刊汪循《仁峰文集》二十四卷，末附詩話數則。（《四庫提要》卷一七六〈別集類存目三〉「仁峰文集」條）
- 黃省曾中鄉舉。（《明詩紀事》戊籤卷一七）
- 王文祿中鄉舉。（過庭訓《本朝分省人物考》）

嘉靖 11 年壬辰（1532）
- 番禺陳大曉翻刻李東陽《麓堂詩話》，並著〈麓堂詩話跋〉。（陳大曉〈麓堂詩話跋〉）
- 文璧刊都穆《南濠詩話》，並作序。（文璧〈南濠居士詩話序〉）
- 朱權所編《西江詩法》此年七月重新刊刻，此本現藏天一閣。
- 蔡汝楠中進士。（《明史稿列傳》一六三、《皇明進士登科考》）
- 馮汝弼中進士。（《皇明進士登科考》）
- 慈谿張謙中進士。（《皇明進士登科考》）

嘉靖 12 年癸巳（1533）
- 袁黃生。（《明清江蘇文人年表》引乾隆《吳江縣志》等）
- 蔣冕卒，年七十一。（《明人傳記資料索引》）蔣冕著有《瓊臺先生詩話》。

嘉靖 13 年甲午（1534）

· 馮惟訥領鄉薦。（余繼登〈馮公惟訥墓志〉）
· 李蔭中舉人。（《明詩紀事》己籤）李蔭著有《吏隱軒詩話》。

嘉靖 14 年乙未（1535）

嘉靖 15 年丙申（1536）

· 何孟春卒，年六十三。（顧璘〈何公孟春墓表〉）何孟春著有《餘冬詩話》。
· 王世懋生。（王世貞〈亡弟中順大夫太常寺少卿敬美行狀〉）

嘉靖 16 年丁酉（1537）

· 顧起經就試南京。（王世貞《弇州山人續稿》卷一一六〈大寧都指揮使司都事九霞顧君暨配盛孺人合葬誌銘〉）

嘉靖 17 年戊戌（1538）

· 朱承爵此年在世，校閱宋錢杲之《離騷集傳》。（《明清江蘇文人年表》引《鐵琴銅劍樓書目》卷一九）朱承爵著有《存餘堂詩話》。
· 馮惟訥中進士。（余繼登〈馮公惟訥墓志〉）
· 陳沂卒。（《明人傳記資料索引》）陳沂著有《拘虛詩談》。

嘉靖 18 年己亥（1539）

· 牛斗刊《唐詩品彙》九十卷、《拾遺》十卷。（《北京圖書館古籍善本書目》）
· 陳德文纂輯所著古詩及詩話，成《石陽山人蠡海》二卷。（明刊藍印本《石陽山人蠡海》下卷小序）
· 黃德水生。（《明清江蘇文人年表》引《碧雞集》附錄）

嘉靖 19 年庚子（1540）

· 華亭朱警刊所輯《唐百家詩》，其中附有徐獻忠所著《唐詩品》。
· 馮惟訥開始寫《選詩約註》及《評議》。（朱多煃〈選詩約註序〉）
· 王文祿至蘇州訪問黃省曾，於一笑軒共論注杜詩法。（《詩的》）
· 黃省曾卒，年五十一。（《歷代人物年里碑傳綜表》）黃省曾編有《名家詩法》。
· 黃卿卒。（咸豐九年刊《青州府志》卷四四〈黃卿傳〉）黃卿著有《編茗詩話》。

嘉靖 20 年辛丑（1541）

- 程啓充編刻楊慎《升庵詩話》四卷，並撰序。（明嘉靖二十年刊《升庵詩話》）
- 顧元慶輯自作《夷白齋詩話》等七本著作，合楊循吉《七人聯句詩紀》、朱承爵《存餘堂詩話》、徐禎卿《談藝錄》等書，爲《顧氏明朝小說四十種》，此年竣事。（《北京圖書館善本書目》）
- 張鶚翼中進士。（《雲間志略》卷一三〈張中丞須野公傳〉）張鶚翼著《全唐詩話》。
- 謝東山中進士。（嘉慶《四川通志》卷一四九〈人物〉）謝東山著有《近嚳軒詩話》。
- 焦竑生。（《明史稿》列傳一六四本傳）
- 陳第生。（《列朝詩集》丁集卷中）
- 朱諫卒，年八十。（王健〈吉安府知府朱先生諫行狀〉）朱諫著有《李詩辨疑》、《詩評》。

嘉靖 21 年壬寅（1542）

- 楊慎著〈譚苑醍醐序〉。（清乾隆《函海》本《譚苑醍醐》卷前）
- 屠隆生。（《明清江蘇文人年表》引《明代傳奇全目》）
- 周履靖生。（《明清江蘇文人年表》引《味水軒日記》卷三）
- 孫鑛生。（《明人傳記資料索引》）
- 郭子章生。（《明人傳記資料索引》）

嘉靖 22 年癸卯（1543）

- 鄭梓編、王文祿增輯之叢書《明世學山》刊行，此叢書收有徐泰《詩談》等明人詩話。此本於隆、萬間又加以增補。
- 姜南《蓉塘詩話》刊刻。（劉德重、張寅彭《詩話概說》）

嘉靖 23 年甲辰（1544）

- 陳霆此年在世，刻所著《唐餘紀傳》二十四卷。（《明清江蘇文人年表》引《善本書所見錄》）陳霆著有《渚山堂詩話》。
- 李攀龍中進士。（殷士儋〈李公墓誌銘〉）
- 朱曰藩舉進士。（《列朝詩集小傳》丁集上）
- 陸深卒，年六十八。（《國榷》）陸深著有《儼山詩話》。
- 陳與郊生。（《明人傳記資料索引》）

嘉靖 24 年乙巳（1545）

- 梁橋《冰川詩式》寫成。（《四庫提要》卷一九七）
- 浙江葉杏園刊黃省曾所輯《名家詩法》。（嘉靖刊《名家詩法》）
- 雲間陸氏家刊陸深所著《儼山文集》一百卷，附有《儼山詩話》一卷。（嘉靖刊《儼山文集》）

嘉靖 25 年丙午（1546）

- 俞允文與劉麟、龍霓、張寰等在吳興結崇雅社。（《明清江蘇文人年表》引《山帶閣集》卷二八）
- 徐師曾領鄉薦。（王世懋〈徐魯庵先生師曾墓表〉）
- 楊循吉卒，年八十九。（〈松籌堂集序〉）楊循吉著有《七人聯句詩紀》。

嘉靖 26 年丁未（1547）

- 洪楩刊姜南著《蓉塘詩話》。（《北京圖書館古籍善本書目》）
- 俞弁撰作〈逸老堂詩話自序〉。（《歷代詩話續編》本《逸老堂詩話》卷前）
- 李攀龍官刑部廣東司主事。（殷士儋〈李公墓誌銘〉）
- 王世貞中進士。（王錫爵〈鳳洲王公世貞神道碑〉）
- 章憲文生。（《明清江蘇文人年表》引《景船齋雜記》卷下）

嘉靖 27 年戊申（1548）

- 豐城游氏刊游潛所著《夢蕉詩話》，此本後有萬曆及清康熙遞修補本。（明嘉靖刊《夢蕉詩話》）

嘉靖 28 年己酉（1549）

- 王世貞、李攀龍、謝榛等集於北京賞月，論詩法，李攀龍以指掐謝榛手，要其勿太泄「天機」，謝榛則曰：「更有切要處不言」。（《四溟詩話》卷三）
- 梁橋《冰川詩式》刊刻，此係原刊本。（明嘉靖刊《冰川詩式》卷前梁橋引言）

嘉靖 29 年庚戌（1550）

- 《詩法》與《詩法源流》此年合刊。（張健〈《詩家一指》的產生時代與作者〉）
- 黃甲中進士。（《皇明進士登科考》）黃甲著有《獨鑒錄》。

嘉靖 30 年辛亥（1551）

- 胡應麟生。（吳晗〈胡應麟年譜〉）

嘉靖 31 年壬子（1552）

・金城陸師道刊張謙輯《六朝詩彙》一一四卷、《目錄》一卷、《詩評》一卷。
　（《北京圖書館古籍善本書目》）

・楊成纂輯之《詩法》，此年有刊本。（《詩話概說》）

・朝鮮尹春年刊懷悅所編《詩法源流》，並撰序。（明嘉靖刊本《詩法源流》
　卷前）

・張含爲楊愼《詩話補遺》作序。（王仲鏞《升庵詩話箋註》卷前）

・王世貞、李攀龍、謝榛、宗臣、徐中行等結詩社於京師，結爲復古流派，
　延畫工作《六子圖》。（《四溟詩話》卷四）

・李贄中舉。（《明史》卷二二一）

嘉靖 32 年癸丑（1553）

・李攀龍出守順德府。（殷士儋〈李公墓誌銘〉）

・徐師曾中進士。（王世懋〈徐魯庵先生師曾墓表〉）

・江盈科生。（《雪濤閣集》卷四〈初度〉詩：「余生癸丑」）

嘉靖 33 年甲寅（1554）

・梁佐編刊《丹鉛總錄》，收《升庵詩話》四卷。（王仲鏞〈升庵詩話箋注前
　言〉）

・徐師曾開始編著《文體明辨》。（《文體明辨》自序）

・吳默生。（《明人傳記資料索引》）

嘉靖 34 年乙卯（1555）

・浙江湖州府刊《文章辨體》。（《中國版刻綜錄》）

・徐洛刊《文章辨體》二十冊。（北京圖書館古籍善本書目）

・顧氏奇字齋刊顧起經《王右丞詩畫評》。（明嘉靖刊《王右丞詩畫評》）

・詹氏白雲館刊黃省曾《名家詩法》。（《石竹山房詩話論稿》）

・董其昌生。（《明史稿列傳》一六四）

嘉靖 35 年丙辰（1556）

・顧氏奇字齋刊顧起經《類箋唐王右丞集》，包括文集四卷、外編一卷、年譜
　一卷、附錄二卷。其中包括《歷朝諸家評王右丞詩畫鈔》一卷。（《中國版
　刻綜錄》）

‧楊愼門人曹命纂輯《詩話補遺》，此年刊刻，王嘉賓、楊達之爲撰序。（明嘉靖曹命刊《詩話補遺》本）

嘉靖 36 年丁巳（1557）

‧閻新恩爲劉世偉所著《過庭詩話》撰序。（《四庫全書總目》卷一九七〈詩文評類存目〉「過庭詩話」條）

嘉靖 37 年戊午（1558）

‧王世貞著成《藝苑卮言》六卷。（王世貞〈藝苑卮言敘〉）
‧梁橋《冰川詩式》刊刻於宛陵。（嘉靖三十七年刊《冰川詩式》）
‧陳繼儒生。（《陳眉公年譜》）
‧郝敬生。（《罪惟錄》、《啓禎野乘》卷七〈郝給事傳〉）

嘉靖 38 年己未（1559）

‧洞易書院刊馮可久著《唐王右丞詩集注說》。（《中國版刻綜錄》）
‧王用章纂輯《詩法源流》刊刻。（嘉靖刊《詩法源流》本）
‧朱日藩與何良俊、黃姬水、盛時泰等，集會於南京，合作〈人日草堂詩〉寄給雲南的楊愼，表達崇慕之意。（《明詩紀事》己籤卷八「朱日藩」條）
‧王世懋中進士。（王世貞〈亡弟中順大夫太常寺少卿敬美行狀〉）
‧楊愼卒，年七十二。（《明史稿》列傳一六二）楊愼著有《升庵詩話》、《詩話補遺》、《譚苑醍醐》、《千里面譚》等。
‧趙宧光生。（《歷代人物年里碑傳綜表》）

嘉靖 39 年庚申（1560）

‧朱宣墦爲所編《詩心珠會》作序。（《四庫全書總目》卷一九七〈詩文評類存目〉「詩心珠會」條）
‧湛若水卒，年九十五。（《明人傳記資料索引》）湛若水輯有《詩教外傳》。
‧莊元臣生。（《明清江蘇文人年表》引《松軒書錄》）

嘉靖 40 年辛酉（1561）

‧顧元慶此年在世，王穉登過訪，顧元慶示以所作《大石八景記》。（《明清江蘇文人年表》引《雨航紀》）顧元慶著有《夷白齋詩話》。
‧朱日藩卒，年六十一。（《明清江蘇文人年表》引道光《寶應縣志》）朱日藩著有《七言律細》。

嘉靖 41 年壬戌（1562）

嘉靖 42 年癸亥（1563）

・許學夷生。（陳所學〈詩源辨體跋〉）

嘉靖 43 年甲子（1564）

・王述古生。（《明人傳記資料索引》）

嘉靖 44 年乙丑（1565）

・王世貞補益所著六卷本《藝苑卮言》，此年脫稿。（王世貞〈藝苑卮言敘〉）
・王圻中進士。（同治《上海縣志》卷一九）
・蔡汝楠卒，年五十。（《國朝獻徵錄》〈蔡公汝楠行狀〉）蔡汝楠著《白石詩說》。
・顧元慶卒，年七十九。（《明人傳記資料索引》）顧元慶著有《夷白齋詩話》。
・李日華生。（《歷代人物碑傳年里綜表》）

嘉靖 45 年丙寅（1566）

隆慶元年丁卯（1567）

・袁一虬中舉。（《續名賢小紀》、光緒九年《蘇州府志》卷八〇〈人物七〉）

隆慶 2 年戊辰（1568）

・王完編叢書《百陵學山》刊行，此書收有徐泰《詩談》等明人詩話。此叢書其後於萬曆十二年重新編印。
・朱孟震中進士。（《詞林人物考》卷一二）
・袁一虬中進士。（《續名賢小紀》、光緒九年《蘇州府志》卷八〇〈人物七〉）袁一虬著有《唐詩折衷》。

隆慶 3 年己巳（1569）

・何良俊撰刊《四友齋叢說》三十卷。（《四友齋叢說》自序）
・徐獻忠卒，年七十七。（〈徐先生獻忠墓誌銘〉、《國榷》）徐獻忠著《唐詩品》。
・顧起經卒，年五十五。（王世貞〈大寧都指揮使司都事九霞顧君暨配盛孺人合葬誌銘〉）顧起經著有《王右丞詩畫評》。
・胡震亨生。（俞大綱〈紀唐音統籤〉引胡夏客所作《李杜詩通・識語》）

隆慶 4 年庚午（1570）

- 李贄官南京刑部員外郎，焦竑等從論學。（《李贄年譜》）
- 徐師曾編成《文體明辨》六十八卷。（《文體明辨》自序）
- 馮惟訥著成《選詩約註》及《評議》。（朱多煃〈選詩約註序〉）
- 汴城朱睦㮮、梁夢龍刊梁橋著《冰川詩式》十卷。（明隆慶刊《冰川詩式》）
- 李攀龍卒，年五十七。（王世貞〈祭李于鱗文〉）李攀龍有《詩文原始》。
- 徐㷆生。（《紅雨樓題跋》卷一）

隆慶 5 年辛未（1571）

- 朱孟震與陳芹、盛時泰、姚淛等集於南京，結青溪社。（《玉笥詩談》卷上）
- 馮時可中進士。（《雲間志略》卷二十〈馮憲使文所公傳〉）
- 郭子章中進士。（《明詩紀事》庚籤卷十）

隆慶 6 年壬申（1572）

- 王世貞重訂《藝苑卮言》，增爲八卷，並作〈敘〉。（王世貞〈藝苑卮言敘〉）
- 朱守行刊朱諫著《李詩選注》十三卷、《李詩辨疑》二卷。（《中國版刻綜錄》）朱守行第一次刊《李詩選注》、《辨疑》二書，係在嘉靖年間。
- 吳郡陵雲閣刊胡應麟著《藝林伐山》二十卷。（《中國版刻綜錄》）
- 錢塘田氏刊田藝蘅所著《留青日札》，是書卷五、六爲《詩談》初編、二編。（隆慶六年刊《留青日札》）
- 馮惟訥卒，年六十一。（余繼登〈馮公惟訥墓志〉）馮惟訥輯有《選詩評議》。

萬曆元年癸酉（1573）

- 勾吳武陵郡顧氏奇字齋刊《國雅》，附《國雅品》一卷。（姚咨〈國雅跋〉）
- 徐師曾爲《文體明辨》作序。（萬曆十九年刊《文體明辨》卷前）
- 朱孟震與陳芹、魏學禮、莫是龍等集於南京，再結青溪社。（《玉笥詩談》卷下）
- 王櫃以禮經魁冠三秦，祿仕晉庠秩邑侯。（周維德〈明詩話提要〉稿本）王櫃纂輯有《詩法指南》，另與吳默輯有《詩法要標》。
- 何良俊續纂《四友齋叢說》八卷。（〈重刻四友齋叢說序〉）
- 何良俊卒，年六十八。（〈重刻四友齋叢說序〉）何良俊著有《四友齋叢說》。
- 馮復京生。（錢謙益《初學集》卷五五〈馮嗣宗墓誌銘〉）

萬曆 2 年甲戌（1574）

- 孫鑛中進士。（《明詩紀事》庚籤卷十一）
- 陳與郊中進士。（《明人傳記資料索引》）
- 尤瑮卒，年五十一。（《明清江蘇文人年表》引《錫山秦氏文鈔》卷二）尤瑮著有《陶杜詩說》。
- 曹學佺生。（《明清江蘇文人年表》引《池北偶談》卷一七）
- 鍾惺生。（《明清江蘇文人年表》引《譚友夏合集》卷一二）

萬曆 3 年乙亥（1575）

- 王文祿作〈詩的引〉。（《詩的》卷首）
- 謝榛卒，年七十七。（《明人傳記資料索引》）

萬曆 4 年丙子（1576）

- 朱紱與宛嘉祥、談輅、徐珪擬議輯校《名家詩法彙編》。（朱紱〈刻名家詩法彙編題辭〉）
- 蔡翰臣琳琅館刊楊慎所著《千里面譚》。（張錫厚〈楊慎詩論著述考〉）
- 胡應麟與屠隆同舉於鄉。（《白榆集》卷二〈少室山房稿序〉）
- 盧龍雲舉於鄉。（光緒五年《廣州府志》卷一一七〈列傳六〉）

萬曆 5 年丁丑（1577）

- 潛川朱紱刊刻所輯《名家詩法彙編》，並作題辭。（卷前朱紱〈刻名家詩法彙編題辭〉）
- 張時徹卒，年七十八。（《明人傳記資料索引》）張時徹著有《芝園集·諸家評》。

萬曆 6 年戊寅（1578）

- 王象春生。（李先耕等標校《隱秀軒集·鍾惺簡明年表》）

萬曆 7 年己卯（1579）

- 龔元成刊《四友齋叢說》三十八卷，並撰題辭；張仲頤撰作重刻本序。（明萬曆七年刊《四友齋叢說》卷前）
- 譚浚《說詩》刊行，卷前有序。（明萬曆刊《說詩》）
- 李日華為周履靖作《梅墟先生別錄》，記載其事蹟。（《夷門廣牘》卷二五《梅墟先生別錄》）
- 俞允文卒，年六十七。（《明人傳記資料索引》）俞允文輯有《名賢詩評》十

二卷。

・陳仁錫生。（《啓禎兩朝遺詩小傳》）

萬曆 8 年庚辰（1580）

・茅一相刊所輯《欣賞編》十種，中間包含所輯的《詩法》一卷。（明萬曆八年刊《欣賞編》）

・胡應麟初謁王世貞於小祇園。（吳晗〈胡應麟年譜〉）

・李淳中進士。（光緒五年《廣州府志》卷一二六〈列傳十五〉）李淳著有《李杜或問》。

・吳江壽檜堂刊徐師曾《文體明辨》。（萬曆十九年刊《文體明辨》卷前徐師曾〈自序〉文後所附牌記）

・徐師曾卒，年六十四。（王世懋〈徐魯庵先生師曾墓表〉）徐師曾輯《詩體明辨》。

萬曆 9 年辛巳（1581）

・沈思孝刊馮惟訥所輯《選詩約注》八卷、《評議》一卷。（萬曆《選詩約注》）

・周履靖昔從皇甫汸學，此年皇甫汸爲周履靖所著《閑雲稿》作序。（《閑雲稿》序）。此年張之象亦爲周履靖所輯《梅塢貽瓊》作序。（《梅塢貽瓊》序）

・朱孟震此年在世，以所藏《香山九老圖》貽王世懋，王世貞爲作考跋。（《明清江蘇文人年表》引《古今圖書集成・山川典》卷六四）朱孟震著有《玉笥詩談》三卷。

・黃德水卒，年四十三。（《明清江蘇文人年表》引《碧雞集》附錄）黃德水著有《明詩紀事》。

萬曆 10 年壬午（1582）

・四川巡撫張士佩刊楊有仁所編之《太史楊升庵全集》，收錄《升庵詩話》八卷。（萬曆十年刊《太史楊升庵全集》）

・屠隆入京，過太倉，宿王世懋憺圃，爲序《關洛紀遊稿》，與王世貞、陳繼儒等會面。（《明清江蘇文人年表》引《白榆集》卷五）

萬曆 11 年癸未（1583）

・周子文中進士。（《四庫全書總目》卷一九七〈詩文評類存目〉）周子文輯有

《藝藪談宗》六卷。

· 盧龍雲中進士。（光緒五年《廣州府志》卷一一七〈列傳六〉）盧龍雲著有《談詩類要》。

· 趙世顯中進士。（《四庫提要》卷一二八〈雜家存目五〉「趙氏連城」條）趙世顯著有《趙仁甫詩談》。

· 皇甫汸卒，年八十六。（《疑年錄彙編》卷七）皇甫汸著有《解頤新語》八卷。

· 王象春生。（《東林黨籍考》〈王象春列傳〉）

萬曆 12 年甲申（1584）

· 王完編、王文祿重編叢書《百陵學山》重新刊行，此叢書收錄徐泰《詩談》及王文祿自著《詩的》等明人詩話。（〈百陵學山跋〉）

· 王兆雲此年夏天至姑蘇，會吳明卿。（《揮塵詩話》「吳明卿贈詩」條）王兆雲著有《揮塵詩話》。

· 孫國敉生。（光緒《六合縣志》卷七）

萬曆 13 年乙酉（1585）

· 陳文燭為王世懋《藝圃擷餘》作序。（《寶顏堂祕集·普集》本《藝圃擷餘》卷前陳文燭序）

· 宋登春客居徐學謨家二年，此際投水而卒。（《列朝詩集》丁籤）宋登春著有《詩禪瑣評》一卷。

· 朱宣墭錫封華陽王。（《四庫提要》卷一九七〈詩文評類存目〉「詩心珠會」條）朱宣墭輯《詩心珠會》。

· 方維儀生。（蔡鎮楚《詩話學》頁八五）

萬曆 14 年丙戌（1586）

· 王世貞與屠隆、汪道昆、潘之恆等於杭州共舉南屏社。（《明清江蘇文人年表》引《卓光祿集》卷二）

· 屠隆、汪道昆等集於西湖之淨慈寺，倡西泠社。（《棗林易簀》「西泠社」條）

· 陳繼儒自除學籍。（《明清江蘇文人年表》引《晚香堂小品》卷）

· 章憲文中進士。（嘉慶《松江府志》卷二二）

· 袁黃中進士。（光緒五年《嘉興府志》卷五四）

· 譚元春生。（《明清江蘇文人年表》引《譚友夏合集》卷一一）

萬曆 15 年丁亥（1587）

‧張之象卒，年八十一。（莫如忠〈張之象墓誌銘〉）張之象著有《詩學指南》、《詩紀類林》。

‧顧起綸卒，年七十一。（《明清江蘇文人年表》引《錫山書目考》卷二）顧起綸著有《國雅品》。

萬曆 16 年戊子（1588）

‧唐元竑中舉人。（《四庫全書總目》卷一四九〈別集類〉「杜詩攟」條）唐元竑著有《杜詩攟》。

‧郝敬中鄉舉。（《啓禎野乘》卷七〈郝給事傳〉）

‧王世懋卒，年五十三。（王世貞〈亡弟中順大夫太常寺少卿敬美行狀〉）王世懋著有《藝圃擷餘》。

‧盧世㴐生。（《歷代人物碑傳年里綜表》）

萬曆 17 年己丑（1589）

‧武林樵雲書舍刊新刻增補《藝苑卮言》十六卷。（《中國版刻綜錄》、《北京圖書館古籍善本書目》）

‧胡應麟《詩藪》〈內編〉〈外編〉刊成，王世貞爲作序。（《少室山房類稿》卷一一一〈與王長公第三書〉）

‧焦竑中狀元。（《明清歷科進士題名碑錄》）

‧王述古中進士。（《明清歷科進士題名碑錄》）

‧董其昌中進士。（《明清歷科進士題名碑錄》）

‧郝敬中進士。（《罪惟錄》、《啓禎野乘》卷七〈郝給事傳〉）

萬曆 18 年庚寅（1590）

‧汪道崑爲《詩藪》作序。（《詩藪》卷前汪道崑〈詩藪序〉）

‧胡應麟《藝林學山》刊成，胡應麟作〈藝林學山引〉。（光緒二十二年刊《少室山房筆叢》本卷前）

‧王世貞卒，年六十五。（《明人傳記資料索引》）王世貞著有《藝苑卮言》、《國朝詩評》、《全唐詩說》等。

萬曆 19 年辛卯（1591）

‧累仁堂刊王世貞《藝苑卮言》十二卷。（累仁堂《藝苑卮言》刊本）

‧徐師曾《文體明辨》刊於吳江。（萬曆十九年刊《文體明辨》卷前）

・鍾惺補諸生。（李先耕等校點《隱秀軒集》附年表）

萬曆 20 年壬辰（1592）

・江盈科中進士，授長洲縣令。袁宏道亦中進士。（《雪濤閣集》卷一〈登第候榜〉、卷三〈出宰長洲作〉等詩）

・謝肇淛中進士。（《明清歷科進士題名碑錄》）

・李日華中進士。（《明清歷科進士題名碑錄》）

・吳默中進士。（《明清歷科進士題名碑錄》）

萬曆 21 年癸巳（1593）

・許學夷開始撰寫《詩源辨體》。（杜維沫校定《詩源辨體》本卷前附許學夷自序）

萬曆 22 年甲午（1594）

・周履靖旅居松江，與陳繼儒會面。（《明清江蘇文人年表》引《鴛湖倡和稿》）

・蔣一葵在南京應試。（《明清江蘇文人年表》引《武陽合志》）

・鄧雲霄中舉。（《冷邸小言》引《廣東通志》本傳）

・談遷生。（《明清江蘇文人年表》引《棗林詩集》）

萬曆 23 年乙未（1595）

・陳繼儒以所輯《寶顏堂密笈》二百二十六種四百五十七卷付刊，其中收錄王世懋《藝圃擷餘》。（《明清江蘇文人年表》引《陳眉公年譜》）

・袁宏道出任吳縣縣令，江盈科與之唱和，並品論詩學，排拒復古風氣。（《袁中郎全集》之《詩集》〈哭江進之〉）

・曹學佺中進士。（《石匱書》後集卷五八〈文苑列傳〉）

・張謙卒。（《明人傳記資料索引》）張謙編有《六朝詩彙・詩評》。

・茅元儀生。（《明清江蘇文人年表》引《因樹屋書影》卷二）按：丁原基〈茅元儀著作考略〉謂茅元儀生於萬曆二十二年。

萬曆 24 年丙申（1596）

・趙府冰玉堂重刊《四溟山人全集》，附《詩家直說》。（李慶立〈謝榛的詩歌批評論〉，《東岳論叢》，一九八五年一卷）

萬曆 25 年丁酉（1597）

・南京荊川書林刻周履靖所輯《夷門廣牘》一百五十八卷，收錄周履靖《騷

壇祕語》、徐禎卿《談藝錄》、張懋賢《詩源撮要》等書。(《夷門廣牘》序)
- 周子文刊所著《藝藪談宗》六卷。(《中國版刻綜錄》)
- 張惟喬刊汪時元著《竹里館詩說》五卷。(萬曆二十五年本《竹里館詩說》)
- 袁宏道解吳縣縣令職,與江盈科遊虎丘,袁宏道作〈虎丘記〉。(《明清江蘇文人年表》引《袁中郎遊記》)

萬曆 26 年戊戌(1598)

- 李贄與焦竑在北京會晤,並隨之赴南京。(《李贄年譜》)
- 邵武府學刊李之用所輯《詩家全體》十四卷。(《中國版刻綜錄》)
- 許自昌刊蔣冕所著《瓊臺先生詩話》。(《石竹山房詩話論稿》)
- 鄧雲霄中進士。(《冷邸小言》引《廣東通志》本傳)鄧雲霄著有《冷邸小言》。

萬曆 27 年己亥(1599)

- 毛晉生。(《明清江蘇文人年表》引《有學集》卷三一)
- 江盈科官大理寺,開始整編《雪濤詩評》、《閨秀詩評》等《雪濤閣四小書》。(《亘史鈔》卷前《雪濤閣四小書自序》)

萬曆 28 年庚子(1600)

- 陳繼儒拒不入東林。(《陳眉公年譜》)

萬曆 29 年辛丑(1601)

- 葉秉敬中進士。(《四庫全書總目》卷四一〈小學類〉「字學」條)葉秉敬著有《敬君詩話》。
- 王家屏爲馮時可《藝海泂酌》撰〈藝海泂酌唐乘引〉。(明萬曆三十年刊《藝海泂酌》卷前)

萬曆 30 年壬寅(1602)

- 莆田吳獻台校刊郭子章《豫章詩話》,張鼎思爲之作序。(明萬曆三十年刊《豫章詩話》)
- 馮時可《藝海泂酌》此年刊刻,張以誠撰〈晉乘題辭〉。(明萬曆三十年刊《藝海泂酌》)
- 李贄自殺,年七十六。(《李贄年譜》)李贄著有《騷壇千金訣》。
- 胡應麟卒,年五十二。(吳晗〈胡應麟年譜〉)胡應麟著有《詩藪》、《藝林學山》,後人爲輯《少室山房詩評》。

萬曆 31 年癸卯（1603）

- 鍾惺中鄉試。（李先耕等校點《隱秀軒集》附年表）
- 高毓秀中舉人。（民國四年重刊《山東通志》卷一三九〈藝文志・子部・雜家類〉）高毓秀著有《雪竹詩論》。
- 胡文煥輯刊《格致叢書》，收錄自著《詩文要式》、徐禎卿《談藝錄》等詩話。

萬曆 32 年甲辰（1604）

- 趙府冰玉堂重刊《四溟山人全集》，附《詩家直說》。（明萬曆三十二年趙府冰玉堂重刊《四溟山人全集》）
- 陳第訪焦竑，共論古詩無協音說，因著《毛詩古音考》。（《明清江蘇文人年表》引《澹園集》卷一四）
- 譚元春過訪鍾惺，是為相交之始。（李先耕等標校《隱秀軒集・鍾惺簡明年表》）
- 江盈科整編《雪濤詩評》、《閨秀詩評》等《雪濤閣四小書》成，撰作自序。（《亘史鈔》卷前《雪濤閣四小書自序》）
- 莊元臣中進士。（《明清歷科進士題名碑錄》）

萬曆 33 年乙巳（1605）

- 建陽余氏刻袁黃所著《了凡雜著》，其中收錄《詩外別傳》二卷。
- 屠隆卒，年六十四。（《明清江蘇文人年表》引《明代傳奇全目》）屠隆著有《長卿詩話》。
- 江盈科卒，年五十三。（《袁中郎全集》中《詩集》〈哭江進之〉）江盈科著有《雪濤詩評》、《閨秀詩評》等。

萬曆 34 年丙午（1606）

- 吳勉學校刊《少室山房筆叢》，書前有黃吉士、孫居相〈筆叢序〉及陳文燭〈少室山房餘集序〉。（萬曆三十四年刊《少室山房筆叢》卷首）
- 謝與棟刊焦竑所著《焦氏筆乘》。（萬曆三十四年刊《焦氏筆乘》）
- 李如一在蘇州刻所輯《藏說小萃》十一種二十七卷，收錄朱承爵《存餘堂詩話》。（《藝風藏書續記》卷五）陳繼儒為作〈藏說小萃序〉。（《晚香堂小品》卷十）
- 蔣一葵刻所著《堯山堂外紀》一百卷及所輯《堯山堂偶雋》七卷。（《北京

圖書館善本書目》)

· 會山樓刊陳第所著《一齋集》,其中包括《毛詩古音考》四卷附《讀詩拙言》一卷。(《叢書大辭典》)

· 曹學佺陞南京戶部郎中、四川右參議,晉按察使。(《石匱書》後集卷五八〈文苑列傳〉)曹學佺官四川期間,撰著《蜀中廣記》。

· 袁黃卒,年七十四。(《明清江蘇文人年表》引《葉天寥自撰年譜》)袁黃著有《詩外別傳》二卷。

萬曆 35 年丁未（1607）

· 蓬萊知縣邢琦校刊謝榛《詩家直說》。(明萬曆三十五年刊《詩家直說》)

· 章憲文卒,年六十一。(《景船齋雜記》卷下、光緒《青浦縣志》卷一九）章憲文著有《白石山房詩話》。

萬曆 36 年戊申（1608）

萬曆 37 年己酉（1609）

· 張養正刊胡應麟所著《詩藪》。(蔡鎮楚《石竹山房詩話論稿》)

· 徐懋升重刊田藝蘅《留青日札》。(萬曆三十七年《留青日札》)

· 梁橋《冰川詩式》刊刻。(明萬曆刊《冰川詩式》本)

· 陳第解軍職浪遊,於南京與焦竑論學。(《列朝詩集》丁籤)本年焦竑與袁中道會晤。(《明清江蘇文人年表》引《遊居柿錄》)

· 鍾惺客南京,與袁中道會晤。(《明清江蘇文人年表》引《遊居柿錄》)

· 袁宏道於三教寺發現李贄《枕中十書》遺稿,為之修補續全。(袁宏道〈枕中十書序〉)

· 莊元臣卒,年五十。(《明清江蘇文人年表》)莊元臣著有《唐詩摘句》。

萬曆 38 年庚戌（1610）

· 錢謙益中進士。(《明清歷科進士題名碑錄》)

· 鍾惺中進士。(李先耕等校點《隱秀軒集》附年表)

· 王良臣中進士。(《明清歷科進士題名碑錄》)王良臣著有《詩評密諦》四卷。

· 王象春中進士。(《明清歷科進士題名碑錄》)

· 陳與郊卒,年六十七。(《明人傳記資料索引》)陳與郊纂輯王世貞《藝苑卮言》為《卮言倪》八卷。

萬曆 39 年辛亥（1611）

- 周履靖此年在世，年七十。（《明清江蘇文人年表》引《味水軒日》卷三）
  周履靖著有《騷壇祕語》。
- 方以智生。（《明清江蘇文人年表》引《瞿宗宣集》卷八）

萬曆 40 年壬子（1612）

- 潘之恒刪訂、吳公勵校刊《亘史鈔》六卷，收錄江盈科之《雪濤詩評》、《閨秀詩評》等《雪濤閣四小書》。
- 盛以進於臨清刊謝榛《四溟山人詩》，附《四溟山人詩家直說》。（明萬曆四十年《四溟山人詩》）
- 許學夷撰成《詩源辨體》。（杜維沫校定《詩源辨體》本卷前所附許學夷自序）

萬曆 41 年癸丑（1613）

- 崔苔軒刊俞允文輯《名賢詩評》二十卷。（《中國版刻綜錄》）
- 許學夷《詩源辯體》十六卷刊刻，許學夷著有〈自序〉。（《北京圖書館古籍善本書目》、杜維沫校定《詩源辨體》本）
- 王圻此年在世，與唐汝詢等作癸丑唱和詩。（《明清江蘇文人年表》引《松風餘韻》卷二七張希曾詩）王圻著有《古今詩話》。
- 謝肇淛此年被命至山東張秋管河，著《北河紀略》。（《明清江蘇文人年表》引《五雜俎》）謝肇淛著有《小草齋詩話》。
- 孫鑛卒，年七十二。（《明人傳記資料索引》）孫鑛著有《排律辨體》。
- 蘇之琨生。（民國《沙縣志》）
- 陳瑚生。（《明清江蘇文人年表》引《陳安道年譜》）

萬曆 42 年甲寅（1614）

- 鍾惺、譚元春合輯《古詩歸》十五卷、《唐詩歸》三十六卷。（《明清江蘇文人年表》引《譚友夏合集》卷一二）

萬曆 43 年乙卯（1615）

- 王昌會中舉人。（同治十一年《上海縣志》卷十九）

萬曆 44 年丙辰（1616）

- 焦竑編刊《升庵外集》，收錄所編《升庵詩話》十二卷。（萬曆四十四年刊《升庵外集》）
- 王昌會《詩話類編》刊刻。（萬曆四十四年刊《詩話類編》）

萬曆 45 年丁巳（1617）

・鍾惺、譚元春評定《古詩歸》、《唐詩歸》，此年刊刻。（鍾惺〈詩歸序〉）

・陳繼儒至白門，與鍾惺訂交。（《明清江蘇文人年表》引《隱秀軒文》昃集）

・馮時可此年在世，為趙宧光作《趙凡夫傳》。（《明清江蘇文人年表》引《四當齋書目》上卷二）馮時可著有《藝海泂酌》。

・陽羨陳于廷刊沈節甫所輯《紀錄彙編》，收錄王世貞《明詩評》。

・陳第卒，年七十七。（《明清江蘇文人年表》引《陳一齋年譜》）陳第著有《讀詩拙言》。

・王述古卒，年五十四。（《明人傳記資料索引》）王述古著《詩鑒》。

萬曆 46 年戊午（1618）

・江湛然刊《少室山房筆叢》，書前有陳文燭〈少室山房餘集序〉，《筆叢》收錄《藝林學山》八卷。（該書卷首）

・江湛然刊《少室山房四集》，收錄《詩藪》內編六卷、外編六卷、雜編六卷、續編二卷。（《北京圖書館古籍善本書目》）

・郭子章卒，年七十七。（《明人傳記資料索引》）郭子章著有《豫章詩話》。

萬曆 47 年己未（1619）

・鍾惺、譚元春、茅元儀、冒譽昌、傅汝舟、潘之恒等先後會於金陵烏龍潭。（《明清江蘇文人年表》引《譚友夏合集》卷一一）

萬曆 48 年　泰昌元年庚申（1620）

・王昌會刻所編《詩話類編》三十二卷。（《西諦書目》卷四）

・繡水沈氏刊《寶顏堂祕笈・普集》，收有王世懋《藝圃擷餘》。

・焦竑卒，年八十。（《明史稿》列傳一六四本傳）焦竑著有《焦氏詩評》。

・陸嘉淑生。（《歷代人物碑傳年里綜表》）

天啟元年辛酉（1621）

・王安舜刊《白沙先生文集》十二卷，附《詩教解》十五卷。（《中國版刻綜錄》）

・茅元儀著成《武備志》二百四十卷，聲譽鵲起，後以「知兵」充任贊畫，佐大學士孫承宗督師遼東。（同治十三年刊《湖州府志》卷七五〈人物傳・文學二〉）

天啟 2 年壬戌（1622）

· 趙宧光刻所著《彈雅》十八卷。（《明清江蘇文人年表》引《故宮普通書目》）

· 陳仁錫中進士。（《明人傳記資料索引》）

· 馮復京卒，年五十。（錢謙益《初學集》卷五五〈馮嗣宗墓誌銘〉）馮復京著有《說詩補遺》。

天啟 3 年癸亥（1623）

· 樊維城輯刊《鹽邑志林》七十一卷，其中收錄張泰《詩談》。

· 郝敬撰〈藝圃傖談題辭〉。（萬曆至崇禎間遞刊《藝圃傖談》卷前）

天啟 4 年甲子（1624）

· 讀耕齋刻謝肇淛所著《小草齋詩話》五卷。（天啓四年刊《小草齋詩話》）

· 朱隗與楊彝、張采、張溥、顧夢麟等共結應社。（朱彝尊《靜志居詩話》）朱隗輯有《明詩平論》。

天啟 5 年乙丑（1625）

· 復禮堂刊黃溥《詩學權輿》。（《石竹山房詩話論稿》）

· 胡震亨始纂《唐音統籤》。（俞大綱〈紀唐音統籤〉引胡夏客所作《李杜詩通·識語》）

· 金陵唐建元精刊硃墨套印《詞府靈蛇》袖珍本，題爲鍾惺所評。（天啓刊《詩府靈蛇》）

· 盧世㴶中進士。（民國四年重印清孫葆田修《山東通志》卷一六七〈隱逸〉）

· 葉廷秀應試北京。（《明史》卷二五五）

· 孫國敉恩選貢生。（康熙二十三年《六合縣志》卷六〈人物志·歲貢〉）

· 趙宧光卒，年六十七。（《明清江蘇文人年表》引《水瀆詩存》）趙宧光著有《彈雅》十八卷。

· 鍾惺卒，年五十二。（〈鍾惺卒年辨正〉；《明清江蘇文人年表》引《譚友夏合集》卷一二）鍾惺與譚元春合著《詩府靈蛇》。

天啟 6 年丙寅（1626）

天啟 7 年丁卯（1627）

· 新都程胤兆編刊《天都閣藏書》二十六卷，收錄王世貞所著《詩評》、《國朝詩評》。（新都程氏刊《天都閣叢書》）

· 孫國敉任福建延平府學訓導。（光緒《六合縣志》卷七）

崇禎元年戊辰（1628）

- 冒譽昌與張玉成等集於冒夢齡逸園作社。（《明清江蘇文人年表》引《拙存堂逸稿》卷二）
- 趙籲俊刊刻自己纂輯的《藝海瀝液》。（蔡鎮楚《石竹山房詩話論稿》）
- 賜緋堂刊陳與郊纂輯王世貞所著《卮言儁》八卷。（崇禎元年刊《卮言儁》）

崇禎 2 年己巳（1629）

- 何偉然輯刊《廣快書》，收錄黃甲著《獨鑒錄》。（何偉然〈廣快書五十種序〉）
- 石公此年為《豔雪齋詩評》作自序，然「石公」不知何許人。（《四庫全書總目》卷一九七〈詩文評類存目〉「豔雪齋詩評」條）

崇禎 3 年庚午（1630）

- 淮南李氏刊李蓘所輯《璅探》，收錄楊循吉《七人聯句詩紀》、朱承爵《存餘堂詩話》。（崇禎三年刊《璅探》）
- 朱家瓚登庚午副榜。（薛岡〈燕遊草序〉）

崇禎 4 年辛未（1631）

- 盧世㴶《讀杜私言》刊刻。（《販書偶記》）

崇禎 5 年壬申（1632）

- 許學夷編成《詩源辨體》三十二卷，著〈詩源辨體自序〉。（杜維沫校定《詩源辨體》本）
- 徐𤊹刻所著《筆精》八卷。（《明清江蘇文人年表》引《藝風藏書續記》卷二）
- 吳國琦等重訂刊行《少室山房筆叢》、《詩藪》。（《筆叢》、《詩藪》卷前吳國琦〈重訂胡元瑞詩藪筆叢諸集敘〉）
- 王象春卒。（《東林黨籍考》〈王象春列傳〉）王象春著有《李杜詩評》。

崇禎 6 年癸酉（1633）

- 陸時雍為貢生。（《四庫提要》卷一八九〈總集類四〉「古詩鏡」）
- 盧世㴶刻《杜詩胥鈔》，屬錢謙益為之序，錢謙益為作《讀杜詩寄盧小箋》。（《讀杜小箋》卷前序）
- 王屋孝峙為支允堅《梅花渡異林》作序。（崇禎七年刊《梅花渡異林》卷前）
- 許學夷與沈鷟、周俊等在里結滄洲社。（《明清江蘇文人年表》引《江陰續志》卷二五）
- 許學夷卒，年七十一。（杜維沫校定《詩源辨體》本卷末陳所學〈詩源辨

體跋〉）許學夷著有《詩源辨體》。

・冒譽昌卒。（《明清江蘇文人年表》引《拙存堂逸稿》卷二）冒譽昌著《詩學叢言》。

崇禎 7 年甲戌（1634）

・金閶書林刊支允堅所著《梅花渡異林》，其中收錄支允堅《藝苑閒評》二卷。

・陳仁錫卒，年五十六。（《啓禎兩朝遺詩小傳》）陳仁錫輯有《詩品會函》。

崇禎 8 年乙亥（1635）

・胡正言刻葉廷秀所著《詩譚》十卷、《續詩譚》一卷。（崇禎八年刊《詩譚》）

・胡震亨完成《唐音統籤》的纂輯。（俞大綱〈紀唐音統籤〉引胡夏客所作《李杜詩通・識語》）

・李日華卒，年七十一。（《歷代人物碑傳年里綜表》）李日華著有《恬致堂詩話》。

崇禎 9 年丙子（1636）

・董其昌卒，年八十二。（《明史稿列傳》一六四）董其昌著有《畫禪室隨筆》，中有〈評詩〉，後人輯爲《畫禪室詩評》。

・朱家瓚登丙子副榜。（薛岡〈燕遊草序〉）朱家瓚著有《詩說解頤》。

崇禎 10 年丁丑（1637）

・譚元春卒，年五十二。（《明清江蘇文人年表》引《因樹屋書影》卷五）

崇禎 11 年戊寅（1638）

・愛吾廬刊蔣冕所著《瓊臺先生詩話》。（《石竹山房詩話論稿》）

崇禎 12 年己卯（1639）

・王圖鴻中副貢。（民國四年重印《山東通志》卷一二九〈藝文・經部・春秋〉）王圖鴻著有《唐宋詩辨》。

・徐𤊹訪錢謙益，約互搜所藏書。（《列朝詩集小傳》丁集卷下）

・陳繼儒卒，年八十二。（《陳眉公年譜》）陳繼儒編有《古今詩話》八卷，後人輯其論詩語爲《佘山詩話》三卷。

・郝敬卒，年八十二。（《罪惟錄》、《啓禎野乘》卷七〈郝給事傳〉）郝敬著有《藝圃傖談》、《批選唐詩》。

崇禎 13 年庚辰（1640）

- 沈芬、沈騏等纂輯徐師曾《文體明辨》，成《詩體明辨》二十六卷刊行。（明崇禎十三年刊《詩體明辨》）
- 方以智中進士。（《明遺民錄》卷五）
- 吳默卒，年八十七。（《明人傳記資料索引》）吳默與王櫃合輯《詩法要標》。

崇禎 14 年辛巳（1641）

- 陸朗刊鍾惺、譚元春所評《古詩歸》。（崇禎十四年刊《古詩歸》）
- 茅元儀卒，年四十七。（《明清江蘇文人年表》引《扶輪新集》于鑒之詩）丁原基〈茅元儀著作考略〉謂茅元儀卒於崇禎十二年，年四十五。茅元儀著《藝活甲編》。

崇禎 15 年壬午（1642）

- 李東陽《懷麓堂集》有鈔本，現藏湖南省圖書館。（周寅賓點校《李東陽集》）
- 陳所學刊許學夷著《詩源辯體》三十六卷、《後集纂要》二卷。（《中國版刻綜錄》、《北京圖書館古籍善本書目》）
- 方以智編《通雅》五十二卷定稿。（《通雅》自序）
- 胡震亨此年再竄訂所著《李杜詩通》等書，不久卒，年七十四。（俞大綱〈紀唐音統籤〉引胡夏客所作《李杜詩通·識語》）
- 蘇之琨領鄉薦。（民國《沙縣志》）
- 陳瑚中舉。（《明詩紀事》辛籤卷十三）
- 徐𤊱卒，年七十三。（《列朝詩集》丁籤曹學佺詩）徐𤊱著有《徐氏詩談》。

崇禎 16 年癸未（1643）

崇禎 17 年甲申（1644）

- 朱隗輯《明詩平論》，此年刊刻。（《中國科學院圖書館藏中文古籍善本書目》）
- 談遷著《棗林雜俎》，陸續得六卷。（《明清江蘇文人年表》引《棗林雜俎》序）

附：

明弘光元年　清順治 2 年乙酉（1645）

· 夏大輝中副貢，後隱逸。（光緒《分疆錄》卷七〈人物〉）夏大輝著《漁樵詩說》。

· 嚴首昇走南都，旋避於衲氏。（《復社姓氏傳略》卷八）嚴首昇著《瀨園詩話》。

明隆武 2 年　清順治 3 年丙戌（1646）

· 兩浙督學周南李際期宛委山堂刊陶珽輯《說郛》續卷，此叢書收有明代詩話《歸田詩話》、《談藝錄》、《夷白齋詩話》、《詩文浪談》、《南濠詩話》等等。

· 曹學佺自殺，年七十三。（《天寥自撰年譜》）曹學佺著有《蜀中詩話》。

明永曆 3 年　清順治 6 年己丑（1649）

· 日本刊焦竑所著《焦氏筆乘》。（日本慶安二年刊《焦氏筆乘》）

明永曆 5 年　清順治 8 年辛卯（1651）

· 葉廷秀卒。（《明清江蘇文人年表》引《白耷山人年譜》）葉廷秀著有《詩譚》十卷、《續詩譚》一卷。

· 孫國敉卒，年六十八。（光緒《六合縣志》卷五）孫國敉著有《葦庵詩話抄》。

明永曆 6 年　清順治 9 年壬辰（1652）

· 洪舫有舊題選杜序。（葉嘉瑩《杜甫秋興八首集說》〈引用書目〉）洪舫著有《杜詩評律》。

明永曆 7 年　清順治 10 年癸巳（1653）

· 盧世㴶卒，年六十六。（《歷代人物碑傳年里綜表》）盧世㴶著有《讀杜私言》。

明永曆 9 年　清順治 12 年乙未（1655）

· 趙士喆卒。（乾隆《掖縣志·隱逸》）趙士喆著有《石室談詩》。

明永曆 10 年　清順治 13 年丙申（1656）

· 盧世㴶《尊水園集略》刊刻，卷六即《讀杜私言》。（順治刊《尊水園集略》）

・談遷卒，年六十三。（黃宗羲〈談孺木墓表〉）談遷著有《棗林易簣》。按：《明人傳記資料索引》、《明清江蘇文人年表》引《愚谷文存》續集卷一謂其卒於永曆十年（一六五七），年六十四。

明永曆 12 年　清順治 15 年戊戌（1658）

・葉生、汪淇就徐師曾《文體明辨》，摘編成《詩體明辨》十卷，還讀齋刊行。（周維德〈明詩話提要〉稿本）

・雙與堂刊胡震亨所輯《唐音癸籤》。（《石竹山房詩話論稿》）

・日本讀耕林子抄寫明謝肇淛《小草齋詩話》五卷。（日本江戶寫本《小草齋詩話》卷末跋）

・沈求此年在世，避居王圻舊園，並至蘇州，遊鄧尉。（《明清江蘇文人年表》引《松風餘韻》卷四○）沈求著有《杜詩肆考》。

明永曆 13 年　清順治 16 年己亥（1659）

・毛晉卒，年六十一。（《明清江蘇文人年表》引《有學集》卷三一）毛晉著有《明詩紀事》。

明永曆 14 年　清順治 17 年庚子（1660）

・日本刊梁橋所著《冰川詩式》。（日本萬治三年刊《冰川詩式》）

清康熙 2 年癸卯（1663）

・日本刊徐師曾《文體明辨》。（日本寬文三年刊《文體明辨》）

清康熙 5 年丙午（1666）

・姚文燮校刊方以智《通雅》。（《增訂四庫簡明目錄標注》）

清康熙 7 年戊申（1668）

・方維儀卒。（蔡鎮楚《詩話學》頁八五）

清康熙 10 年辛亥（1671）

・方以智卒，年六十一。（《明清江蘇文人年表》引《清初僧諍記》卷一）方以智著有《通雅詩話》。

清康熙 12 年癸丑（1673）

・李贄《李卓吾先生祕書八種》（一名《大雅堂藏書》）刊行，中有所著《騷壇千金訣》。（清康熙十二年刊《李卓吾先生祕書八種》）

清康熙 14 年乙卯（1675）

·陳瑚卒，年六十三。（《明清江蘇文人年表》引《陳安道年譜》）陳瑚著有《頑潭詩話》。

清康熙 20 年辛酉（1681）

·蔣永修等刊刻李東陽所著《懷麓堂稿》，其中包括《懷麓堂詩話》，蔣永修並撰〈懷麓堂稿序〉。（蔣永修〈懷麓堂稿序〉）

清康熙 24 年乙丑（1685）

·王培益刊宋登春《宋布衣集》，收《詩禪瑣評》一卷。（《石竹山房詩話論稿》）

·邵遠平刊邵經邦所著《弘藝錄》，中含《藝苑玄機》一卷。（《中國科學院圖書館藏中文古籍善本書目》）

清康熙 25 年丙寅（1686）

·日本武村新兵衛刊胡應麟《詩藪》。（日本貞享三年刊《詩藪》）

清康熙 26 年丁卯（1687）

·蘇之琨卒，年七十五。（民國《沙縣志》）蘇之琨著有《明詩話》。

清康熙 28 年己巳（1689）

·陸嘉淑卒，年七十。（《歷代人物碑傳年里綜表》）陸嘉淑著有《辛齋詩話》、《須雲閣宋詩評》。

清康熙 32 年癸酉（1693）

·何焯爲洪舫《杜詩評律》作序。（葉嘉瑩《杜甫秋興八首集說》〈引用書目〉）

清康熙 36 年丁丑（1697）

·洪力行爲洪舫《杜詩評律》作序。（葉嘉瑩《杜甫秋興八首集說》〈引用書目〉）

清康熙 39 年庚辰（1700）

·吳江史煒寓居崑山，重訂黃省曾《名家詩法》，並爲之作序。（《明清江蘇文人年表》引《史氏家乘》）

清康熙 57 年戊戌（1718）

·江陰書肆刊胡震亨《唐音癸籤》。（《四庫全書總目》卷一九七〈詩文評類存目〉）

明代詩話作者索引

（註）：本《索引》按照詩話作者的姓氏筆畫排列，並註明該作者的詩話著
作名稱及頁碼，以方便檢索。

2 畫

丁孕乾・西灣詩話	423
丁焴・集古詩話	431

4 畫

方以智・通雅詩話	383
方維儀・宮閨詩評	432
王文祿・詩的	186
王世貞・文章九命	352
王世貞・卮言倪	352
王世貞・全唐詩說	348
王世貞・明詩評	165
王世貞・國朝詩評	351
王世貞・詩法	353
王世貞・藝苑卮言	159
王世懋・藝圃擷餘	206
王用章・詩法源流	074
王兆雲・揮麈詩話	205

王良臣・詩評密諦　　　　　　248

王圻・古今詩話　　　　　　　419

王昌會・詩話類編　　　　　　248

王述古・詩筌　　　　　　　　217

王埜・蛻巖詩話　　　　　　　438

王偕・詩法輯略　　　　　　　410

王偉・詩學正蒙　　　　　　　397

王象春・李杜詩評　　　　　　429

王經・唐詩評　　　　　　　　393

王圖鴻・唐宋詩辨　　　　　　446

王應山・風雅叢談　　　　　　447

王應辰・旨茗齋詩話　　　　　420

王櫃・詩法指南　　　　　　　181

王櫃・詩法要標　　　　　　　183

尤璿・陶杜詩說　　　　　　　412

支允堅・藝苑閒評　　　　　　299

毛晉・明詩紀事　　　　　　　431

5 畫

石一鼇・五言括論　　　　　　453

田藝蘅・日札詩談　　　　　　346

田藝蘅・香宇詩談　　　　　　348

田藝蘅・陽關三疊圖譜　　　　145

6 畫

安磐・頤山詩話　　　　　　　116

江兆興・詩史　　　　　　　　449

江盈科・雪濤小書　　　　　　217

江盈科・雪濤詩評　　　　　　218

江盈科・閨秀詩評　　　　　　220

朱曰藩・七言律細　　　　　　417

朱安㳦・續談藝錄　　　　　　439

朱承爵・存餘堂詩話　　　　　126

朱孟震・玉笥詩談　　　　　　175

朱宣墡・詩心珠會　　　　　　169

朱家瓚・詩說解頤　　　　　　446

朱翊鈏・震岳詩話　　　　　　426

朱紱・名家詩法彙編　　　　　190

朱奠培・竹林詩評　　　　　　069

朱奠培・松石軒詩評　　　　　067

朱隗・明詩平論　　　　　　　281

朱諫・李詩辨疑　　　　　　　129

朱諫・詩評　　　　　　　　　416

朱權・西江詩法　　　　　　　056

朱權・詩格　　　　　　　　　397

朱權・詩譜　　　　　　　　　396

7 畫

汪時元・竹里館詩說　　　　　231

汪彪・全相萬家詩法　　　　　172

汪循・仁峰文集・詩話　　　　405

沈求・杜詩肆考　　　　　　　449

沈周・吟窗小會　　　　　　　070

沈麟・唐詩行世紀　　　　　　411

沈瀹・晦庵先生詩話　　　　　095

宋孟清・詩學體要類編　　　　094

宋登春・詩禪瑣評　　　　　　171

宋儒・木天禁語　　　　　　　397

宋儒・詩人木屑　　　　　　　397

李之用・詩家全體　　　　　　429

李天植・深省堂詩話　　　　　454

李日華・恬致堂詩話　　　　　369

李本緯・古今詩話纂　　　　　261

李東陽・懷麓堂詩話　　　　　095

李璋・嗜泉詩說　　　　　　　　　　407

李蔭・吏隱軒詩話　　　　　　　　　414

李爵・詩家心法　　　　　　　　　　454

李贄・騷壇千金訣　　　　　　　　　238

李攀龍・詩文原始　　　　　　　　　346

孝文・詩宗類品　　　　　　　　　　260

阮旻錫・夕陽寮詩論　　　　　　　　448

阮旻錫・杜詩三評　　　　　　　　　449

吳訥・辨詩　　　　　　　　　　　　327

吳統持・卍齋詩話　　　　　　　　　449

吳默・詩法要標　　　　　　　　　　183

余象斗・詩林正宗　　　　　　　　　258

何良俊・元朗詩話　　　　　　　　　356

何孟春・餘冬詩話　　　　　　　　　331

何景明・大復山人詩集精華錄・詩話　334

8 畫

林希恩・詩文浪談　　　　　　　　　262

林霍・滄湄詩話　　　　　　　　　　450

邵經邦・律詩指南　　　　　　　　　408

邵經邦・藝苑玄機　　　　　　　　　113

邵經邦・儷語指迷　　　　　　　　　409

金志堅・古今詩話　　　　　　　　　454

金鏡・藝活乙編　　　　　　　　　　451

季汝虞・古今詩話　　　　　　　　　454

季汝虞・百家詩評　　　　　　　　　454

周子文・藝藪談宗　　　　　　　　　225

周敘・詩學梯航　　　　　　　　　　059

周敬・迂叟詩話　　　　　　　　　　456

周惶・諸家詩評　　　　　　　　　　402

周履靖・騷壇祕語　　　　　　　　　227

周鼎・擬古樂府後語　　　　　　　　401

9 畫

姜南・蓉塘詩話　　　　　　　131

洪舫・杜詩評律　　　　　　　318

胡之驥・詩說紀事　　　　　　260

胡文煥・詩文要式　　　　　　254

胡文煥・詩家集法　　　　　　254

胡文煥・詩法統宗　　　　　　255

胡廣・性理大全論詩　　　　　326

胡震亨・唐詩談叢　　　　　　379

胡震亨・唐音癸籤　　　　　　303

胡應麟・少室山房詩評　　　　361

胡應麟・詩藪　　　　　　　　210

胡應麟・藝林學山　　　　　　214

胡儼・頤庵集・詩話　　　　　395

南溪・南溪筆錄群賢詩話　　　052

查光懷・完白齋詩話　　　　　455

茅一相・欣賞詩法　　　　　　199

茅元儀・藝活甲編　　　　　　443

冒愈昌・詩學叢言　　　　　　259

俞允文・名賢詩評　　　　　　196

俞弁・逸老堂詩話　　　　　　143

俞遠・豆亭詩學管見　　　　　442

姚福・定軒詩話　　　　　　　399

姚福・吟史詩說　　　　　　　400

皇甫汸・解頤新語　　　　　　176

10 畫

高棅・唐詩品　　　　　　　　323

高棅・詩人敘論　　　　　　　324

高鉉・吟堂博笑集　　　　　　440

高毓秀・雪竹詩論　　　　　　429

唐元竑・杜詩攟　　　　　　　204

浮白齋主人・詩話　　　　　　456

郝敬・批選唐詩　　　　　　　279

郝敬・讀詩　　　　　　　　　278

郝敬・藝圃傖談　　　　　　　273

袁一虬・唐詩折衷　　　　　　423

袁黃・詩外別傳　　　　　　　426

孫昭・詩法拾英　　　　　　　421

孫國籹・葦菴詩話抄　　　　　445

孫陽・聞見詩律鈎玄　　　　　455

孫勝・竹莊詩話　　　　　　　405

孫鑛・排律辨體　　　　　　　184

孫礦・群公詩話　　　　　　　439

秦約・詩話舊聞　　　　　　　393

夏大輝・漁樵詩說　　　　　　450

晏若川・佚老亭詩話　　　　　412

徐伯齡・蟬精雋詩話　　　　　328

徐炬・徐炬詩話　　　　　　　389

徐泰・詩談　　　　　　　　　092

徐師曾・詩體明辯　　　　　　353

徐禎卿・談藝錄　　　　　　　103

徐𤊻・徐氏詩談　　　　　　　379

徐駿・詩文軌範　　　　　　　394

徐獻忠・唐詩品　　　　　　　121

11 畫

康萬民・璿璣圖詩讀法　　　　173

康萬民・織錦迴文詩譜　　　　174

許學夷・詩源辨體　　　　　　287

淩雲・續全唐詩話　　　　　　408

梁橋・冰川詩式　　　　　　　137

郭子章・豫章詩話　　　　　　240

郭文詢・郭氏詩評　　　　　　420

郭孔太・續詩話　　　　　　　　　430

章憲文・白石山房詩話　　　　　　428

張之象・詩紀類林　　　　　　　　409

張之象・詩學指南　　　　　　　　409

張廷用・雲谷詩話　　　　　　　　453

張時徹・芝園集・諸家評　　　　　412

張鈇・南皋詩話　　　　　　　　　410

張弼・玉枕山詩話　　　　　　　　085

張弼・六同詩話　　　　　　　　　085

張弼・續夢詩話　　　　　　　　　086

張鉞・詩評　　　　　　　　　　　401

張煒・藝苑溯源　　　　　　　　　447

張蔚然・西園詩塵　　　　　　　　250

張懋賢・詩源撮要　　　　　　　　231

張嬴・木雞詩話　　　　　　　　　450

張謙・六朝詩彙・詩評　　　　　　118

張鷁翼・全唐詩話　　　　　　　　416

曹學佺・蜀中詩話　　　　　　　　374

雪濤子・綠天耕舍燕鈔　　　　　　261

屠本畯・茗椀譚　　　　　　　　　428

屠本畯・詩言五至　　　　　　　　237

陳元輔・枕山樓詩話　　　　　　　457

陳仁錫・詩品會函　　　　　　　　273

陳沂・拘虛詩談　　　　　　　　　166

陳音・宋名人詩話　　　　　　　　398

陳茂義・古今詩話　　　　　　　　412

陳時道・可亭詩話　　　　　　　　420

陳紹功・詩學聲容　　　　　　　　447

陳基虞・容齋詩話　　　　　　　　261

陳第・讀詩拙言　　　　　　　　　247

陳焯・桐山詩話　　　　　　　　　398

陳雲式・詩膽　　　　　　　　　453

陳瑚・頑潭詩話　　　　　　　　309

陳霆・渚山堂詩話　　　　　　　090

陳德文・石陽山人蠡海　　　　　119

陳懋仁・詩體緣起　　　　　　　377

陳懋仁・藕居士詩話　　　　　　263

陳獻章・詩教外傳　　　　　　　334

陳繼儒・佘山詩話　　　　　　　381

陸子高・梅菊詩評　　　　　　　394

陸時雍・詩鏡總論　　　　　　　294

陸深・儼山詩話　　　　　　　　133

陸嘉淑・辛齋詩話　　　　　　　445

陸嘉淑・須雲閣宋詩評　　　　　446

陶宗儀・南村詩話　　　　　　　395

強晟・井天詩話　　　　　　　　399

強晟・汝南詩話　　　　　　　　112

莊一俊・詠史詩序評　　　　　　413

莊元臣・唐詩摘句　　　　　　　175

華宗康・詩學啓蒙　　　　　　　086

12 畫

游潛・夢蕉詩話　　　　　　　　086

湛若水・詩教外傳　　　　　　　334

馮忠・宋詩話五種　　　　　　　086

馮時可・藝海泂酌　　　　　　　244

馮時可・談藝錄　　　　　　　　423

馮舒・詩紀匡謬　　　　　　　　293

馮惟訥・選詩評議　　　　　　　202

馮復京・說詩補遺　　　　　　　253

項嘉謨・清居詩話　　　　　　　456

閔文振・蘭莊詩話　　　　　　　079

黃子肅・詩法　　　　　　　　　136

黃甲・獨鑒錄　　　　　　　　156

黃臣・安厓詩話　　　　　　　407

黃省曾・名家詩法　　　　　　135

黃省曾・古詩評　　　　　　　418

黃卿・編茗詩話　　　　　　　406

黃淳・李杜或問　　　　　　　422

黃溥・詩學權輿　　　　　　　072

黃德水・明詩紀事　　　　　　414

黃裳・詩法　　　　　　　　　056

都穆・南濠詩話　　　　　　　110

單宇・菊坡叢話　　　　　　　071

程元初・名賢詩指　　　　　　442

程羽文・詩本事　　　　　　　317

程先民・蘇氏璇璣詩讀法　　　457

程珝・譚藝　　　　　　　　　414

嵇留山樵・古今詩話　　　　　310

傅應兆・詩評　　　　　　　　421

焦竑・焦氏詩評　　　　　　　364

13 畫

楊成・詩法　　　　　　　　　076

楊成・詩話　　　　　　　　　078

楊良弼・作詩體要　　　　　　170

楊春光・詩話隨鈔　　　　　　319

楊循吉・七人聯句詩紀　　　　083

楊徵元・詩學正旨　　　　　　456

楊慎・升庵詩話　　　　　　　335

楊慎・詩話補遺　　　　　　　341

楊慎・千里面譚　　　　　　　124

楊慎・閒書杜律　　　　　　　345

楊慎・譚苑醍醐　　　　　　　343

雷燮・南谷詩話　　　　　　　319

葛焜・感世編　　　　　　　442

董其昌・畫禪室詩評　　　　366

董養河・羅溪閣詩評　　　　447

葉弘勳・詩法初津　　　　　456

葉廷秀・詩譚　　　　　　　307

葉秉敬・敬君詩話　　　　　373

葉盛・秋臺詩話　　　　　　407

解縉・詩法　　　　　　　　325

14 畫

趙士喆・石室詩談　　　　　292

趙世顯・趙仁甫詩談　　　　425

趙宧光・彈雅　　　　　　　378

趙籲俊・藝海瀝液　　　　　287

鄔茂材・詩評集句　　　　　455

鄔茂材・詩評墨抄　　　　　455

熊一元・熊子濬詩話　　　　405

15 畫

談遷・棗林藝簣　　　　　　387

鄧雲霄・冷邸小言　　　　　232

蔣一葵・詩評　　　　　　　223

蔣主忠・詩法鉤玄　　　　　398

蔣冕・瓊臺先生詩話　　　　080

蔡汝楠・白石詩說　　　　　413

蔡餘慶・甕牖詩談　　　　　399

劉世偉・過庭詩話　　　　　159

劉廷鑾・杜詩話　　　　　　453

劉績・嵩陽詩律　　　　　　395

16 畫

盧世㴑・讀杜私言　　　　　314

盧龍雲・談詩類要　　　　　425

17 畫

謝天瑞・詩法大成　　　　　260

謝東山・近譬軒詩話　　　　417

謝榛・四溟詩話　　　　　　146

謝肇淛・小草齋詩話　　　　266

鍾惺・詞府靈蛇　　　　　　285

鍾惺・詩府靈蛇　　　　　　376

繆邦珏・詩談　　　　　　　430

18 畫

瞿佑・歸田詩話　　　　　　049

魏偁・茶餘詩話　　　　　　400

簡紹芳・西崿詩話　　　　　115

19 畫

譚元春・詩府靈蛇　　　　　376

譚浚・說詩　　　　　　　　198

懷悅・詩法源流　　　　　　063

懷悅・詩家一指　　　　　　065

20 畫

蘇之琨・明詩話　　　　　　310

蘇濂・詩說解頤　　　　　　319

嚴首昇・瀨園詩話　　　　　451

21 畫

顧元慶・夷白齋詩話　　　　128

顧起經・王右丞詩畫評　　　158

顧起綸・國雅品　　　　　　179

闕名

方山人詩評　　　　　　　　440

玉堂詩話　　　　　　　　　320

西郊詩話　　　　　　　　　441

名賢詩旨　　　　　　　　261

名賢詩法　　　　　　　　062

杜氏詩譜　　　　　　　　442

神仙詩話　　　　　　　　441

南北朝詩話　　　　　　　062

娛書堂詩話　　　　　　　316

海鶴亭詩話　　　　　　　422

曹安邱長語詩談　　　　　442

詩林辯體　　　　　　　　422

詩家譚藪　　　　　　　　319

詩學題詠　　　　　　　　422

瑣碎錄詩話　　　　　　　441

誦詩續談　　　　　　　　422

蜩笑集　　　　　　　　　441

談藝手簡　　　　　　　　440

謝氏詩源　　　　　　　　320

豔雪齋詩評　　　　　　　446

主要參考書目

（註）：本論文所引用及參考的明代詩話與其版本，請參見本論文《附編》
之《明代詩話總目及版本總覽》，以及本論文對於各本詩話的考述。

（一）

《一亳集》，王珍，日本淺草文庫藏：明萬曆二十一年刊本。

《二酉園文集》，陳文燭，國家圖書館藏：明萬曆十二年龍膺刊本。

《大泌山房集》，李維楨，國家圖書館藏：明萬曆間金陵刊本。

《小草齋文集》，謝肇淛，日本內閣文庫影本。

《方山先生文錄》，薛應旂，明嘉靖三十三年東吳書林校刊本。

《王文成公全書，》王守仁，臺北：臺灣商務印書館，1968 年。

《太史楊升庵全集》，楊慎著，楊有仁編，國家圖書館藏：明萬曆十年張士
佩刊本。

《水南集》，陳霆，國家圖書館藏：明嘉靖四十三年刊本。

《少谷集》，鄭善夫，臺北：臺灣商務印書館影印《文淵閣四庫全書》本，
1983 年。

《石亭陳先生文集》，陳沂，國家圖書館藏：明嘉靖刊本。

《亘史鈔》，潘之恒，國家圖書館藏：明萬曆四十年吳公勵校刊本。

《合刻楊南峰先生全集》，楊循吉，日本內閣文庫藏：明萬曆三十七年錢允
治刊本。

《李東陽集》，李東陽著，周寅賓點校，長沙：岳麓書社，1985 年。

《甫田集》，文徵明，臺北：臺灣商務印書館影印《文淵閣四庫全書》本，
1983 年。

《何大復集》，何景明著，李淑毅等點校，中州古籍出版社，1989 年。

《空同先生集》，李夢陽，國家圖書館藏：明嘉靖九年刊本。

《迪功集》，李夢陽，臺北：臺灣商務印書館影印《文淵閣四庫全書》本，1983年。

《東海張先生文集》，張弼，國家圖書館藏：明正德十年刊本。

《東廓鄒先生文集》，鄒守益，國家圖書館藏：明嘉靖末年刊本。

《牧齋初學集》，錢謙益著，錢仲聯標校，上海：上海古籍出版社，1985年。

《欣賞編》，沈津編，國家圖書館藏：正德六年刊本。

《珂雪齋前集》，袁中道，臺北：偉文圖書公司影印明天啓二年汪從教刊本，1976年。

《弇州山人四部稿》，王世貞，國家圖書館藏：明萬曆五年世經堂刊本。

《弇州山人續稿》，王世貞，臺北：文海出版社影印本，1970年。

《香祖筆記》，王士禛，臺北：臺灣商務印書館影印《文淵閣四庫全書》本，1983年。

《容臺文集九卷》、《容臺別集四卷》，董其昌，明崇禎三年華亭董氏家刊本。

《袁中郎全集》，袁宏道，臺北：世界書局，1978年。

《尊水園集略》，盧世㴶，國家圖書館藏：清順治十七年刊本。

《陳眉公先生全集》，陳繼儒，國家圖書館藏：明崇禎刊本。

《陳獻章集》，陳獻章著，孫通海點校，北京：中華書局，1994年。

《雪濤閣集》，江盈科，國家圖書館藏：明萬曆二十八年西楚江氏北京刊本。

《鳥鼠山人小集》十六卷、《後集》二卷，胡纘宗，國家圖書館藏：明嘉靖間刊本。

《焦氏澹園集》，焦竑，國家圖書館藏：明萬曆間欣賞齋刊本。

《雪濤小書》，江盈科，臺北：廣文書局，1971年。

《滄溟先生集》，李攀龍，臺北：偉文出版公司，1976年。

《滄溟先生集》，李攀龍著，包敬第標校，上海：上海古籍出版社，1992年。

《蜀中名勝記》，曹學佺，明萬曆四十六年林古度刊本，臺北：學海出版社1969年影本。

《蜀中廣記》，曹學佺，臺北：臺灣商務印書館影印《文淵閣四庫全書》本，1983年。

《歇庵集》，陶望齡，國家圖書館藏：明萬曆三十八年真如齋校刊本。

《對山集》，康海，國家圖書館藏：明嘉靖二十四年吳孟祺刊本。

《餘冬序錄》，何孟春，國家圖書館藏：明嘉靖七年郴州何氏原刊本。

《儼山集》，陸深，臺北：臺灣商務印書館影印《文淵閣四庫全書》本，1983年。

《隱秀軒集》，鍾惺著，李先耕等標校，上海：上海古籍出版社，1992 年。

《藝苑巵評》，支允堅，國家圖書館藏：明崇禎七年原刊本。

《藝圃傖談》，郝敬，臺北：國家圖書館藏明萬曆至崇禎間《山草堂集》內編遞刊本。

（二）

《小草齋詩話》，謝肇淛，日本天保讀耕齋六世孫林煒刊本。

《日本詩話叢書》，池田四郎等編，東京：文會堂，1920 年。

《升庵詩話箋註》，王仲鏞，上海：上海古籍出版社，1987 年。

《古詩歸》，鍾惺、譚元春評選，臺北：國家圖書館藏明萬曆四十五年刊本。

《百種詩話類編》，臺靜農等編，臺北：藝文印書館，1974 年。

《名媛詩歸》，鍾惺編，臺北：國家圖書館藏明末刊本。

《名媛詩緯初編》，王端淑編，清康熙六年刊本。

《全明詩話》，周維德編，濟南：齊魯書社，2005 年。

《明詩紀事》，陳田，上海：上海古籍出版社，1993 年。

《明詩綜》，朱彝尊，臺北：世界書局，1970 年。

《唐詩品彙》，高棅，上海：上海古籍出版社影印明汪宗尼校訂本，1988 年。

《唐詩選評釋》，李攀龍選，森大來評釋，臺北：德興書局。

《唐詩歸》，鍾惺、譚元春評選，臺北：國家圖書館藏明萬曆四十五年刊本。

《修正增補韓國詩話叢編》，趙鍾業編，首爾：太學社，1996 年。

《清詩話續編》，臺北：藝文印書館影印本，1985 年。

《域外詩話珍本叢書》，蔡鎮楚編，北京：北京圖書館出版社，2006 年。

《詩女史》，田藝蘅編，臺北：國家圖書館藏明嘉靖三十六年刊本。

《詩話叢刊》，近藤元粹評訂，臺北：弘道文化公司，1971 年。

《滄浪詩話校釋》，嚴羽著，郭紹虞校釋，臺北：東昇出版社，1980 年。

《綠窗女史》，秦淮寓客編，臺北：天一出版社影明末刻清心遠堂本，1985 年。

《歷代詩話》，何文煥纂輯，臺北：藝文印書館影印本，1974 年。

《歷代詩話續編》，臺北：木鐸出版社，1983 年。

（三）

《文史通義》，章學誠，臺北：新文豐出版公司影印《粵雅堂叢書》本。

《方以智晚節考》，余英時，臺北：允晨文化公司，1986 年。

《列朝詩集小傳》，錢謙益，臺北：世界書局，1985 年。

《明人傳記資料索引》，中央圖書館編，北京：中華書局，1987 年。

《明史》，張廷玉等，臺北：鼎文出版社，1979 年。

《明代登科錄彙編》，臺北：學生書局，1969 年。

《明代傳記資料叢刊》，周駿富編，臺北：明文書局，1991 年。

《明清史講義》，孟森，臺北：里仁書局，1982 年。

《明清江蘇文人年表》，張慧劍編，上海：上海古籍出版社，1986 年。

《歷代官制、兵制、科舉制表釋》，南京：江蘇古籍出版社，1991 年。

（四）

《中國古籍珍本叢刊·天津圖書館卷》，北京：國家圖書館出版社，2013 年。

《中國印刷史》，張秀民，上海：上海人民出版社，1989 年。

《中國科學院圖書館藏中文古籍善本書目》，中國科學院編，北京：科學出版社，1994 年。

《中國版刻綜錄》，楊繩信編，西安：陝西人民出版社，1987 年。

《中國叢書綜錄》，上海圖書館編，上海：上海古籍出版社，1986 年。

《古籍善本書目解題》，東北師大圖書館編印，1984 年。

《四庫全書總目》，紀昀等，臺北：藝文印書館，1979 年。

《北京圖書館善本書目》，北京圖書館編，北京：書目文獻出版社，1987 年。

《杜集書錄》，周采泉，上海：上海古籍出版社，1986 年。

《明代書目題跋叢刊》，馮惠民等編，北京：書目文獻出版社，1994 年。

《書目類編》，臺北：成文出版社，1968 年。

《書目續編》、《三編》、《四編》、《五編》，臺北：廣文書局，1968 至 1972 年。

《販書偶記》，孫殿起，香港：中文出版社，1979 年。

《販書偶記續編》，臺北：洪氏出版社，1982 年。

《邵亭知見傳本書目》，莫繩孫，臺北：文海出版社，1984 年。

《增訂四庫簡明目錄標注》，邵懿辰，臺北：世界書局，1961 年。

《歷代婦女著作考》，胡文楷，上海：上海古籍出版社，2008 年。

《藏書紀事詩》，葉昌熾，臺北：世界書局，1961 年。

《藏園群書經眼錄》，傅增湘，臺北：中華書局，1983 年。

《藏園群書題記》、《初集》、《續集》，傅增湘，臺北：廣文書局，1967 年。

（五）

《上江兩縣志》，清莫祥芝等修，同治十三年刊本。

《上海縣志》，清俞樾修，同治十一年刊本。

《山東通志》，清孫葆田修，民國四年重印本。

《六合縣志》，清劉運慶等修，康熙二十三年刊本。

《太谷縣志》，民國劉玉璣修，民國二十年鉛印本。

《太湖備考》，清金玉相等修，乾隆十五年刊本。

《中國歷史地圖集——元、明時期》，譚其驤主編，上海：地圖出版社，1982年。

《四川通志》，清楊芳燦等修，嘉慶二十一年重修本。

《分疆錄》，清林鶚等修，光緒四年刊本。

《永泰縣志》，民國董秉清等修，民國十一年鉛印本。

《台州府志》，民國喻長霖等修，民國二十五年鉛印本。

《台州經籍志》，清項元勳修，民國四年鉛印本。

《江西通志》，清趙之謙等修，光緒七年刊本。

《江南通志》，清黃之雋等重修，乾隆二年刊本。

《安徽通志》，清何治基等重修，光緒三年刊本。

《吉安府志》，清定祥等修，光緒元年刊本。

《如皋縣志》，清揚受延等修，嘉慶十三年刊本。

《同安縣志》，民國林學增修，民國十八年鉛印本。

《沙縣志》，民國梁伯陰修，民國十七年鉛印本。

《吳縣志》，民國吳秀之修，民國二十二年鉛印本。

《長沙府志》，清呂肅高等修，乾隆十四年刊本。

《青浦縣志》，清陳其元等修，光緒五年刊本。

《青浦縣續志》，民國張仁修等修，民國二十三年刊本。

《杭州府志》，清龔嘉雋修，民國十一年鉛印本。

《松江府志》，明方岳貢等修，崇禎四年刊本。

《松江府志》，清宋如林等修，嘉慶二十二年刊本。

《松江府續志》，清博潤等修，光緒九年刊本。

《建甌縣志》，民國詹宣猷等修，民國十八年鉛印本。

《浙江通志》，清沈翼機等重修，乾隆元年刊本。

《浦城縣志》，清翁天祐等修，光緒二十六年刊本。

《婁縣志》，清謝庭薰等修，乾隆五十三年刊本。

《茶陵州志》，清梁葆頤等修，同治九年重修本。

《麻城縣志前編》，民國余晉芳纂，民國二十四年鉛印本。

《通州直隸州志》，清梁悅馨等修，光緒元年刊本。

《華亭縣志》，清楊開第等重修，光緒四年刊本。

《莆田縣志》，清廖必琦等修，光緒五年補刊，民國十五年重印本。

《崑新兩縣續修合志》，清金吳瀾等修，光緒六年刊本。

《常昭合志》，清鄭鍾祥等重修，光緒三十年刊本。

《紹興府志》，清平恕修，乾隆五十七年刊本。

《湖北通志》，張仲炘等修，民國十年重刊本。

《湖南通志》，清曾國荃等修，光緒十一年重刊本。

《湘潭縣志》，清王闓運等修，光緒十四年刊本。

《揚州府志》，清雷應元等修，康熙三年刊本。

《揚州府志》，清阿克當阿修，嘉慶十五年刊本。

《黃州府志》，清英啟修，光緒十年刊本。

《黃巖縣志》，清陳鍾英等修，光緒三年刊本。

《福安縣志》，清張景祁等修，光緒十年刊本。

《福州府志》，清徐景熹等修，乾隆十九年刊本。

《福建通志》，清陳壽祺等修，同治十年重刊本。

《福寧府志》，清乾隆二十七年修，光緒六年重刊本。

《遂昌縣志》，清胡壽海等修，光緒二十二年刊本。

《慈谿縣志》，清馮可鏞等修，光緒二十五年刊本。

《閩侯縣志》，不著撰人，民國二十二年鉛印本。

《萬曆嘉定縣志》，明韓浚等編，臺北：臺灣學生學局影印，明萬屬三十三
　　年刊本，1987年。

《嘉定縣志》，清康熙十二年刊本。

《嘉興府志》，清袁國祥等修，康熙二十年刊本。

《嘉興府志》，清光緒五年刊本，臺北：成文書局影印本。

《廣州府志》，清瑞麟等修，光緒五年刊本。

《寧波府志》，清雍正十一年曹秉仁等修，乾隆六年補刊本。

《撫州府志》，清許應鑅等修，光緒二年刊本。

《歙縣志》，民國石國柱修，民國二十六年鉛印本。

《濟陽縣志》，清胡德琳等修，乾隆三十年刊本。

《鎮海縣志》，清俞樾修，光緒五年刊本。

《臨朐縣志》，清姚延福等修，光緒十年刊本。

《豐城縣志》，清徐清遠等修，道光五年刊本。

《寶應縣志》，清孟毓蘭等重修，道光二十年刊本。

《蘇州府志》，清康熙三十二年刊本。

《蘇州府志》，清李銘皖等修，光緒九年刊本。

《饒州府志》，清錫直等修，同治十一年刊本。

《鹽乘縣志》，不著撰人，民國六年刊本。

（六）

《文學批評與欣賞》，周維德，浙江古籍出版社，1993 年。

《王漁洋詩論研究》，黃景進，臺北：文史哲出版社，1980 年。

《中日韓詩話比較研究》，趙鍾業，臺北：學海出版社，1984 年。

《中國文學批評史》，郭紹虞，臺北：文史哲出版社，1982 年。

《中國文學批評史》，鄭振鐸，臺北：學海出版社，1990 年。

《中國文學批評資料彙編——明代卷》，葉慶炳、邵紅主編，臺北：成文出版社，1981 年。

《中國文學理論》，劉若愚著，杜國清譯，臺北：聯經出版公司，1985 年。

《中國文學理論史》，成復旺、蔡鍾翔，北京：北京出版社，1987 年。

《中國文學理論批評史》，敏澤，吉林教育出版社，1993 年。

《中國文學理論與實踐》，王夢鷗，臺北：時報文化公司，1995 年。

《中國文學復古風氣探究》，簡恩定，臺北：文史哲出版社，1992 年。

《中國古代文論類編》，賈文昭等編，海峽文藝出版社，1990 年。

《中國詩話の研究》，船津富彥，東京：東京八云書店，1977 年。

《中國詩話史》，蔡鎮楚，長沙：湖南文藝出版社，1988 年。

《升庵詩話箋註》，王仲鏞，上海：上海古籍出版社，1987 年。

《石竹山房詩話論稿》，蔡鎮楚，湖南文藝出版社一九九五年。

《宋詩話考》，郭紹虞，臺北：學海出版社，1980 年。

《明代文學批評史》，袁震宇、劉明今，上海：上海古籍出版社，1991 年。

《明代文學批評研究》，簡錦松，臺北：臺灣學生書局，1989 年。

《明代文學批評資料彙編》，葉慶炳、邵紅編，臺北：成文出版社，1981 年。

《明代文學復古運動研究》，廖可斌，上海：上海古籍出版社，1994 年。

《明清文學批評》，張健，臺北：國家出版社，1983 年。

《杜甫秋興八首集說》，葉嘉瑩，上海：上海古籍出版社，1988 年。

《胡應麟詩論研究》，陳國球，華風出版社，1986 年。

《唐詩的傳承——明代復古詩論研究》，陳國球，臺北：臺灣學生書局，1990 年。

《清代詩學初探》，吳宏一，臺北：臺灣學生書局，1986 年。

《接受美學與中國現代文學》，王衛平，吉林教育出版社，1994 年。

《接受美學與接受理論》，周寧等譯，遼寧：遼寧人民出版社，1987 年。

《晚唐五代文學批評史》，羅根澤，臺北：學海出版社，1990 年。

《詩史本色與妙悟》，龔鵬程，臺北：臺灣學生書局，1986 年。

《詩話和詞話》，張葆全，臺北：國文天地雜誌社，1991 年。

《詩話概說》，劉德重、張寅彭，北京：中華書局，1990 年。

《詩話學》，蔡鎮楚，長沙：湖南教育出版社，1990 年。

《新編談藝錄》，錢鍾書，翻印本（原書為北京中華書局 1983 年版）

《照隅室古典文學論集》，郭紹虞，臺北：丹青圖書公司，1985 年。

《照隅室雜著》，郭紹虞，上海：上海古籍出版社，1986 年。

《經世思想與文學經世──明末清初經世文論研究》，林保淳，臺北：文津
　　出版社，1991 年。

《精選歷代詩話評釋》，畢桂發、張連第、漆緒邦編，中州古籍出版社，1988
　　年。

《歷代婦女著作考》，胡文楷，上海：上海古籍出版社，2008 年。

《歷史的理念》，柯靈烏著，黃宣範譯，臺北：聯經出版公司，1983 年。

（七）

《王世貞詩文論研究》，朴均雨，政治大學中國文學研究所碩士論文，1990
　　年。

《江進之詩學理論與實踐》，林美秀，高雄師範大學國文研究所碩士論文，
　　1988 年。

《李何詩論研究》，簡錦松，臺灣大學中國文學研究所碩士論文，1980 年。

《何良俊《四友齋叢說》研究》，呂迺基，政治大學中國文學研究所碩士論
　　文，1988 年。

《明代茶陵派詩論研究》，連文萍，東吳大學中國文學研究所碩士論文，1989
　　年。

《明代詩社研究》，黃志民，政治大學中國文學研究所碩士論文，1972 年。

《明代詩畫對應關係之探討──以詩意圖、題畫詩為主》，鄭文惠，政治大
　　學中國文學研究所博士論文，1992 年。

《明清格調詩說之研究》，元鍾禮，臺灣大學中國文學研究所碩士論文，1979
　　年。

《明清格調詩說之研究》，吳瑞泉，東吳大學中國文學研究所博士論文，1987
　　年。

《神韻派詩論之研究》，易新宙，政治大學中國文學研究所碩士論文，1985年。

《胡應麟及其圖書目錄學研究》，謝鶯興，東海大學中國文學研究所碩士論文，1991年。

《胡應麟的詩史觀與詩論研究》，金鍾吾，臺灣師範大學國文研究所碩士論文，1985年。

《胡應麟詩藪之研究》，鄭亞薇，政治大學中國文學研究所碩士論文，1977年。

《高棅詩學研究》，蔡瑜，臺灣大學中國文學研究所碩士論文，1984年。

《「唐詩」、「宋詩」之爭研究》，戴文和，中央大學中文研究所碩士論文，1990年。

《徐禎卿之詩論研究》，陳錦盛，政治大學中國文學研究所碩士論文，1991年。

《現存唐人詩格著述初探》，許清雲，東吳大學中國文學研究所碩士論文，1978年。

《晚明性靈思想研究》，陳萬益，臺灣大學中國文學研究所博士論文，1977年。

《晚明陸時雍詩學研究，黃如焄，中正大學中國文學研究所碩士論文，1994年。

《論眞——以明代詩論爲考察中心》，邵曼珣，東吳大學中國文學研究所碩士論文，1990年。

《謝茂秦生平及文學觀》，龔顯宗，政治大學中國文學研究所碩士論文，1973年。

（八）

〈中國古代文學理論史上的方法論問題〉，成復旺，《文藝爭鳴》，1986年1期，1986年。

〈中國古代詩話的文化考察〉，張伯偉，《文獻》，1991年1期，頁60～85，1991年。

〈比較文學的兩大支柱（平行研究與影響研究）〉，遠浩一，《中國社會科學》，1985年4期，1985年。

〈公安竟陵文學理論的探究〉，邵紅，《思與言》，12卷2期，頁16～23，1974年7月。

〈古代詩話詞話學術價值初探〉，張葆全，《廣西師範學院學報》，1982年1期，28～38，1982年。

〈以詩學著述建構自我價值——論梁橋《冰川詩式》與明代詩學面相〉，連

文萍,《漢學研究》,22 卷 2 期,頁 95～119,2004 年 12 月。

〈函海叢書的版本及其編者李調元〉,鄧長風,《國立中央圖書館館刊》,新 27 卷第 1 期,頁 163～180,1994 年 6 月。

〈明代前七子的時代背景與文學理論〉,邵紅,《幼獅學誌》,18 卷 1 期、2 期,頁 27～100;頁 71～129,1984 年 5 月、10 月。

〈明代前後七子的審美解悟說〉,陳書錄,《南京師大學報》,1990 年 3 期,頁 64～70,1990 年。

〈明代格調派詩論中的「杜詩集大成」說——以李東陽的《懷麓堂詩話》爲論述中心〉,連文萍,《國立編譯館館刊》,23 卷 1 期,頁 225～238,1994 年 6 月。

〈明代詩歌啓蒙教習研究——由王世貞的學詩經驗談起〉,連文萍,《漢學研究》,28 卷 1 期,頁 157～180,2010 年 3 月。

〈明代儒士選編訓蒙詩選研究〉,連文萍,《第一屆中國古典文獻學國際學術研討會論文集》,丁原基等編,聖環圖書公司,頁 271～298,2010 年 1 月。

〈明清女詩人選集及其採輯策略〉,孫康宜著,馬耀明譯,《中外文學》,23 卷 2 期,頁 27～611994 年 7 月。

〈胡震亨的家世生平及其著述考略〉,周本淳,《杭州大學學報》,1979 年 4 期,頁 56～60、68,1979 年 12 月。

〈胡應麟神韻說述評〉,張文勛,《社會科學戰線》,1990 年 1 期,頁 241～250,1990 年 1 月。

〈徐禎卿的《談藝錄》〉,王英志,《江漢論壇》,1983 年 10 月。

〈竟陵派的文學理論〉,鄔國平,《中國古代文論精粹談》,頁 361～463,濟南:齊魯書社,1992 年。

〈清初詩壇與明七子〉,趙永紀,《江淮論壇》,1989 年 6 期,頁 98～103,1989 年。

〈陸時雍的詩學理論〉,張家釗,《古代文學理論研究》,第 13 輯,頁 242～255。

〈略論明代陸時雍的《詩鏡》〉,趙永紀,《南開學報》,1990 年 3 期,頁 19～25、32,1990 年。

〈紹承與開創——試論明代詩話的詩說體系〉,連文萍,《昌彼得教授八秩晉五壽慶論文集》,臺北:臺灣學生書局,頁 427～448,2005 年 2 月。

〈從藝苑卮言看王世貞的詩論〉,羅仲鼎,《文史哲》,1989 年 2 期,頁 78～85,1989 年。

〈區域特性與文學傳統〉,龔鵬程,《古典文學》,第 12 集,臺北:學生書局,1992 年。

〈晚明詩壇風氣〉，吳宏一，《國文天地，2 卷 8 期，頁 56～63，1987 年 1
　　月。

〈詩家一指的產生時代與作者——兼論二十四詩品作者問題〉，張健，《北京
　　大學學報》，1995 年 5 期，頁 34～45，1995 年。

〈詩史可有女性的位置？——以兩部明代詩話爲論述中心〉，連文萍，《漢學
　　研究》，17 卷 1 期頁 177～200，1999 年 6 月。

〈詩藪與胡應麟詩論〉，陳國球，《中外文學》，12 卷 8 期，頁 176～180，1984
　　年 1 月。

〈試論明代茶陵派之形成〉，連文萍，《古典文學》，第 12 集，臺灣學生書局，
　　頁 143～176，1992 年 10 月。

〈試論《詩源辨體》的價值及其與《滄浪詩話》的關係〉，朱金城、朱易安，
　　《文學遺產》，1983 年 4 期，頁 117～127，1983 年。

〈意象的流變〉，蔡英俊，《中國文化新論（文學篇二)》，臺北：聯經出版公
　　司，1982 年。

〈楊愼詩論著述考〉，張錫厚，《四川師院學報》，1981 年 2、3 期，頁 59～
　　67、73：頁 70～77，1981 年。

〈論王世貞的文學批評〉，鄭利華，《復旦學報》，1989 年 1 期，頁 32～37，
　　1989 年 1 月。

〈論「法」，龔鵬程〉，《古典文學》，第 9 集，1987 年 4 月。

〈謝榛生平及其四溟詩話述評〉，陳志明，《中國古典文學論叢》，第 5 輯，
　　頁 309～323，1987 年 9 月。

〈謝榛的詩歌批評論〉，李慶立，《東岳論叢》，1985 年 1 期，頁 101～106、
　　108，1985 年 1 月。

後　記

　　本書爲博士論文，完成於一九九八年六月。那是網路尙未風行的時代，在浩瀚如海的明代文獻中，埋首查考詩話相關資料，猶如駕一葉孤舟，渺小而艱難。有時茫然無緒，有時遭遇風雨，所幸一路不乏燦爛陽光、皎潔星月相伴，終能揚帆登岸完成寫作。

　　經過十多個年頭，明代詩話研究所奠下的基礎，頗見開枝布葉。部分篇章經由重新改寫，開展不同的議題與風貌。如〈詩史可有女性的位置——以兩部明代詩話爲論述中心〉，是在江盈科《閨秀詩評》、方維儀《宮閨詩評》的考述基礎上，探看明代女性在詩史的定位。〈以詩學著述建構自我價值——論梁橋《冰川詩式》與明代詩學面相〉，討論《冰川詩式》的深層纂輯意涵，兼述明代詩話彙編的纂輯現象。〈明代詩歌啓蒙教習研究——由王世貞的學詩經驗談起〉，運用詩話資料綜觀明代詩學傳承與舉業的關係等等。三篇論文都獲得《漢學研究》刊登，〈詩史可有女性的位置——以兩部明代詩話爲論述中心〉也被陳平原教授策畫、張宏生教授主編的《二十世紀中國學術文存·古代女詩人研究》收錄（題目改作〈詩史可有女性的位置？——方維儀與《宮閨詩評》的撰著〉）。

　　這些年因爲國科會的研究補助，得以提昇動能，展開更寬闊的學術遨遊。以明代的時空環境爲範圍，陸續開展詩歌啓蒙教習、女性詩學、皇族詩歌、詩學與經學、翰林館課等命題。不論船帆起落，航行或歇岸，都能細品其中滋味，感謝一路行來的陰晴風雨。

　　儘管早已「悔其少作」，仍將本書出版，作爲學術生涯的紀錄。但教學及研究工作繁忙，僅能小幅度修訂。要特別說明的是，論文撰寫期間，周維德

教授慨然贈閱《全明詩話》提要及部分稿本，當時該書共收錄詩話一一六種，
經過在海峽兩岸不斷尋求出版機會，終於在二○○五年出版，但限於體例與字
數，只入錄九十一種詩話。此次的修訂，有關《全明詩話》的相關敘述，大
抵仍存其舊，以感念周教授的爲學勤懇及提攜後輩之盛情。本書因個人的學
力、目力有限，必然有許多疏落與錯誤，還請學界先進、朋友不吝指正。

連文萍

2015 年 1 月 10 日